CRISES DO ESTADO E DIREITO DO TRABALHO

CRISES DO ESTADO E DIREITO DO TRABALHO

AMANDA MARTINS ROSA ANDRADE

LTr®

LTr Editora Ltda.

Rua Jaguaribe, 571
CEP 01224-003
São Paulo, SP — Brasil
Fone (11) 2167-1101
www.ltr.com.br
Julho, 2020

Produção Gráfica e Editoração Eletrônica: PIETRA DIAGRAMAÇÃO
Projeto de capa: DANILO REBELLO
Impressão: META

Versão impressa — LTr 6237.9 — ISBN 978-85-301-0109-1
Versão digital — LTr 9683.1— ISBN 978-85-301-0195-4

Dados Internacionais de Catalogação na Publicação (CIP)
(Câmara Brasileira do Livro, SP, Brasil)

Andrade, Amanda Martins Rosa

Crises do Estado e direito do trabalho/Amanda Martins Rosa Andrade. – São Paulo: LTr, 2020.

Bibliografia.
ISBN 978-85-301-0109-1

1. Direito do trabalho 2. Estado do bem-estar 3. O Estado I. Título.

19–30539 CDU–34:331

Índice para catálogo sistemático:

1. Direito do trabalho 34:331
Cibele Maria Dias - Bibliotecária - CRB-8/9427

Agradeço a Deus por me carregar até aqui, mantendo inabalável minha fé.

Agradeço à minha mãe, por todo o seu amor. Agradeço a meu pai, por olhar por mim de onde estiver.

Agradeço a todos os colegas de mestrado que tive o prazer de conhecer durante esta jornada. Obrigada, Marcos Oliveira, Kinsky, Ugo Briaca, Luiz Bittencourt, Rodolfo Dantas, e tantas outras pessoas maravilhosas, como Priscila Reis, cuja companhia tive a oportunidade de desfrutar.

Agradeço aos professores do programa de mestrado da PUC-Minas, por serem tão dedicados e compartilharem seu conhecimento. Obrigada Vitor Salino, Márcio Túlio, Maria Cecília, Cleber Lúcio, Marcelo Gallupo. Agradeço ainda ao professor Rodolpho Sampaio.

Faço um agradecimento especial ao Prof. Vitor Salino, que me deu a oportunidade de realizar o estágio de docência sob sua supervisão, e a meu orientador, Cleber Lúcio, por sua compreensão e paciência.

SUMÁRIO

SUMÁRIO

PREFÁCIO

O livro que o leitor tem em mãos decorre da dissertação com a qual a autora obteve o grau de mestre em Direito pela Pontifícia Universidade Católica de Minas Gerais, após a sua aprovação, por unanimidade e com a nota máxima, por banca da qual tive a honra de participar na qualidade de orientador.

A autora examina, com rara felicidade, o papel desempenhado pelo Estado na construção e desconstrução do Direito do Trabalho, o que a leva a definir o modelo político de Direito do Trabalho a que corresponde cada uma das várias feições que o Estado assumiu ao longo da história, em especial o Estado Social e o Estado neoliberal.

O tema versado no livro é de atualidade ímpar, vez que o Estado brasileiro, a pretexto de valorizar a negociação coletiva e a liberdade individual, vem realizando uma verdadeira privatização da disciplina da relação de emprego, tudo isto, como demonstra a autora, por força da adoção do neoliberalismo como verdadeira política de Estado.

O tema enfrentado pela autora ganha ainda mais relevo na medida em que, sendo o Direito do Trabalho um direito de dignidade humana, justiça social, cidadania e democracia, a sua desconstrução tem sérias implicações políticas e sociais, ou seja, o Estado e o Direito do Trabalho mínimos podem conduzir à fragilização dos instrumentos de promoção e proteção da dignidade humana e realização de justiça social e, o que é mais grave, à implementação de um regime de cidadania e democracia de baixa intensidade.

Prof. Cleber Lúcio de Almeida

Pós-doutor em Direito pela Universidad Nacional de Córdoba/ARG. Doutor em Direito pela Universidade Federal de Minas Gerais. Mestre em Direito pela Pontifícia Universidade Católica de São Paulo. Professor dos cursos de graduação e pós-graduação (mestrado e doutorado) da Pontifícia Universidade Católica de Minas Gerais. Juiz do Trabalho junto ao TRT da 3ª Região.

INTRODUÇÃO

Capítulo 1

Estado e relações de trabalho têm uma conexão que antecede o nascimento de um ramo jurídico autônomo destinado a regular tais relações. Desde a Baixa Idade Média, conectam-se de uma forma que curiosamente remete aos dias atuais.

Durante o absolutismo, por exemplo, já se vislumbravam decretos reais - os quais intervinham nos horários de trabalho e no valor dos salários dos aprendizes das corporações de ofício - que, de alguma forma, identificam-se com a intervenção do Estado nas relações de trabalho dos dias de hoje, embora não se pudesse falar em Direito do Trabalho naquela época.

Esse ramo do direito só daria sinais de vida na vigência do Estado Liberal, quando a burguesia, classe social gestada ainda na Idade Média, assumiria o poder político e disseminaria seus ideais para todas as esferas da vida.

Antes disso, porém, a burguesia já exercia forte influência sobre a ligação entre Estado absolutista e relações de trabalho, tendo contribuído amplamente para a transformação e superação dessa vertente estatal.

Fato é que com as mudanças ocorridas nos modos de produção ao longo da Idade Média, a classe burguesa foi adquirindo cada vez mais força econômica, força esta que foi favorecida pela política mercantilista adotada pelos Estados, os quais perceberam que dela podiam retirar as fontes de recurso para a manutenção do aparato estatal, fortalecendo seu poder perante os demais Estados.

Tanto é assim que, por volta do século XVII, os Estados mais fortes passaram a se confundir com aqueles que tinham os maiores empreendimentos comerciais, o que explica, em grande parte, a aliança formada entre reis e burgueses, a expansão capitalista e, por conseguinte, o incremento do poder econômico da burguesia, como dito anteriormente.

Apesar disso, os burgueses não estavam completamente satisfeitos com as políticas absolutistas, pois, ainda que tivessem poder econômico, não detinham poder político. A monarquia continuava sendo fonte de privilégios para o clero e a aristocracia, ficando a burguesia politicamente excluída numa sociedade baseada em castas privilegiadas.

Além disso, o mercantilismo pressupunha forte intervenção do Estado no campo econômico, o que também desagradava a classe burguesa, que prezava por liberdade de mercado.

Por motivos como esses, a burguesia se opôs às monarquias absolutistas, colocando-as em crise, sendo a Revolução Francesa um marco de suas lutas e da passagem para um novo modelo estatal.

De modo contraditório, portanto, a política mercantilista dos Estados absolutistas - que tinha como principal objetivo o fortalecimento do Estado e a conquista de uma posição economicamente hegemônica em relação aos demais - fortaleceu a classe que lhes tomaria o poder.

A crise do absolutismo e a vitória da burguesia deram início a uma nova vertente de Estado Moderno: o Estado Liberal, o qual teria como base os princípios da classe vitoriosa, em especial, aqueles relacionados à doutrina do liberalismo.

Em síntese, pode-se dizer que o Estado Liberal representou a burguesia politicamente no poder, com o início de um ordenamento jurídico, social e econômico pautado em seus preceitos, como o da mínima intervenção do Estado na vida socioeconômica e o da liberdade contratual, deixando à margem de suas prioridades questões ligadas à justiça social.

Por isso mesmo, em seus primórdios, a cidadania era restrita às (poucas) pessoas ricas, os direitos humanos não se estendiam a toda sociedade, a questão social e os direitos coletivos eram preteridos em detrimento da propriedade e da liberdade individual, e os princípios liberais, mesmo baseados em ideais nobres, convertiam-se em meios para justificar privilégios para uns e exclusão para outros.

De modo bastante resumido, afirma-se que a sociedade liberal era excludente e favorecia os interesses burgueses, ainda que sob sua vigência muitas noções importantes tenham surgido e se desenvolvido, como as de constitucionalismo e separação de poderes.

No que toca ao Direito do Trabalho, embora esse cenário indique que os direitos sociais estivessem em baixa nos primórdios do Estado burguês, deve-se esclarecer que as transformações ocorridas sob esse modelo de Estado, marcado por importantes movimentos e acontecimentos históricos, como a Revolução Francesa e a Revolução Industrial, foram de grande importância para o nascimento desse ramo jurídico, pois propiciaram o aparecimento de fatores sociais, econômicos e políticos para tanto.

Sob sua égide, apareceriam e se consagrariam, por exemplo, alguns fatores como o direito ao trabalho livre, a industrialização, a aglomeração de pessoas nas cidades fabris, o despertar da consciência coletiva e o surgimento de movimentos sociais e operários, os quais contribuiriam para a modificação do perfil do Estado Liberal, tanto em termos quantitativos quanto qualitativos.

Ressalta-se que essas condições sociais, econômicas e políticas, que não se esgotam nesses exemplos, não surgiram todas ao mesmo tempo nem simultaneamente em todos os países, entretanto, elas exigiram do Estado Liberal uma postura mais interventiva, inclusive em áreas anteriormente proibidas, como a seara econômica e social, favorecendo a adoção de políticas sociais e a edição das primeiras normas trabalhistas.

A segunda metade do século XIX foi marcante nesse sentido, já que permeada por um processo de democratização e expansão da consciência de classe que demandava do Estado melhores condições de vida e maior espaço de participação na vida política.

Trata-se de um período em que os movimentos operários se fortaleceram e se apresentaram como um forte contramovimento ao liberalismo econômico, o qual se propunha, entre outras coisas, a promover a mercantilização do trabalho e do ser humano que trabalha, além de se negar a reconhecer a insuficiência do direito civil para regular as relações de trabalho, ignorando ou ocultando os particularismos dessa relação.

A partir de então, além de lutar contra a transmutação do trabalho em mercadoria, o contramovimento se configurou na luta pela própria formulação de um Novo Direito pelo Estado, o qual, durante um bom tempo, esquivou-se de ditar um direito mais humanizado que regulasse as relações de trabalho, sob a alegação de respeito a princípios do liberalismo.

Apesar dos ataques, as teses liberais prevaleceram com sucesso durante um bom tempo, sendo o Direito do Trabalho nascente no século XIX por elas influenciado, de modo que somente no século XX teria início uma verdadeira crise liberal, com a queda de alguns dogmas do liberalismo, como o do *laissez-faire*.

A crise de governabilidade liberal se daria por diversos motivos. Resumidamente, pode-se dizer que, além das próprias contradições instauradas no seio do Estado Liberal, aspectos como a crise de 1929, as crises cíclicas do capitalismo, as guerras mundiais, o avanço do socialismo, o surgimento do primeiro Estado Socialista e os movimentos operários, poriam em xeque sua manutenção.

Com a superação do Estado Liberal, deu-se vida a uma nova vertente de Estado mais interventiva e promocional: o Estado de Bem-Estar Social ou Estado Providência, cujas teorias explicativas de suas origens são as mais diversas possíveis, como restará demonstrado neste estudo.

Para fins de introdução, basta dizer que essa vertente estatal, robusta e forte, conseguiu compatibilizar crescimento econômico e generalização da proteção social durante praticamente trinta anos após a Segunda Guerra Mundial, os quais, por esse motivo, ficaram conhecidos como "Trinta Gloriosos".

Não sem razão, o Direito do Trabalho encontrou condições para sua expansão nesse período. Sob o manto do Estado Providência, esse ramo jurídico se institucionalizou, constitucionalizou e internacionalizou, achando lugar em esferas por ele não conhecidas anteriormente.

As Constituições do México e da Alemanha, o surgimento da Organização Internacional do Trabalho - OIT, que previu entre seus princípios norteadores a premissa de que o trabalho não é mercadoria, e a edição de normas internacionais, estabelecendo direitos de cunho trabalhista, são expressões desse rico momento de conquistas de direitos para o proletariado.

Mesmo que o Direito do Trabalho também atendesse (e atenda) às propensões capitalistas e representasse (e represente) certa dependência do Estado por parte dos trabalhadores, que passam a tê-lo como a principal fonte normativa para o atendimento de seus anseios, não se pode negar que o pós-Segunda Guerra Mundial constituiu-se na fase em que esse ramo do direito mais se desenvolveu, passando a ter sua essência associada aos princípios da dignidade da pessoa humana e da solidariedade, que também despontaram no pós-1945.

Contudo, consoante mencionado anteriormente, esse tempo de ambiciosos programas econômicos e sociais, que permitiu a institucionalização de um ramo jurídico juslaboral, durou aproximadamente trinta anos, tendo começado a dar sinais de falência por volta da década de 1970, quando o próprio Estado de Bem-Estar Social se deparou com dificuldades de diversas ordens.

Com a crise do petróleo, o fim do Bretton Woods, o aumento do desemprego estrutural e a crise fiscal vivenciada pelo Estado Providência, esse modelo de Estado passou a sofrer diversos ataques, sendo acusado de viver uma crise de governabilidade e de ser o principal responsável pelas dificuldades econômicas e sociais instaladas na sociedade. A solução, para tanto, resumiu-se na aplicação de fórmulas neoliberais, que entraram em ascensão por volta da referida década.

Os motivos para que o neoliberalismo se expandisse nessa época e se tornasse um lugar comum em diversos países por volta de 1990, mediante o Consenso de Washington, serão abordados ao longo deste trabalho, porém, deve-se destacar, desde logo, que a adoção de reformas neoliberais, de forma espontânea ou não, pelos próprios Estados, deu início ao esvaziamento do Estado Moderno e ao desmantelamento do Estado de Bem-Estar Social e da camada protetiva por ele desenvolvida no período pós-Segunda Guerra Mundial.

Quanto ao Direito do Trabalho, pode-se dizer que, de maneira surpreendente, o Estado – que havia se tornado um de seus pilares de sustentação pós-1945 –, absorvido pelo espírito neoliberal, transformou-se num dos principais agentes de desconstrução desse ramo jurídico a partir de 1970, modificando elementos que fazem parte de sua essência para adaptá-lo aos interesses do mercado.

Como o código genético desse ramo jurídico tem sido alterado a partir das transformações introduzidas no Estado pela racionalidade governamental neoliberal – baseada na concorrência desenfreada e na disseminação do cálculo economicista para todas as esferas da vida –, cuida-se de um dos pontos centrais deste estudo, que tem como objetivo perquirir sobre a ligação entre Estado e Direito do Trabalho.

Por meio de uma metodologia descritiva, o propósito é traçar um paralelo entre ambos, demonstrando como as transformações e crises do Estado ajudaram a criar condições sociais, jurídicas, políticas e econômicas para que esse ramo jurídico nascesse, desenvolvesse e expandisse, mas também para que vivenciasse crises e abalos a partir da década de 1970.

Longe de desejar esgotar o tema, pretende-se tão somente lançar luzes sobre a conexão existente entre Estado e Direito do Trabalho, refletindo-se se o primeiro ainda tem papel relevante na conformação do segundo.

LABORATÓRIOS DO FUTURO E TEMPOS DE PROVAÇÃO

Capítulo 2

A palavra "crise" nunca esteve tão em voga. Muito associada à economia, também é usada em outras áreas, falando-se, por exemplo, em crise política, crise de refugiados, crise na saúde, crise de ansiedade, crise de pânico, crise no casamento, crise existencial, crise dos nervos e crise moral.

Aparentemente, essa palavra se adapta bem a uma variedade de situações e esferas da vida, quase sempre usada pelo senso comum e pela mídia com conotação negativa, para denominar um momento de dificuldade, dor, desesperança, desequilíbrio, instabilidade, escassez e incertezas, que serve para justificar a tomada de certas medidas, muitas das vezes desagradáveis. Mas o que significa "crise"?

"Crise", do latim *crĭsis*, é o "momento de decisão, de mudança súbita", do grego, *krísis*, quer dizer "ação ou faculdade de distinguir, decisão".

Segundo o dicionário eletrônico Michaelis (2015), o termo pode ter diferentes acepções, conforme o contexto ou área de abrangência. No campo econômico, por exemplo, significaria um "momento de transição entre uma fase de prosperidade e outra de depressão, ou vice-versa"; no campo sociológico, "uma conjuntura desfavorável", "situação anormal e grave", momento de "conflito, tensão, transtorno"; na medicina, um momento decisivo na condição do paciente que pode levá-lo à cura ou ao óbito.

Ainda de acordo com esse dicionário, "crise" pode expressar uma dor emocional; a carência, ausência ou escassez de algo, como de uma matéria-prima; uma situação de difícil superação ou uma adversidade; ou mesmo um "estado em que a dúvida, a incerteza e o declínio se sobrepõem, temporariamente ou não, ao que estava estabelecido como ordem econômica, ideológica, política etc.". (2015).

Dessa pequena exposição, percebe-se que a palavra "crise", em seu sentido originário, refere-se a um momento decisivo, que exige que escolhas sejam feitas e atitudes sejam tomadas, as quais não necessariamente terão como resultado algo desfavorável(1).

---

(1) Para Carlo Bordoni, a palavra "[...] "crise", em seu sentido próprio, expressa algo positivo, criativo e otimista, pois envolve mudança e pode ser um renascimento após uma ruptura. Indica separação, com certeza, mas também escolha, decisões e, por conseguinte, a oportunidade de expressar uma opinião. Num contexto

Decisões e atitudes podem partir de um momento de anormalidade ou dificuldade na economia, na política ou na vida de um paciente, por exemplo, mas podem ter como produto algo positivo e criativo, abrindo oportunidades para uma nova trajetória na história, para a reinvenção das soluções, instituições e do próprio ser humano.

Assim, as diversas definições do termo "crise" não são necessariamente incompatíveis umas com as outras, porque tempos de decisão e tomadas de ação podem partir e geralmente partem de conjunturas de incertezas, dúvidas e adversidades, que também são definidas como "crises".

Nesse sentido, Yanis Varoufakis (2016, p. 59-61) menciona que dois grandes saltos na história da humanidade foram ocasionados por crises. O primeiro deles, a revolução agrária(2), foi motivado pela escassez de alimentos em razão do descompasso entre o crescimento da população e o que a natureza poderia fornecer(3). Segundo o autor, a partir das crises alimentícias foram inventadas formas de intervenção na natureza que contribuiriam para o nascimento da civilização. Em suas palavras, a "*produção agrícola socializada*" deu origem aos excedentes, que por sua vez "[...] fundaram a 'civilização' e a espinha dorsal da história da qual se tem registro".

O segundo grande salto para o futuro de nossa espécie, que trouxe a industrialização e culminou nas atuais sociedades de mercado, também foi resultado de uma crise de raízes profundas que viria a tornar a terra e o trabalho em mercadorias. No que se refere ao trabalho, por exemplo, assistiu-se a ex-camponeses, despojados das terras pelos cercamentos, implorarem para trabalhar em troca de migalhas, "vendendo" sua força de trabalho a preço vil. Por isso mesmo é que Varoufakis afirma que, "se a história tivesse sido democrática em seus caminhos, não haveria surgido a agricultura nem a revolução industrial", dois saltos para

---

mais amplo, a noção adquire sentido de maturação de uma nova experiência, a qual leva a um ponto de não retorno (tanto no âmbito pessoal quanto no histórico-social). Em resumo, a crise é o fator que predispõe à mudança, que prepara para futuros ajustes sobre novas bases, o que absolutamente não é depressivo [...]" (BAUMAN; BORDONI, 2016, p. 11).

(2) A título de curiosidade, menciona-se aqui que a agricultura foi responsável pelo nascimento de ideias como a propriedade privada e a herança. Antes da agricultura, na fase de nomadismo, as pessoas não possuíam casa, bens ou móveis, mas tão somente os instrumentos que conseguiam carregar e que fossem necessários à caça e à colheita. No caso do homem, por não ainda não compreender o seu papel na reprodução, nem filhos eles tinham. Estes pertenciam somente às mulheres. Com o desenvolvimento da agricultura, as pessoas passaram a se fixar na terra e disso nasceu a ideia de propriedade, já que havia se tornado necessário ter onde plantar e morar, ter ferramentas de trabalho e outros bens materiais. Com esse novo estilo de vida, o homem (sexo masculino) também passou a entender o seu papel na reprodução e a desejar que os bens acumulados em vida fossem transmitidos aos seus descendentes após a morte, donde nasce a ideia de herança. (COIMBRA, 2012, p. 24-25).

(3) Para defender esse ponto de vista, Yanis Varoufakis faz referência a Jared Diamond (2006) *Guns, Germs and Steel, New York*: Norton.

o futuro que nasceram de dolorosas crises que fizeram as pessoas desejarem profundamente poder ser teletransportadas para o passado, embora isso fosse impossível, porque na verdade esses acontecimentos representavam uma vertiginosa quebra com o tempo pretérito, mostrando-se como verdadeiros "laboratórios do futuro". (VAROUFAKIS, 2016, p. 59-61).

Mas é importante esclarecer que, apesar de todas as crises demandarem escolhas e ação, nem todas elas representam ruptura. Ao tratar das crises financeiras, por exemplo, Varoufakis (2016, p. 68) faz distinção entre as "crises" com "c" minúsculo e as "Crises" com "C" maiúsculo, sendo as primeiras designadas para tratar das crises cíclicas e habituais geradas pelo capitalismo, que simplesmente perpetuam o passado, e as segundas usadas para tratar daquelas que, de tão violentas, encerram ciclos e geram rupturas e descontinuidades na história, representando a "falta de qualquer aspecto redentor", como foi a Crise de 1929. As "Crises" com "C" maiúsculo são denominadas pelo autor como "laboratórios do futuro", por nos colocarem em estado de *aporia*[4], num estado completo de perplexidade e assombro diante do impasse que estamos vivendo. Essas sim simbolizam uma questão de vida ou morte e indicam a vinda de grandes transformações. (VAROUFAKIS, 2016, p. 68).

Esse raciocínio pode ser aplicado a qualquer espécie de crise. Nem todas elas significarão questão de vida ou morte. Algumas serão meros abalos e representarão, na prática, a simples continuidade do que já estava posto, ainda que de maneira reformulada. Mas tanto num caso como no outro (seja "Crise" ou "crise"), talvez a crise possa ser vislumbrada como um tempo ou uma fase de provação, que realiza um teste na história separando aquilo que deve viver – de forma igual ou modificada – daquilo que deve morrer, ou melhor, desmembrando o que consegue viver daquilo que não consegue, numa espécie de "darwinismo" institucional, normativo, cultural etc.

O que agrava a situação das crises, no entanto, e nesse ponto há de se concordar com Zygmunt Bauman, é que os sentimentos de dúvida e incerteza que pairam sobre a humanidade nesses contextos críticos não formam um cenário favorável ao diagnóstico das situações nem à tomada das melhores ou mais sábias decisões. Com efeito, Bauman afirma:

> Tenho a impressão de que a ideia de "crise" tende hoje a deslocar-se de volta às suas origens médicas. Ela foi cunhada para denotar o momento no qual o futuro do paciente estava na balança, e o médico tinha de decidir que caminho tomar e que tratamento aplicar para levar o doente à convalescência. Falando de **crise de qualquer natureza** que

---

(4) Varoufakis usa o termo *aporia* para descrever o estado do mundo com a crise de 2008. Segundo ele, o mundo não ficava assombrado assim desde 1929.

> seja, nós transmitimos em primeiro lugar o sentimento de *incerteza*, de nossa *ignorância* da direção que as questões estão prestes a tomar, e, secundariamente, do ímpeto de intervir: de *escolher* as medidas certas e *decidir* aplicá-las com presteza. Quando diagnosticamos uma situação de "*crítica*", é exatamente isso que queremos dizer, a conjunção de um diagnóstico e um chamado à ação. E permita-me acrescentar que há uma **contradição endêmica** aqui envolvida: afinal, a admissão do estado de *incerteza/ignorância* não prognostica exatamente a perspectiva de escolher as "medidas certas" e, assim, fazer as coisas andarem na direção desejada. (BAUMAN; BORDONI, 2016, p. 16, grifos nossos).

Essa definição de crise ligada à medicina apenas agrega contornos às ideias já desenvolvidas até agora. Remete à concepção de que os momentos de crise nada mais são do que um período de desafio, no qual as coisas saem da normalidade ou da ordem comum, sendo preciso diagnosticar o problema, verificar as opções disponíveis, optar pela melhor solução e colocá-la em prática, mas tudo isso com a visão um pouco embaçada pela insegurança e incerteza que nos rodeiam nesses períodos, incertezas e inseguranças que podem ser maiores ou menores conforme o caso.

Na crise, há essa contradição, porque é preciso definir/decidir que atitude adotar admitindo-se, em primeiro lugar, que existe incerteza, e incerteza é sinônimo de indefinição/indecisão. O problema dessa contradição é que em certas ocasiões a decisão escolhida implicará vida ou morte, ainda que se esteja falando de forma metafórica.

E talvez o ponto mais agudo seja o fato de que, ao se decidir por uma coisa ou outra, nem se cogite das gravidades e rupturas que as escolhas podem implicar, já que as consequências das decisões tomadas muitas vezes não se revelam imediatamente na história e não estão visíveis aos nossos olhos, por estarem ocultas em nossa ignorância ou propositalmente veladas por outros interesses.

Nesse sentido, poderia até se pensar que algumas crises são criadas ou usadas para eliminar o que não mais se deseja, pela administração de um antídoto pior do que a doença, ou para produzir o que lhe interesse. Porém, se partirmos dessa lógica é provável que nos acuse de acreditar na teoria da conspiração. Por isso, é melhor retomar o assunto.

Diante disso, pode-se questionar, ainda, quem hoje é o responsável por fazer os diagnósticos dos problemas que afligem os diversos campos da vida, quem escolhe e quem decide qual o melhor caminho a ser seguido, e quem o coloca em prática. Se algumas crises podem implicar verdadeiras rupturas na história da humanidade, mas independentemente disso, representam sempre algum tipo de transformação no mundo, a quem caberia tomar e aplicar tamanhas decisões?

A quem caberia hoje o que Bauman (2016, p. 17) chama de *política e poder*, sendo a primeira a "habilidade de decidir como as coisas devem ser feitas" e o segundo "a capacidade de levar as coisas a cabo"?

Cumpre anotar que, durante uma fase da história, o poder e a política estiveram concentrados nas mãos do Estado, cabendo a este a escolha e efetivação das decisões nos momentos críticos. Porém, isso já não parece ser mais verdade no presente, e política e poder aparentam estar divorciados na atualidade, com parcelas de poder se evaporando das mãos do Estado.

O Estado, em suas faces de Estado Moderno, Estado de Bem-Estar Social e Democrático, parece estar vivendo seu próprio período de transformação, suas próprias crises, que não são obviamente ligadas apenas ao campo econômico, mas também a outros aspectos e à sua própria essência.

Em meio às outras crises que assolam o mundo, acompanhamos ao vivo e a cores as crises do Estado. Todas ocorrendo ao mesmo tempo e todas interconectadas, gerando interferências recíprocas. O Estado está enfraquecido por inúmeras razões, e seu enfraquecimento gera reflexos em outras dimensões, como no Direito do Trabalho, que por vezes também é acusado de viver uma crise, às vezes prestes a morrer. Quanto a este último, muitos já confirmaram presença em seu velório e já compraram flores para o enterro, embora ainda respire.

As crises do Estado e seus reflexos no Direito do Trabalho fazem parte do tema deste estudo e, para compreendê-las, é preciso, antes, compreender qual a ligação entre o Estado e o Direito do Trabalho. A intenção, no entanto, muito longe disso, não é exaurir o tema, mas lançar olhares gerais sobre ele.

O ESTADO, O TRABALHO E O DIREITO DO TRABALHO

Capítulo 3

Eu gostaria que alguém concedesse um prêmio, não de quinhentos francos, mas de um milhão, com coroas, cruzes e medalhas, àquele que nos provesse uma boa, simples e inteligível definição da palavra "Estado". Que grande serviço prestaria à sociedade! O Estado! O que ele é? Onde está? O que faz? O que deveria fazer?

(BASTIAT, 2010)

3.1. Estado e trabalho: do Estado Absolutista ao Estado Liberal

Para abordar o tema proposto por este trabalho, como dito em momento anterior, será necessário examinar a ligação existente entre o Estado e o Direito do Trabalho, o que será feito através de recortes na história para focar apenas em alguns fatos importantes, sem se preocupar em fazer um relato histórico cronológico e exaustivo.

Tendo isso em vista, é importante mencionar que existem diferentes teorias[5] sobre o surgimento e o desenvolvimento[6], bem como sobre o conceito de Estado. Por esse motivo, explicita-se que neste estudo as ideias serão desenvolvidas partindo-se da concepção de Estado Moderno e da definição desenvolvida por Jellinek, no sentido de que o Estado "é a corporação formada por um povo, dotada de um poder originário de mando e assentada num determinado território". (JELLINEK, 2000, p. 196).[7]

(5) Existem teorias distintas sobre as origens do Estado. Dalmo de Abreu Dallari as divide em três posições: a) grupo de autores que entende que o Estado, assim como a sociedade, sempre existiu; b) autores que adotam a ideia que a sociedade já existiu sem o Estado, mas por diferentes razões, este foi formado para satisfazer as necessidades de grupos sociais, o que não teria ocorrido de forma simultânea e equivalente em todas as localidades; c) doutrinadores que só reconhecem como Estado, a sociedade política que possua determinadas características, como por exemplo, autores que defendem que o conceito de Estado só é válido a partir do surgimento da ideia de soberania. (DALLARI, 2013, p. 60).

(6) Luciano Gruppi (1996, p. 6), por exemplo, defende que o Estado Moderno, no sentido de ser um Estado unitário e independente de outras autoridades, originou-se na segunda metade do século XV, em locais como França e Espanha, difundindo-se para outras áreas da Europa em momento posterior.

(7) "Como concepto de derecho es, pues, el Estado, *la corporación formada por un pueblo, dotada de um poder de mando originário y asentada en um determinado territorio [...]*". (JELLINEK, 2000, p. 196).

Esse conceito de Jellinek, revelador dos elementos constitutivos que a teoria política geralmente reconhece no Estado, é considerado por Bonavides como irrepreensível e digno do prêmio sugerido por Bastiat, mencionado na epígrafe deste capítulo[8]. (BONAVIDES, 2011, p. 70).

Assim, este estudo não entrará no mérito da continuidade ou descontinuidade histórica[9] do Estado Moderno, isto é, não abordará a discussão se antes dele já havia existido ou não alguma outra forma estatal, até mesmo para que não seja necessário tratar se seria exigida a presença de características especiais para que determinada forma de organização fosse qualificada, ou não, como Estado.

Da mesma forma, não serão abordadas as diferentes conceituações filosóficas, sociológicas ou jurídicas do Estado, pois o que se faz relevante para este trabalho, como será notado mais à frente, são seus elementos constitutivos, o que resta demonstrado no conceito apresentado por Jellinek.

Feitos esses esclarecimentos, cabe dizer que a primeira versão do Estado Moderno aparece alicerçada à ideia de soberania, caracterizando-se pela concentração de poder nas mãos dos monarcas, que inicialmente eram vistos como os representantes de Deus na terra (STRECK; MORAIS, 2014, p. 45-46), confundindo-se com o próprio Estado.[10]

Cuida-se das *monarquias absolutistas*, as quais, aos poucos, foram se desfazendo de laços teológicos e caminhando para uma fase de secularização, fundada em bases filosóficas e consensuais como o contratualismo social de Hobbes, em sua obra *Leviatã*, que apresenta uma nova fundamentação do poder, que

---

(8) Paulo Bonavides expõe diferentes conceitos de Estado de acordo com acepções filosóficas, jurídicas e sociológicas existentes, demonstrando assim a dificuldade de conceituação do termo. Ao tratar dos elementos constitutivos do Estado, apresenta o conceito formulado pelo jurista Duguit como aquele que melhor revela os elementos geralmente aceitos pela teoria política, dentre os quais estaria o "poder político". No entanto, Bonavides rejeita o conceito de Estado elaborado por Duguit, pelo fato de ligar o elemento constitutivo "poder" à ideia de dominação dos mais fracos pelos mais fortes, o que seria inaceitável em seu modo de ver, porque seria o mesmo que admitir que a dominação de uma classe sobre a outra seria um aspecto inerente ao Estado. Por esse motivo, Bonavides rejeita o conceito de Duguit e prefere a definição de Estado de Jellinek.

(9) A questão da continuidade ou descontinuidade histórica do Estado é levantada por Lenio Luiz Streck e José Luis Bolzan de Morais (2014, p. 40) ao perguntar: "*Afinal, Estado Moderno por quê? Houve, então, um Estado Antigo?*". A partir disso, os autores fazem citações que podem servir tanto a uma resposta positiva quanto negativa, mas defendem que, independentemente dos argumentos favoráveis a uma tese ou outra, seja pela ideia de continuidade ou descontinuidade, o Estado Moderno se apresenta como uma inovação.

(10) Importante mencionar que, para Martin van Creveld (2004, p. 177), até 1648 não existia Estado em seu sentido abstrato, como pessoa distinta de seu governante. Sendo assim, para ele: "[...] a verdadeira história do Estado absolutista refere-se não tanto ao despotismo em si quanto ao modo como entre 1648 e 1789, a pessoa do governante e seu "estado" foram separados um do outro, até que a primeira se tornou quase completamente sem importância em comparação com o segundo". (VAN CREVELD, 2004, p. 179).

advém do Homem e de sua razão, e não mais da divindade. (BONAVIDES, 2010, p. 38).

Quanto a esse modelo estatal, a título de curiosidade, é interessante mencionar que, embora o nascimento do Direito do Trabalho seja geralmente associado à Revolução Industrial por diversos autores(11), na Baixa Idade Média - período em que também começa a ser gestada a classe burguesa - já havia uma verdadeira intervenção do Estado absolutista sobre as relações de trabalho existentes naquela época, de uma forma que surpreendentemente nos remete aos dias atuais. De acordo com Gerson Lacerda Pistori, a Idade Média Baixa:

> [...] é o período em que há uma intervenção efetiva do Estado, com o absolutismo nascente, sobre as relações de trabalho. E esse Estado concentrado nas mãos do rei está aliado à burguesia, que investe nessa relação e obtém retornos polpudos. Atendendo aos interesses da burguesia e da utilização absoluta do poder, o rei passa a interferir nas corporações e associações de oficiais, bem como sobre o trabalho temporário. O motivo principal, certamente, além da intromissão absoluta do poder real, é o lucro pela menor remuneração de quem trabalhava, mas houve motivos incidentais muito importantes como a Peste Negra, outras epidemias, as crises financeiras no período da Guerra dos Cem Anos, etc. Tal intervenção, com decretos reais em diversas nações, estabelecendo horários de trabalho e valores limitados a salários de aprendizes e oficiais, representa uma intromissão do Estado sobre as relações de trabalho; e a intromissão do Estado sobre jornada de trabalho e salários possui uma identidade muito grande com os paradigmas do Direito do Trabalho que temos hoje, ainda que as relações de trabalho tivessem uma característica não capitalista industrial, mas representassem o início de um capitalismo mercantil. (PISTORI, 2007, p. 127).

Portanto, ainda que a história do Direito do Trabalho seja estudada por muitos autores sem se fazer remissão ao período absolutista, vê-se claramente que havia traços de uma relação entre o Estado e as relações trabalhistas, a qual nos alude ao Direito do Trabalho na atualidade.

---

(11) Pistori (2007, p. 19) aponta que a maioria das obras sobre o Direito do Trabalho tem um pequeno espaço dedicado à análise do trabalho humano em período anterior ao século XIX. Segundo o autor, diversos autores, como Mauricio Godinho Delgado, Martins Catharino, Orlando Gomes e Élson Gottschalk, delimitam a origem do Direito do Trabalho a partir da Revolução Industrial, argumentando, por exemplo, "[...] que a relação de trabalho até o momento industrial não é uma relação de emprego, não há o típico assalariamento, não ocorre um trabalho com conjunto humano fixo em determinado espaço físico, não há regulamentação e subordinação mais efetiva na forma do trabalho e sua contraprestação, além de não haver liberdade para a contratação do trabalhador pelo empregador nem regulamentação das condições do trabalho, bem como por faltar a interferência do Estado ou de seu entrepostos nessas relações". (*cf. Martins*, 2001, p. 34).

Essa ligação entre Estado e relações de trabalho, conforme mencionado, estava permeada por influência da burguesia, o que é completamente compreensível, já que, segundo Fiori (2007, p. 83), foi do casamento entre o capital privado e o poder político que se originaram a modernidade e o sistema capitalista.

Foi dessa união que "nasceram, de forma quase simultânea, os Estados territoriais, as economias e identidades nacionais e os primeiros impérios mercantis ou coloniais". (FIORI, 2007, p. 83).

Não sem razões, Streck e Morais (2014, p. 51) afirmam que este primeiro modelo estatal foi fundamental para atender aos anseios burgueses no momento de nascimento do capitalismo.

Isso ocorreu, porque, desde a Idade Média, as técnicas de produção foram se transformando e, junto a elas, o poder econômico também foi trocando de mãos, deslocando-se dos feudos para a burguesia. As exigências econômicas haviam mudado e, para sobreviver, os monarcas precisaram abrir espaços às novas formas e forças de produção e, por consequência, à classe burguesa. (BONAVIDES, 2010, p. 191).

Segundo Bonavides, sem meios de impedir o avanço capitalista, os monarcas o estimularam por meio de uma política mercantilista, da qual conseguiam obter os recursos necessários para manter a burocracia e os exércitos, e da qual a aristocracia também tirava sua fatia. (BONAVIDES, 2010, p. 191).

Tendo isso em vista, pode-se afirmar que a expansão capitalista promovida pelos Estados absolutistas consistiu num meio de tentar garantir a sua própria sobrevivência diante das mudanças econômicas que vinham ocorrendo desde a Idade Média, abrindo, com isso, caminhos aos interesses econômicos burgueses por meio do mercantilismo.

No entanto, há de se ressalvar que essa expansão capitalista também significou uma forma de os Estados aumentarem o seu poder e riqueza frente aos demais na arena político-econômica, propiciando a convergência dos interesses estatais com os interesses do capital privado.

Conforme Fiori, a competição entre Estados favoreceu a formação de "uma aliança duradoura entre os príncipes, os mercadores e os banqueiros." (FIORI, 2007, p. 84), ou, como aponta Pistori, uma "aliança econômica e política" entre a burguesia e o rei, o qual "permitia uma maior autonomia e liberdade de ação econômica por parte dessa classe ascendente". (PISTORI, 2007, p. 119).

Nesse sentido, cabe ainda ressaltar que o mercantilismo impulsionado pelo Estado representou, do ponto de vista econômico, uma forma de governo, porque ele nada mais era do que uma maneira de organizar a produção e o comércio, partindo da ideia de que o Estado devia se "enriquecer pela acumulação monetária", "reforçar-se pelo aumento da população" e "manter-se num estado de concorrência permanente com as potências estrangeiras". (FOUCAULT, 2010, p. 29).

Tratava-se de uma forma de governo, portanto, que visava o fortalecimento estatal e que dava, ao mesmo tempo, estímulos aos negócios burgueses. Mas é mais do que isso, pois ao lado de outros modos de governar, o mercantilismo permitiu a própria existência dos Estados em sua pluralidade.

De acordo com Michel Foucault, só cabe falar em Estado quando se fala em "Estados" no plural, o que significa, por exemplo, que a formação de um império vai de encontro a essa ideia. E essa pluralidade estatal só foi possível, porque se consubstanciou em algumas maneiras de governar, como o mercantilismo, a ampla regulamentação interna dentro dos países e a gestão de um exército e diplomacia permanentes. Só por meio dessas três formas de governar, solidárias entre si, era possível estabelecer certo equilíbrio entre os Estados, impedindo que houvesse uma absorção imperial. (FOUCAULT, 2010, p. 29).

É preciso ficar claro, entretanto, que apesar de haver certo equilíbrio de forças entre os Estados, que obstasse a formação de um Império, o clima medieval de competição permaneceu depois do século XVI, porque os Estados nacionais, que se formaram a partir da acumulação de riqueza e poder advindos do período anterior, mantiveram-se, como sinalizado antes, sob a lógica da "pressão competitiva", da "conquista" e da "acumulação de poder". (FIORI, 2007, p. 27).

Assim, a guerra continuou sendo importante fator de acumulação de poder após a era medieval e a formação dos Estados nacionais. A diferença, porém, é que, em vez de as ambições expansionistas estatais ficarem voltadas necessariamente à destruição ou ocupação do território alheio, a partir dos séculos XVI e XVII, o objetivo da conquista passou a se ligar à busca pela "submissão econômica" dos demais Estados. (FIORI, 2007, p. 28).

De maneira distinta, "a conquista e a monopolização de novas formas de posições de poder político e econômico seguiram sendo a mola propulsora do novo sistema. E foi dentro dessas unidades territoriais expansivas", chamadas Estados nacionais, "que se forjou o 'regime de produção capitalista', o qual se internacionalizou de mão dadas com os seus 'Estados-impérios' globais". (FIORI, 2007, p. 28).

Esses "impérios globais", conforme registrado, não são impérios no sentido necessariamente de ocupar mais e mais extensões territoriais, mas principalmente no sentido de o Estado se expandir e conquistar sua hegemonia econômica perante as outras nações.

Trata-se de um Estado se tornar uma potência e conseguir "impor ao resto do sistema mundial, seu poder soberano, sua moeda, sua 'dívida púbica' e seu sistema de 'tributação', como lastro de um sistema monetário internacional [...]". (FIORI, 2007, p. 67).

Cuida-se de se expandir extraterritorialmente, impondo seu poder de comando sobre um espaço maior, supranacional; inclinação e vontade que os Estados carregam desde o seu nascimento.

Se o capital tem a propensão natural à globalidade, o ponto é que os Estados nacionais também já nasceram tentando promover a sua expansão extraterritorial e criar "impérios globais". A "globalização econômica", "traço originário e constitutivo do sistema capitalista", não é fruto do capital nem o fim das economias nacionais, mas sim resultado da busca expansionista dos Estados, que acabam por promover a expansão capitalista e, quando vitoriosos, impõem seu poder de comando ao resto do mundo, liderando a acumulação de capital em escala mundial. (FIORI, 2007, p. 30 e 83).

O "capital", sozinho, não consegue promover essa globalização. O Estado é que a promove, desde o século XVI, em virtude de sua corrida expansionista, podendo contar, entretanto, com a ajuda do capital privado, o que geralmente ocorre.

Pelas razões expostas anteriormente, diz-se que o capitalismo e a monarquia tiveram uma estreita relação e que o enlace entre burgueses e monarcas teve um importante papel para o fortalecimento de ambos num primeiro momento, mas para deterioração do Estado absolutista em momento posterior.

Conforme expõe Martin van Creveld:

> Em especial na Europa ocidental, o capitalismo e a monarquia caminharam juntos. Fosse por meio da tributação ou de empréstimos, o capitalismo deu força financeira à monarquia. Esta pagava seu débito financeiro oferecendo proteção militar aos empreendimentos capitalistas, tanto dentro do país como, mais tarde, fora de suas fronteiras; também concedia aos habitantes das cidades privilégios que os destacavam muito dos habitantes do campo. Com exceção apenas da Rússia, pelo menos a partir do século XVII, os Estados mais fortes eram também os que tinham os maiores e mais poderosos empreendedores capitalistas. Mais tarde, como Marx escreveria no *Manifesto Comunista*, a questão toda dizia respeito a quem pertencia a quem. (VAN CREVELD, 2004, p. 168).

Logo, com uma política mercantilista, que embora não tivesse como objetivo direto o enriquecimento da burguesia, mas sim o fortalecimento e a manutenção do próprio Estado, o absolutismo impulsionou o surgimento de um forte poder burguês, o qual mais tarde contribuiria para desencadear o seu próprio aniquilamento.[12]

Isso, porque, em 1789, a classe burguesa já não se conformaria em deter apenas o poder econômico, desejando, também, ter o poder político e se legitimar como "poder legal-racional" fundamentado em uma Constituição. (STRECK; MORAIS, 2014, p. 51).

Fortalecida economicamente pela política mercantilista do Estado, a burguesia, sentia-se, entretanto, excluída da vida política e via no Estado uma forma de manter a ordem de privilégios absolutistas e de reprimir seus ideais de liberdade e livre comércio, uma vez que, durante o mercantilismo, o mercado era objeto de forte regulamentação estatal.

Fato é que, apesar de ter favorecido os interesses burgueses no campo econômico, a monarquia absoluta nunca significou a burguesia politicamente no poder. Na verdade, essa classe se sentia politicamente oprimida e esbulhada durante o absolutismo, porque a monarquia governava, com a aristocracia e o clero, uma sociedade regida por privilégios, que estabelecia uma porção de exceções à burguesia. Agora, dotados de um extremo poder econômico, os burgueses já não podiam aceitar uma ordem jurídica e social baseada em camadas privilegiadas típicas da Idade Média. A contradição existente entre seu poder econômico e sua sujeição política fez com que a burguesia se voltasse contra o absolutismo, sendo a Revolução Francesa um marco dessas lutas políticas. (BONAVIDES, 2010, p. 189 e 193).[13]

E a vitória da burguesia implicou o início de uma sociedade baseada em seus preceitos. A Revolução Francesa, por se caracterizar como a revolução dessa classe, gerou como resultado a consumação de uma ordem social em que as constituições deixavam de forma clara e expressa o triunfo do liberalismo. (BONAVIDES, 1993, p. 31).

O Estado Liberal, segunda versão do Estado Moderno, é, portanto, produto do poder político da classe burguesa, o que implicaria um ordenamento social e econômico também pautado em suas premissas e valores, como será exemplificado nas próximas linhas.

---

(12) Segundo Bonavides, disso advém uma contradição: "[...] a superestrutura política do feudalismo abrindo à infraestrutura econômica da burguesia caminhos que lhe eram fatais, o absolutismo real aparelhando enfim a crise revolucionária que teria como corolário sua própria destruição". (BONAVIDES, 2010, p. 192).

(13) Segundo Esping-Andersen (1991), Adam Smith criticava o Estado Absolutista por ser um Estado garantidor do privilégio de certas classes em detrimento de outras. O autor cita até mesmo um trecho do livro de Smith, *A riqueza das nações*, no qual diz que, na medida em que o Estado é instituído para garantir a propriedade, serve, na verdade, para defesa dos ricos contra os pobres. O ponto interessante, de acordo com Esping-Andersen, é a semelhança que Adam Smith guarda com Marx ao fazer tal afirmação sobre o Estado, uma semelhança que poderia parecer inimaginável.

Nessa sociedade, consoante menciona Paulo Bonavides (2010, p. 193), a contradição existente entre as classes antagônicas do período absolutista, que viviam sob uma harmonia aparente, é suprimida, e abre-se espaço para a contradição burguesia-operariado, tão pertinente ao estudo do Direito do Trabalho.

3.2. Liberalismo(s)

Antes de tratar da contradição burguesia-operariado, a qual se instala sob o Estado Liberal, é preciso esclarecer que o termo liberalismo - que aparece como uma marca dessa segunda vertente do Estado Moderno - pode ser utilizado em distintas acepções, podendo-se referir a aspectos sociológicos, políticos ou econômicos.

Além disso, deve-se pontuar que a doutrina liberal não tem exatamente o mesmo o conteúdo e, com o passar do tempo, adquire contornos diferentes de acordo com o contexto histórico vivido.

No campo econômico-político, por exemplo:

> Os economistas políticos liberais raramente usavam os mesmos argumentos na defesa de seus pontos de vista. Nassau Senior e outros liberais mais recentes de Manchester enfatizavam o elemento *laisse-z-faire* em Smith, rejeitando qualquer forma de proteção social além dos vínculos monetários. J. S. Mill e os "liberais reformistas", por sua vez, propunham pequenas doses de regulamentação política. Mas concordavam todos em que o caminho para a igualdade e a prosperidade deveria ser pavimentado com o máximo de mercados livres e o mínimo de interferência estatal. (ESPING-ANDERSEN, 1991, p. 86).

Logo, entre os próprios liberais encontram-se pontos de divergência, não sendo possível identificá-los todos como defensores irrestritos do *laissez-faire*, por exemplo. Essa distinção de formas de pensar entre os mais radicais e os reformistas, e a própria evolução da doutrina liberal, dificulta a missão de tentar defini-la.

No entanto, apesar de considerar complexa a tarefa de definir o que seja liberalismo, falando-se inclusive da existência de "liberalismos", Streck e Morais (2014, p. 56), afirmam que a "ideia de limites" pode ser tomada como uma característica uníssona do movimento liberal.

Nessa direção, Norberto Bobbio defende que o "liberalismo" reflete uma concepção de Estado com funções e poderes limitados, cuja base filosófica vem da doutrina dos direitos do homem calcada no jusnaturalismo, a qual prega que o homem, independentemente de sua própria vontade e da vontade de outrem, tem determinados direitos naturais, como a vida, a liberdade e a segurança, os quais o Estado não só deve respeitar e se abster de intervir, como também deve proteger da tentativa de violação por terceiros. (BOBBIO, 2000, p. 7-11).

Outra base do Estado Liberal, conforme Bobbio, é a teoria do contrato social, a qual se entrelaça à doutrina dos direitos do homem, por meio de uma visão individualista da sociedade, que argumenta que primeiro existe o indivíduo em si mesmo considerado, para que somente depois possa existir a sociedade, a qual seria fruto do acordo de vontades de homens inicialmente livres, os quais concordaram em estabelecer vínculos entre si para fins de uma convivência harmoniosa. Por isso mesmo, diz-se que sem individualismo não há liberalismo. (BOBBIO, 2000, p. 12-16).

A teoria do contrato social se liga ainda à dos direitos naturais, pelo fato de trazer consigo a ideia de que o acordo, firmado entre os indivíduos para a constituição do Estado, apresenta cláusulas invioláveis a serem respeitadas também por ele.

Assim, ainda no que diz respeito ao assunto, elucida-se que as noções de limitação do poder e limitação das funções estatais, que compõem a compreensão liberal do Estado, são respectivamente representadas pelas figuras do *Estado de direito* (limitação de poder), em oposição ao Estado absoluto, e do *Estado mínimo* (limitação de funções), em oposição ao "Estado máximo".(14) (BOBBIO, 2000, p. 17-18).

No que toca ao "Estado de direito", explicita-se que, no Estado Liberal, ele está associado à ideia de constitucionalização dos direitos naturais, tornando-os positivados e invioláveis, e à ideia de regulação dos poderes públicos por meio de leis que obstam o abuso de poder. (BOBBIO, 2000, p. 17-18).

Desse modo, numa perspectiva liberal do Estado, um Estado de direito é aquele que tem poderes limitados pela Constituição e pela lei, partindo do princípio de que há direitos que, de tão essenciais ao indivíduo, devem ser materializados no texto constitucional para lembrar ao Estado de que são imprescritíveis e não podem ser transgredidos nem mesmo por ele.

Alguns desses preceitos podem ser perfeitamente visualizados na Declaração dos Direitos do Homem e do Cidadão, de 1789, a qual simboliza o espírito vigente nesse período histórico, tendo inspirado várias Constituições da época, mencionando expressamente a existência de direitos naturais e sagrados, como o direito de propriedade.(15) Entre seus artigos destacam-se:

---

(14) Bobbio menciona que o Estado Liberal compreende o Estado de direito e o Estado mínimo, mas destaca que é possível haver Estado de direito que não seja mínimo, como é o caso do Estado Social, da mesma forma que é possível haver Estado mínimo que não seja de direito, como Leviatã hobbesiano, que, ao mesmo tempo que é absoluto, é liberal no campo da economia. (BOBBIO, 2000, p. 17).

(15) Segundo Jellinek, a Declaração dos Direitos do Homem e do Cidadão, de 26 de agosto de 1789, foi um dos principais eventos da Revolução Francesa. Entre críticas – como as que apontam que suas "fórmulas

> [...] **Art. 2º** - A finalidade de toda associação política é a preservação dos direitos naturais e imprescritíveis do homem. Esses direitos são a liberdade, a prosperidade, a segurança e a resistência à opressão.
>
> **Art. 3º** - O princípio de toda a soberania reside, essencialmente, na nação. Nenhuma operação, nenhum indivíduo pode exercer autoridade que dela não emane expressamente.
>
> **Art. 4º** - A liberdade consiste em poder fazer tudo o que não prejudique o próximo: assim, o exercício dos direitos naturais de cada homem não tem por limites senão aqueles que asseguram aos outros membros da sociedade o gozo dos mesmos direitos. Estes limites só podem ser determinados pela lei.
>
> [...] **Art. 6º** - A lei é a expressão da vontade geral. Todos os cidadãos têm o direito de concorrer, pessoalmente ou através de mandatários, para a sua formação. Ela deve ser a mesma para todos, seja para proteger, seja para punir. Todos os cidadãos são iguais a seus olhos e igualmente admissíveis a todas as dignidades, lugares e empregos públicos, segundo a sua capacidade e sem outra distinção que não seja a das suas virtudes e dos seus talentos.
>
> [...] **Art. 16º** - A sociedade em que não esteja assegurada a garantia dos direitos nem estabelecida a separação dos poderes não tem Constituição.
>
> **Art. 17º** - Como a propriedade é um direito inviolável e sagrado, ninguém dela pode ser privado, a não ser quando a necessidade pública legalmente comprovada o exigir e sob condição de justa e prévia indenização. (FRANÇA, 1789).

Com base nesses aspectos é que Bonavides afirma que o Estado Liberal - modalidade de Estado constitucional baseado na separação de poderes(16) - tem a mesma base filosófica do absolutismo, qual seja: o direito natural, mas com a diferença de não estar vinculado à divindade, e sim à razão. Nesse Estado constitucional, o poder já não pertence às pessoas, mas sim às leis, as quais

---

abstratas" são "ambíguas" e, por isso mesmo, "perigosas", denotando "inexperiência absoluta com as coisas públicas" - e celebrações, como se fosse uma "revelação histórica de caráter universal", fato é que, para Jellinek: "Qualquer que seja o valor intrínseco das proposições gerais contidas nessa Declaração, sob sua influência se formou, no direito positivo dos Estados do continente, a noção de direitos subjetivos e públicos do indivíduo. A literatura de direito público não conhecia, até então, senão os direitos do Chefe do Estado e os privilégios de classe, de particulares ou de certas corporações. Os direitos gerais dos indivíduos não apareciam senão sob a forma de deveres do Estado, e não constituíam, para o indivíduo, títulos caracterizadores de direito. Não foi senão pela Declaração dos Direitos do Homem que se formou, no direito positivo, em toda a sua amplitude, a noção de direitos subjetivos do cidadão frente ao Estado, noção que, até então, não era conhecida senão pelo direito natural. Isso foi realizado em primeiro lugar pela Constituição" francesa "de 3 de setembro de 1791: baseando-se na Declaração dos Direitos do Homem e do Cidadão, que a tinha precedido, fixou uma série de direitos naturais e civis garantidos pela Constituição." (JELLINEK, 2015, p. 33-34). A declaração, portanto, contribuiu para a construção de um novo olhar, segundo o qual os direitos do indivíduo deixam de ser simplesmente dever do Estado, para se tornarem objeto da titularidade da pessoa frente ao Estado e terceiros.

(16) Bonavides defende que até o momento atual o Estado constitucional ostentaria três modalidades: o Estado constitucional da separação de poderes, representado pelo Estado Liberal; o Estado constitucional dos direitos fundamentais, representado pelo Estado Social; e o Estado constitucional da Democracia participativa, representado pelo Estado Democrático-Participativo. (BONAVIDES, 2010).

governam o plano social e político (BONAVIDES, 2010, p. 42-43), havendo então uma separação entre a figura daquele que governa e o Estado.

Quanto ao Estado mínimo, outra figura que compõe a versão liberal, cuida-se da concepção de mínima intervenção estatal na vida social e econômica, da noção de que a interferência do Estado deve ser ínfima, devendo restringir-se a garantir a segurança e a paz entre os indivíduos.

A mínima intervenção do Estado parte do entendimento liberal de que a economia é autorregulável, regida por mecanismos naturais de mercado, de modo que a influência estatal sobre esse campo é "inútil e prejudicial", porque os intervencionismos deturpam o funcionamento da "ordem natural" e destroem a liberdade dos indivíduos. (ROSANVALLON, 1984, p. 52).

A proposta do liberalismo é uma separação entre economia e política. Contudo, tanto na prática quanto na teoria, tal proposta liberal encontrou barreiras para se sustentar a partir do século XVIII.

Na prática, sabe-se que o Estado Liberal promoveu intervenções que iam além da garantia da paz e da segurança dos indivíduos e que agiu e não agiu deliberadamente para permitir que o mercado fosse autorregulável.

Longe de atuar com neutralidade, em nome da autorregulação, esse Estado que dizia prezar pelas liberdades, contribuiu paradoxalmente para restringir algumas delas, como a liberdade de associação.

Além disso, mais tarde, pressionado por movimentos sociais, que clamavam por democratização e justiça social, o Estado Liberal cedeu a certo intervencionismo e atuou de forma interventiva para acalmar os ânimos da população e permitir que os mercados e o capitalismo seguissem em expansão, pois, como ressaltado anteriormente, é pelas mãos dos Estados nacionais que, desde o século XVI, a expansão capitalista é liderada.

Do ponto de vista teórico, a questão da intervenção versus não intervenção do Estado também seguiu permeada por dificuldades técnicas de sustentação, até porque, como dito anteriormente, a doutrina liberal não é completamente uníssona sobre todos os assuntos que a permeiam, além de ter se modificado ao longo do tempo.

Segundo Rosanvallon, verifica-se que o próprio Adam Smith passou por fases distintas de compreensão sobre as funções do Estado. Este, que num primeiro momento defendia o funcionamento autônomo do mercado e via a intervenção estatal na economia como completamente nociva, reconheceu, numa segunda fase, em sua obra *A riqueza das nações,* que o mercado dispõe de certos limites e que parte da esfera econômica permanece integrada no domínio público ou político, porque algumas atividades privadas não conseguem ser desempenhadas se não houver infraestrutura criada pelo Estado, como a construção de estradas, admitindo-se que algumas intervenções estatais são justificáveis em razão dos limites do mercado. (ROSANVALLON, 1984, p. 54-55).

Ademais, deve-se recordar que, entre os liberais, havia os mais radicais, que defendiam o *laissez-faire*, com a ausência completa de qualquer intervenção do Estado na economia e qualquer forma de proteção social; e os reformistas, que admitiam certa dose de proteção do Estado.

E, embora, possa se argumentar que, independentemente disso, ambas as correntes propugnam pela mínima intervenção na economia, ainda assim a doutrina liberal encontra o problema, conforme Rosanvallon (1984, p. 53), de ser incapaz de "deduzir um critério preciso de delimitação do Estado", ou seja, de demonstrar claramente o que intervenção mínima significa no plano fático. Ao tratar da nova configuração do Estado Moderno no século XVIII, Michel Foucault traz à tona essa questão.

Segundo Foucault (2010, p. 55), a nova arte de governar, que começa a ser desenhada em meados do século XVIII, caracteriza-se pelo aparecimento de mecanismos "internos, numerosos e complexos", voltados não ao crescimento e ao fortalecimento do Estado, mas sim à limitação do exercício do poder de governar e, portanto, à criação de um "Estado frugal", ou seja, um Estado mais contido em suas atividades, que, no entanto, viria de mãos dadas com a contradição de durante essa era se assistir a uma abundante atividade governamental.

Em sua lição de 17 de janeiro de 1979, o professor do Collège de France explica:

> [...] De facto, não devemos esquecer que esta nova arte de governar - ou esta arte de governar o menos possível, esta arte de governar entre um máximo e um mínimo, e mais ao lado do mínimo do que do máximo - é uma espécie de renovação ou refinamento da razão do Estado, é um princípio para a sua manutenção, para o seu desenvolvimento mais completo, para o seu aperfeiçoamento. [...] **Houve alguém** (infelizmente, não consegui encontrar isto nos meus papéis, mas encontrá-lo-ei e dir-vos-ei) **que falou, em finais do século XVIII, de um "governo frugal". Pois bem, creio que, com efeito, se inicia nessa altura uma época que se poderia chamar a do governo frugal, o que, sem dúvida, não deixa de apresentar alguns paradoxos, uma vez que é durante esse período do governo frugal, inaugurado no século XVIII e do qual ainda não saímos, que se vai desenvolver toda uma prática governamental, simultaneamente extensiva e intensiva, com os efeitos negativos, com as resistências, as revoltas etc., que se conhecem precisamente contra as intromissões de um governo que, porém, se diz e se quer frugal.** É que esse desenvolvimento extensivo e intensivo do governo que se

> quer frugal não deixou - e é nesse sentido que se pode dizer que estamos na era do governo frugal - de ser assombrado do exterior e do interior pela questão do de mais e do de menos. [...] nos séculos XVII e XVIII [...], durante todo o século XIX e, certamente, mais hoje do que nunca é a questão da frugalidade do governo e não a da constituição dos Estados que é, sem dúvida, o problema fundamental. **[A] questão da frugalidade do governo é, de facto, a questão do liberalismo.** (FOUCAULT, 2010, p. 56-57, grifos nossos).

Logo, se o Estado mínimo é um componente do Estado Liberal, em torno disso gira uma questão fundamental sobre qual seria a arte de governar ideal, ou seja, aquela localizada perfeitamente entre o máximo e o mínimo, aquela que não é excessiva, pelo contrário, atua dentro do que se considera estritamente exigível.

Ademais, outra questão não menos importante diz respeito a quem caberia dizer se uma medida adotada pelo governante é ou não suficiente, é ou não exigível, pode ou não ser realizada, deve ou não ser praticada, é correta ou incorreta.

Por isso, a questão da frugalidade do governo é a questão do liberalismo. Pode-se pensar que é um de seus pontos basilares, porque coloca em xeque a própria ideia de liberalismo, levantando a pergunta de até que ponto uma intervenção estatal é admitida sem que a própria noção de liberalismo se veja afetada.

Cuida-se de uma pergunta de difícil resolução, já que a doutrina liberal vê seu conteúdo se modificar com o passar do tempo e o próprio Estado, dito Liberal, transforma-se e amplia o alcance de sua intervenção de acordo com o momento histórico que se vive. A questão social e a contradição instalada entre burguesia e operariado fazem crescer o intervencionismo estatal, por exemplo, mas nem por isso, deixou-se de se falar em liberalismo.

Além disso, para fazer valer certos preceitos liberais na área econômica, verifica-se uma forte atuação estatal para implantá-los e, depois, para mantê-los. Trata-se de situações que ficarão mais claras ao longo deste trabalho, mas o fato é que suscitam a questão de até onde a intervenção estatal pode ir sem desvirtuar o que se entende por liberalismo.

Outro ponto que faz da frugalidade a questão central do liberalismo vem das lições de Foucault e tem a ver com aquela outra pergunta: a quem caberia dizer se as práticas governamentais estão corretas ou não, se estão dentro do estritamente necessário?

Se esse novo tipo de racionalidade na arte de governar, esse novo cálculo de que não se deve mexer em algo, é o que Foucault pensa, em geral, chamar liberalismo[17] (FOUCAULT, 2010, p. 45), de onde, então, poderia ser tirada a prova se esse cálculo está certo?

Bem, de acordo com Foucault, quem irá fazer esse papel de "veridicção" dos atos governamentais será na verdade um "lugar". Um lugar que, durante os séculos XVI e XVII, foi objeto de extensa regulamentação estatal, mas que no século XVIII passou a ser entendido como aquele que deveria funcionar com o mínimo de intervenção possível a fim de que pudesse dizer a verdade e estabelecê-la como norma à prática governamental. Esse lugar "não é o cérebro dos economistas, mas o mercado". (FOUCAULT, 2010, p. 58).

Foucault não explica exatamente a razão de o mercado ter se tornado o regime de verdade da prática governamental, mas o ponto é que o mercado, que havia sido local de vigilância e regulamentação estatal durante os séculos XVI e XVII - até mesmo pelo fato de o comércio ser um instrumento do poder do Estado durante o mercantilismo - seria visto e reconhecido, a partir do século XVIII, como um lugar de mínima intervenção estatal possível, que deveria fluir naturalmente.

Simultaneamente, e em consequência disso, o mercado deixaria de ser um local de justiça para se tornar em local de "veridicção". Isso porque, nos séculos XVI e XVII, a regulamentação do mercado visava, entre outras coisas, a formação do "justo preço", o qual deveria se relacionar com o trabalho realizado, com as necessidades do vendedor e com as capacidades do comprador. A ideia era permitir que os mais pobres também pudessem ter acesso a produtos essenciais da mesma forma que os mais ricos tinham. Cuidava-se, então, de um lugar de justiça distributiva. Além disso, a regulamentação visava a ausência de fraudes, roubos e delitos, sendo um lugar de proteção não apenas aos riscos a que estavam expostos o comprador, mas também o mercador. (FOUCAULT, 2010, p. 59).

Em meados do século XVIII, entretanto, o mercado aparece como algo que deve obedecer a leis naturais, as quais, se deixadas funcionar, fornecerão o "bom preço", aquele que exprime a relação adequada entre a oferta e a procura. Se deixado funcionar segundo sua própria natureza, o mercado formará o verdadeiro preço, o preço real e natural. O resultado disso é que os preços, na medida em que estão conforme as leis naturais do mercado, se apresentam não como um lugar de justiça, mas como lugar de verdade, que permitirá distinguir as práticas governamentais corretas das erradas. (FOUCAULT, 2010, p. 59).

---

(17) Em nota, é esclarecido que o termo "liberalismo" deve ser tomado de forma ampla. O liberalismo envolve a admissão do princípio de que deve haver uma limitação do governo que não seja simplesmente um direito externo. O liberalismo também significa uma prática que envolve onde encontrar a limitação do governo e como calcular os seus efeitos. Num sentido mais estrito, significa limitar ao máximo as ações do governo. Por fim, o liberalismo é a organização de métodos capazes de limitar os atos do governo, como a Constituição e a imprensa. (FOUCAULT, 2010, p. 45).

Logo, a partir dessa nova arte de governar que se instala no século XVIII, um bom governo já não se confunde com um governo justo, mas sim com um governo que age com "verdade", sem intromissões desnecessárias.

O Estado mínimo está intricado a essa ideia na medida em que as funções do governo não podem ser excessivas, mas tão somente suficientes, as mínimas possíveis. E para saber se isso está ocorrendo, basta verificar os efeitos das medidas governamentais sobre o mercado. O mercado sente os efeitos dos atos praticados e "diz" se eles foram adequados ou não.

Na prática, como se sabe que o Estado Liberal não é neutro e que sua intervenção não é exatamente "mínima", é provável que a mão "invisível" e que as leis "naturais" do mercado não sejam capazes de apontar com precisão a "verdade" das ações governamentais, o que tornam as teorias em torno do Estado mínimo insuficientes também nesse sentido.

3.3. Estado Liberal: surgimento e sistematização do Direito do Trabalho

Feitas essas explicações e divagações não menos importantes sobre o liberalismo, pode-se continuar a desenvolver o tema mais ou menos de onde parou, buscando relacionar Estado Liberal e Direito do Trabalho. Para tanto, resgata-se a transição do absolutismo à versão liberal por meio da seguinte síntese de Dallari:

> O Estado Moderno nasceu absolutista e durante alguns séculos todos os efeitos e virtudes do monarca foram confundidos com as qualidades do Estado. Isso explica porque já no século XVIII o poder público era visto como inimigo da liberdade individual, e qualquer restrição ao *individual* em favor do *coletivo* era tida como ilegítima. Essa foi a raiz individualista do Estado Liberal. Ao mesmo tempo, a burguesia enriquecida, que já dispunha do poder econômico, preconizava a intervenção mínima do Estado na vida social, considerando a liberdade contratual um direito natural dos indivíduos. Sob influência do jusnaturalismo, outros direitos naturais foram sendo proclamados, sobretudo no âmbito econômico, como a propriedade, visando a impedir qualquer interferência do Estado no sentido de criar algum condicionamento à manutenção e ao uso dos bens, ou alguma restrição aos termos de qualquer contrato. Quanto às relações econômicas, a obra célebre de Adam Smith, "A riqueza das Nações", publicada em 1776, correspondia perfeitamente aos desejos dos grandes proprietários e comerciantes, sustentando que cada homem é o melhor juiz de seus interesses e deve ter a liberdade de promovê-los segundo a sua livre vontade. Afirmando a existência de uma *ordem natural*, capaz de assegurar a harmonia espontânea de

todos os interesses, Adam Smith condena qualquer intervenção do Estado. (DALLARI, 2013, p. 271).

Com o que já se viu até aqui, percebe-se que o surgimento da versão liberal de Estado, com o triunfo da burguesia sobre o absolutismo, contribuiu para a construção de noções importantes e, inclusive, ainda presentes nos dias de hoje, como o constitucionalismo, a ideia de separação de poderes, sufrágio e sistema representativo.

No entanto, por ter nascido permeado pelos interesses desse grupo triunfante, que prezava pelo individualismo, pelo direito à propriedade privada e à liberdade de contratação, pela mínima intervenção do Estado na vida social e econômica, o Estado Liberal iniciou sua trajetória deixando de lado as questões sociais e coletivas.

No que se refere ao campo do trabalho propriamente dito, obviamente esses ideais iriam transparecer de alguma forma. O Decreto D'Allarde e a Lei Le Chapelier podem ser dados como exemplos dos princípios da liberdade de contratação e do individualismo que permearam essa época.

O Decreto D'Allarde, de 1791, suprimiu as corporações de ofício e dispôs que a partir de primeiro de abril daquele ano qualquer pessoa seria livre para exercer qualquer profissão, arte ou ofício e para realizar qualquer negócio, desde que observasse as taxas e regulamentos aplicáveis,[18] dando início à liberdade contratual na França. (MARTINS, 2012, p. 5).

A Lei Le Chapelier (FRANÇA, 1791), do mesmo ano, vedava expressamente que as então extintas corporações de ofício se restabelecessem, assim como vedava qualquer espécie de agrupamento de profissionais, empresários ou trabalhadores com a finalidade de tratarem de seus interesses comuns, dispondo em seu texto que a aniquilação de quaisquer espécies de corporação de cidadãos do mesmo estado ou profissão seria uma das bases da Constituição francesa, não podendo ser restabelecidas sob qualquer forma ou pretexto que fosse.

Basicamente, as corporações de ofício foram extintas e tiveram seu funcionamento vedado por serem consideradas incompatíveis com a ideia de liberdade individual, entendendo-se que entre o indivíduo e o Estado não deveria haver intermediários. (MARTINS, 2012, p. 5).

A extinção das corporações de ofício permitiu o desenvolvimento do capitalismo e da indústria, e, apesar de fundamentada em "nobres" valores, representava, na verdade, os propósitos da burguesia, então conhecedora das lutas

(18) Segundo Sergio Pinto Martins (2012), D'Allarde pregava a liberdade de trabalho, propagando ser o direito ao trabalho um dos direitos primordiais do homem.

sociais da Idade Média e da Revolução Francesa, de impedir que os trabalhadores pudessem se organizar em prol de objetivos comuns (DE LA CUEVA, 1969, p. 16), colocando em risco os seus projetos político-econômicos.

Assim, "em nome do interesse particular de cada indivíduo e do interesse geral da Nação, a lei deixou o indivíduo completamente isolado frente ao patrão" (DE LA CUEVA, 1969, p. 16)[19], devendo encará-lo de igual para igual.

A liberdade de associação, em vista disso, estava fora de cogitação. Questões coletivas, consoante mencionado, não eram prioridade nesse momento, pelo contrário, eram vistas como ameaça à liberdade individual.

Para agravar a situação dos trabalhadores, ao princípio da liberdade individual, que permeou as instituições do trabalho dessa época, agregou-se ainda outra ideia: a de que todos os homens eram iguais e que a "lei civil era igual para todos", o que justificava a impossibilidade de existir uma legislação especial para as relações de trabalho, as quais deveriam se reger pelo Direito Civil". (DE LA CUEVA, 1969, p. 16).

Como consequência, diversos tipos de trabalho se viram regidos pelas disposições que tratavam sobre direito das obrigações e contratos na legislação civilista. Sob a égide do Código Napoleônico, por exemplo, onde estas regulamentações se encontravam dispostas no capítulo sobre "arrendamento de obra e indústria", patrão e trabalhador eram vistos, respectivamente, como arrendador e arrendatário, cuja relação deveria se basear no acordo de vontades entre as partes, como ocorre em qualquer relação civilista, em que os contratantes estão em pé de igualdade. (DE LA CUEVA, 1969, p. 16).

Na prática, como se pode imaginar, isso significava várias perdas para o trabalhador. O caso dos salários é bastante emblemático. Como o Código Napoleônico previa o dever de o "autor provar a sua demanda e o demandado as suas exceções" e como a maioria dos contratos não era feito por escrito, a insuficiência de provas sobre o salário combinado entre as partes ou sobre divergências quanto ao seu pagamento ou sobre a quantidade devida pelo patrão, acabavam permitindo que, no plano fático, este pudesse pagar o salário que desejasse aos trabalhadores. (DE LA CUEVA, 1969, p. 17).

Na teoria, as partes eram iguais e poderiam negociar, mas a realidade se apresentava distinta e as cláusulas e condições de trabalho eram ditadas e impostas pelos empregadores unilateralmente. Ao obreiro, dependente de seu trabalho para viver, cabia apenas "pegar ou largar".

---

(19) "La consecuencia de la ley fué que en nombre del interes particular de cada individuo y del general de la Nación, se dejara el trabajador, totalmente aislado, frente a su patrono". (DE LA CUEVA, 1969, p. 16).

A aplicação do direito das obrigações às relações de trabalho dependente e subordinado rejeitava completamente as particularidades dessas relações, que se revelam como verdadeiras relações de poder. Sobre isso, elucida Hugo Sinzheimer:

> Nenhum credor pode dar ordens ao devedor. O Direito das obrigações não conhece o poder de obediência do devedor. Ninguém duvida, no entanto, que o empresário pode dar ordens ao trabalhador e que este tem a obrigação de obedecer. Esta submissão aclara que no mundo do trabalho, o empresário não só tem um direito como credor, à maneira obrigacional, mas um direito de poder, de caráter jurídico pessoal (SINZHEIMER, 1984, p. 75).[20]

Logo, "ignorando" a desigualdade fática existente entre empregador e trabalhador e os particularismos que envolvem essa relação, e amparando-se sob os princípios da liberdade individual e de contratação, e o da igualdade das partes perante a lei civil, os liberais deixaram o trabalhador isolado e sem forças de negociação face ao empregador, aplicando-lhe uma legislação desconectada com a realidade.

Indo um pouco além das relações de trabalho, deve ser dito ainda que nos primórdios do liberalismo clássico o Estado privilegiou aspectos como liberdade e segurança jurídica em prejuízo da extensão dos direitos humanos a todos os segmentos sociais. O conceito de cidadania, por exemplo, baseava-se no voto censitário, restringindo-se, portanto, a um pequeno grupo de indivíduos que podiam ser considerados cidadãos. (SOARES, 2011, p. 81).

A burguesia que, ao lutar contra o absolutismo, proclamou-se como povo e defendia o princípio de representação, na prática impunha um sistema antidemocrático, que reduzia o sufrágio e a representatividade a uma pequena classe de homens ricos e proprietários. Nas palavras de Bonavides: "A burguesia enunciava e defendia o princípio de representação. Mas representação, a meio caminho, embaraçada por estorvos, privilégios, discriminações". (BONAVIDES, 1993, p. 31).

A verdade é que "O governo da Coroa cedeu lugar ao governo de uma classe - a classe que levava avante o desenvolvimento industrial e comercial". (POLANYI, 2012, p. 41).

---

(20) "Ningún acreedor puede dar órdenes al deudor. El Derecho de obligaciones no conoce el poder de obediencia del deudor. Nadie duda, sin embargo, que el empresario puede dar órdenes al trabajador y que éste tiene la obligación de obedecer. Esta sumisión aclara que en el mundo del trabajo el empresario no sólo tiene un derecho como acreedor, a la manera obligacional, sino un derecho de poder, de carácter jurídico personal." (SINZHEIMER, 1984, p. 75).

Mas o que essa classe ainda não sabia é que o progresso em grandes proporções teria como consequência a degradação humana e a origem de um movimento que estremeceria as bases de seu próprio modelo estatal.

Ao longo do século XIX, devido à industrialização, à proletarização, à democratização e às mudanças econômicas, o Estado Liberal começa a ganhar novos contornos. O Estado vai deixando de lado o perfil do liberalismo clássico e vai assumindo uma característica mais positiva, no sentido de aumentar sua interferência na área socioeconômica, até mais tarde haver a consagração do *Welfare State*. Mas até que esse momento chegasse, muita coisa aconteceu.

No que se refere à seara trabalhista, conforme já mencionado, essa época é primordial, uma vez que a Revolução Industrial, que se iniciou nos fins do século XVIII e se desenvolveu ao longo do século XIX[21], é vista por diferentes juristas como um marco para a gênese e desenvolvimento do Direito do Trabalho, o qual teria encontrado terreno fértil para seu nascimento devido à combinação de fatores econômicos, sociais e políticos que se fizeram presentes nessa época.

Entre os fatores econômicos, pode-se mencionar a utilização do trabalho livre, mas subordinado, por meio da relação de emprego, como instrumento do sistema produtivo emergente; o surgimento de um novo modelo de organização do processo produtivo, conhecido como "a grande indústria", que se baseia na utilização de máquinas e na especialização e mecanização de tarefas; a crescente concentração industrial, contribuindo para formação de grandes agrupamentos urbanos de operários etc. (DELGADO, 2016, p. 92-94).

Quanto à grande indústria, destaca-se que ela é considerada por D'Antona como um dos pilares do Direito do Trabalho, por ter influenciado de forma decisiva a construção dos sistemas jurídicos trabalhistas, principalmente no período pós-Segunda Guerra Mundial, quando "os fatores de produção estão conectados em um contexto compacto, no qual o trabalho é regulado por procedimentos rígidos, nos quais os poderes do empregador são exercidos de forma hierárquica" sobre os trabalhadores. (D'ANTONA, 1998, p. 314).

Esse modelo de organização do trabalho, que tem início com a Revolução Industrial e se desenvolve nos anos posteriores, seria fortemente refletido nas normas justrabalhistas da maneira como as conhecemos hoje, uma vez que as

(21) Giovanni Alves (2010, p. 16-17, nota 2), divide a Revolução Industrial em três, mencionando que a Primeira Revolução Industrial começou no final do século XVIII, caracterizada pela substituição de ferramentas manuais por máquinas, como a máquina a vapor e a fiadeira. A Segunda Revolução Industrial se deu em fins do século XIX, destacando-se pela produção de eletricidade, pelo desenvolvimento do motor à combustão interna, pela invenção da telefonia etc. A Terceira Revolução Industrial, por sua vez, se desmembra em duas fases, uma que começa durante a Segunda Guerra Mundial, com o desenvolvimento da eletrônica, e outra, que se dá por volta da década de 1970, com o desenvolvimento da tecnologia de informação.

leis do trabalho se desenvolveram direcionadas às realidades do modelo de trabalho industrial.

Em relação aos fatores sociais, citam-se a concentração proletária ao redor das cidades industriais e o processo de identificação profissional adquirido pelos obreiros a partir de seu ambiente de trabalho (DELGADO, 2016, p. 94-95), situações que viriam a contribuir para organização coletiva dos trabalhadores.

Entre os fatores políticos, chama-se a atenção para as ações surgidas no plano da sociedade civil e do Estado. No plano da sociedade civil, destaca-se a descoberta da ação coletiva como mecanismo de atuação perante o Estado e o empregador, com a criação de movimentos sindicais e políticos. No plano do Estado, realça-se o início de uma atuação estatal com fins de apresentar respostas às pressões dos trabalhadores organizados, o que envolveu a adoção de políticas sociais ou mesmo a incorporação de normas autônomas criadas pela sociedade civil ao ordenamento jurídico. (DELGADO, 2016, p. 94-95).

Sobre as ações coletivas, menciona-se que, segundo De La Cueva, elas são a base sobre a qual o Direito do Trabalho foi construído no século XIX, o que ocorreu, porque o Estado se negou, num primeiro momento, a editar normas detalhadas sobre as condições de trabalho, o que obrigou os obreiros a buscar tal regulamentação de forma direta por meio de negociações coletivas com os empregadores. (DE LA CUEVA, 1969, p. 26).

De acordo com o autor, as ações coletivas revelam uma "dupla luta" dos obreiros. Em primeiro lugar, a luta pela própria liberdade de associação. Em segundo lugar, a luta por melhores condições de vida a partir de movimentos coletivos. (DE LA CUEVA, 1969, p. 25-26).

Basta recordar que a associação de profissionais e trabalhadores era vedada na sociedade liberal e que, sob esse modelo de sociedade, o trabalhador se via completamente sozinho, tendo de contratar com o patrão de igual para igual, o que, na prática, significava que as condições de trabalho não eram verdadeiramente negociadas entre as partes, mas impostas pelo empregador, o que resultava em exploração e miséria.

O ponto é que, se o estabelecimento do sistema liberal e individualista mudou a estrutura da sociedade, derrubando os "obstáculos à liberdade de trabalho" e abrindo "as portas para novas formas econômicas", provocando um sentimento otimista nos primeiros anos do século XIX, fato é que este sentimento logo se desfaleceu, quando o trabalhador se deparou sem proteção alguma frente ao empregador (DE LA CUEVA, 1969, p. 18), tendo de negociar com ele como se estivessem numa posição de equilíbrio.

Somente a ação coletiva viria a reequilibrar a relação entre trabalhador e patrão, e a demandar do Estado uma postura mais ativa em relação à condição de vida degradante a que estavam submetidos os obreiros. Foi assim que, aos poucos, a postura estatal se tornou mais positiva, passando a adotar políticas e legislações, primeiramente, de cunho assistencial e, posteriormente, de cunho social e trabalhista.

Por isso mesmo, D'Antona também considera a representação sindical e o Estado como pilares do Direito do Trabalho, embora o jurista localize a importância desses pilares no período pós-Segunda Guerra Mundial, quando esse ramo jurídico encontra o seu momento de expansão (D'ANTONA, 1998, p. 316), o que não descaracteriza, é claro, a sua importância nos períodos anteriores.

Tendo em vista os fatores econômicos, sociais e políticos que se fazem presentes a partir e durante a Revolução Industrial, Delgado afirma que:

> O Direito do Trabalho é, pois, produto cultural do século XIX e das transformações econômico-sociais e políticas ali vivenciadas. Transformações todas que colocam a relação de trabalho subordinado como núcleo motor do processo produtivo característico daquela sociedade. Em fins do século XVIII e durante o curso do século XIX é que se maturaram, na Europa e Estados Unidos, todas as condições fundamentais de formação do trabalho livre mas subordinado e de concentração proletária, que propiciaram a emergência do Direito do Trabalho. (DELGADO, 2016, p. 91-92)

Da mesma forma, Sergio Pinto Martins considera que a industrialização teria contribuído para que o Direito do Trabalho e o contrato de trabalho começassem a se desenvolver, porque a Revolução Industrial teria transformado o trabalho em emprego, propiciando, de maneira geral, que o trabalhador passasse a trabalhar por salário, e porque a vida nas fábricas e as péssimas condições de trabalho a que estavam submetidos os operários fizeram com que eles se associassem para reivindicar melhores condições trabalhistas. (MARTINS, 2012, p. 6-7).

Segundo o autor, os abusos que vinham sendo cometidos e a desigualdade existente nas relações de trabalho, entre o detentor dos meios de produção e aquele que trabalha, demonstraram, aos poucos, a necessidade de intervenção do Estado nessas relações, dando início à edição de leis sobre o tema, como a Lei de Peel, de 1802, na Inglaterra, que estabelecia regras sobre a jornada de trabalho dos aprendizes paroquianos nos moinhos, ou leis que surgiram em 1813, na França, proibindo o trabalho de menores nas minas. (MARTINS, 2012, p. 6-7).

Mas a Lei de Peel, ou Peel Act's, marca tão somente o início da formação do Direito do Trabalho nos países de capitalismo central, ou seja, tão somente inaugura a sua primeira fase histórica, chamada por Delgado de "manifestações incipientes", fase esta que vai de 1802 a 1848, e é marcada por leis voltadas apenas a alguns assuntos, como a redução da excessiva exploração de mulheres e crianças. (DELGADO, 2016, p. 99).

Consoante o autor, não há nesse momento uma variedade ou diversidade normativa capaz de originar um ramo jurídico especializado, até mesmo pelo fato de nessa conjuntura ainda não existir um movimento operário com expressiva capacidade de pressão "transformadora e democratizante" da estrutura social e política. (DELGADO, 2016, p. 99).

Para De La Cueva, a primeira fase histórica do Direito do Trabalho é demarcada de forma um pouco diferente. Em seu ponto de vista, esse período começa em data antecedente, que parte da Revolução Francesa e vai até as Revoluções Europeias da primeira metade do século XIX, constituindo-se uma fase prévia à formação do Direito do Trabalho, a qual, apesar de não ter sido um momento propício ao nascimento desse ramo jurídico, porque ainda marcada por forte influência do liberalismo – que não permitia mudanças nos princípios e regras de Direito Civil –, contou com o aparecimento de algumas medidas isoladas e de caráter assistencialista de proteção aos trabalhadores, cujo objetivo principal era proibir o trabalho de menores e reduzir a jornada de trabalho. (DE LA CUEVA, 1969, p. 21 e 23).

As normas surgidas nesse período, como já destacado, contaram com pouca participação dos trabalhadores, "que viviam desorganizados pela Lei Chapelier e pelo Direito Penal da Inglaterra e França", e que tinham pouca consciência de classe, ainda embrionária nesse tempo. (DE LA CUEVA, 1969, p. 23).

O que teria levado os governos a editarem normas mais protetivas nesse primeiro estágio foi, conforme De La Cueva, a influência de críticas de cunho socialista ao pensamento liberal e a preocupação que a miséria dos trabalhadores começou a causar nos políticos, que passaram a temer que o Estado se tornasse um reduto de pessoas "degeneradas" e que, devido à excessiva exploração de mulheres e crianças, "as reservas nacionais se esgotassem". (DE LA CUEVA, 1969, p. 23). A preocupação se tornou real, de maneira que:

> Em 1814, o governo inglês encomendou uma pesquisa para conhecer as condições de vida dos trabalhadores; seu resultado foi comovedor: 15 e 16 horas de trabalho, salários de fome, [...] falta absoluta de higiene nos locais de trabalho; ausência de ajuda nos casos de acidente de trabalho, utilização de mulheres e crianças em grandes proporções, em troca de salários muito reduzidos (DE LA CUEVA, 1969, p. 23).

A promulgação de leis como a Peel Act's, em 1802, e outras que se produziram nos anos seguintes na Prússia, Alemanha e França, resultaram do mesmo "movimento de ideias e do despertar da consciência" que levaram à produção de pesquisas como a ocorrida na Inglaterra. Essas leis, a despeito de não configurarem um verdadeiro Direito do Trabalho, tiveram o importante papel de sinalizar que era necessário reconhecer a diferença entre classes e estabelecer limites à exploração, pois o regime liberal não produzia igualdade como alegavam seus defensores. (DE LA CUEVA, 1969, p. 24).

Inclusive, a crítica ao liberalismo e o desenvolvimento de ideias socialistas marcariam fortemente a segunda fase histórica do Direito do Trabalho, quando começa a ocorrer de fato um processo de sistematização desse ramo jurídico, com maior consciência de classe e organização de movimentos operários.

De La Cueva demarca essa segunda fase, de nascimento e formação do Direito do Trabalho, entre as revoluções europeias da primeira metade do século XIX[22] e a Primeira Guerra Mundial, porque, segundo o seu entendimento, são os movimentos revolucionários que ocorreram na Europa que "produziram as primeiras reformas na legislação civil e penal, particularmente na Inglaterra, e iniciaram a formação de um autêntico Direito do Trabalho", mesmo que influenciado por aspectos do pensamento liberal e individualista. (DE LA CUEVA, 1969, p. 21).

De acordo com o autor, essa segunda fase é marcada por uma dupla luta pelo Direito do Trabalho, porque envolve a luta pelo Direito do Trabalho em si mesmo, como um "novo direito" que promova a justiça e a humanização das relações de trabalho, assim como envolve a luta para conquistar instituições e medidas concretas de proteção efetiva ao trabalhador. (DE LA CUEVA, 1969, p. 25 e 28).

Cuida-se da compreensão de que não basta obter normas e legislações mais humanizadas sem obter, simultaneamente, meios concretos para efetivá-las. Aliás, é nesse sentido que De La Cueva aponta que a razão de ser das lutas de classe desse período estava ligada à inação do Estado, o qual "se negava, sob o pretexto de respeitar a política econômica liberal, a ditar o novo direito que impunham as necessidades dos homens e a justiça". (DE LA CUEVA, 1969, p. 25).

Os movimentos operários, que ficaram mais organizados e evidentes nessa segunda fase, representam a tentativa de obter normas autônomas e estatais heterônomas que respondessem aos seus anseios.

Por isso, mencionou-se, anteriormente, que a ação coletiva dos trabalhadores corresponde à base do Direito do Trabalho no século XIX, sendo um dos fatores que contribuíram para sua formação e evolução.

Somente quando os trabalhadores conquistaram a liberdade de associação (o que inicia a acontecer nessa fase histórica), outros instrumentos como a greve e a negociação coletiva puderam se fazer presentes, tornando possível que os

---

(22) Como exemplos de revoluções europeias citadas por De La Cueva, destacam-se, por exemplo, a Revolução Cartista na Inglaterra e a Revolução ocorrida na França em 1848. (DE LA CUEVA, 1969, p. 28-25).

obreiros se colocassem numa posição mais equilibrada frente ao empresário, capazes de pleitear melhores condições de trabalho e de vida. (DE LA CUEVA, 1969, p. 28).

Mas além dos movimentos obreiros, fatores econômicos, ideológicos e jurídicos também influenciaram a formação desse ramo jurídico. Os fatores econômicos se expressam pela evolução do sistema capitalista e pelas degradações sociais que produziu; pela concentração de capital nas mãos de poucas pessoas; pela proletarização; e pela divisão da sociedade em classes sociais irreconciliáveis e separadas por um abismo social cada vez maior, que favoreceu a consciência obreira das injustiças do sistema capitalista liberal. (DE LA CUEVA, 1969, p. 25).

Quanto aos fatores ideológicos, deve-se dizer que eles se manifestam por meio de correntes de pensamento diversas. Há, por exemplo, correntes de perfil reformista, que defendem a permanência do sistema capitalista, porém com introdução de elementos mais justos e humanos à vida dos trabalhadores. Há, por outro lado, uma segunda grande corrente, composta de várias doutrinas, as quais têm em comum a defesa da substituição do capitalismo por outro regime, como o socialismo. (DE LA CUEVA, 1969, p. 26-27).

Essas manifestações de pensamento, apesar de distintas, serviram para embasar críticas ao liberalismo clássico que, fundado nos princípios da liberdade individual, liberdade de contratação, igualdade dos homens perante a lei civil, autorregulação da economia e mínima intervenção do Estado, servia para manter privilégios de uma classe em detrimento de outra, justificando a impossibilidade de o ente estatal intervir em prol dos necessitados. De uma forma ou de outra, era preciso rever os fundamentos liberais.

No que toca aos fatores jurídicos, menciona-se que esse momento de formação e de evolução do Direito do Trabalho contou com a colaboração de críticas à aplicação da teoria dos contratos e da autonomia da vontade às relações trabalhistas. (DE LA CUEVA, 1969, p. 26-27).

A insuficiência do Direito Civil para tratar das peculiaridades do mundo do trabalho começa a se fazer evidente nessa época (segunda fase). Começa-se a perceber que a ampla liberdade contratual aplicada a uma relação entre sujeitos desiguais favorece a exploração e o domínio do mais fraco pelo mais forte.

O Direito do Trabalho surgirá como um sistema jurídico que reconhece a desigualdade entre empregado e empregador e que, diferentemente do direito individualista liberal, não tem como fundamento a igualdade, mas a busca pela nivelação das desigualdades. Com o alvorecer do Direito Social, a igualdade deixa de ser o ponto de partida do direito para se converter em uma de suas finalidades. (RADBRUCH, 1997, p. 162).

No mundo juslaboral, o alcance dessa finalidade se promove pela previsão de instrumentos de reequilíbrio de forças, como normas garantidoras da liberdade sindical, do direito de greve e da negociação coletiva, normas que despontam nesse período histórico.

Ainda quanto à segunda fase histórica do Direito do Trabalho, interessante mencionar que Delgado a denomina de fase consolidação ou sistematização do Direito do Trabalho e a demarca entre os anos de 1848 e 1919. (DELGADO, 2016, p. 100-101).

De forma resumida, o autor destaca como principais eventos ocorridos durante essa etapa: a publicação do *Manifesto Comunista* de 1848; o início de ações coletivas mais sistemáticas por parte dos trabalhadores, tanto em face do empregador quanto do Estado; o reconhecimento do direito de associação sindical em diversos países da Europa como Alemanha, Dinamarca, Espanha, França e Itália; o surgimento de leis trabalhistas e o avanço das negociações coletivas em diferentes países; a ocorrência da Conferência de Berlim de 1890, em que os principais Estados europeus reconheceram a importância da regulação do mercado de trabalho com a edição de normas trabalhistas de acordo com a realidade de cada país; e a edição, em 1891, da Encíclica *Rerum Novarum*, do Papa Leão XIII, que representou uma manifestação da Igreja Católica quanto às questões sociais, exigindo do Estado e das classes dirigentes uma atitude a fim de regular as relações trabalhistas[23]. (DELGADO, 2016, p. 100-101).

Depois dessa fase de formação e consolidação, há ainda menção à fase de institucionalização e à fase de crise do Direito do Trabalho, que têm seu marco inicial com a Primeira Guerra Mundial e os anos de 1979/1980, respectivamente.

No entanto, antes de tratar sobre elas, faz-se necessário abordar a grande transformação que se desenrolou na sociedade a partir da Revolução Industrial, por considerá-la muito importante para ser ignorada e em razão de as suas implicações na área do trabalho serem bastante significativas e esclarecedoras para o entendimento de todas as fases históricas do Direito do Trabalho.

---

(23) Essa ideia se mostra presente em alguns trechos da Encíclica como: "A equidade manda, pois, que o Estado se preocupe com os trabalhadores, e proceda de modo que, de todos os bens que eles proporcionam à sociedade, lhes seja dada uma parte razoável, como habitação e vestuário, e que possam viver à custa de menos trabalho e privações. De onde resulta que o Estado deve favorecer tudo o que, de perto ou de longe, pareça de natureza a melhorar-lhes a sorte. Esta solicitude, longe de prejudicar alguém, tornar-se-á, ao contrário, em proveito de todos, porque importa soberanamente à nação que homens, que são para ela o princípio de bens tão indispensáveis, não se encontrem continuamente a braços com os horrores da miséria." Mas é interessante observar também que a Encíclica *Rerum Novarum* pregava uma atuação do Estado para impedir as greves de trabalhadores e pregava uma visão que, de certa forma, buscava negar o conflito de classes, o que se conclui de alguns pontos, como: "Todavia a Igreja, instruída e dirigida por Jesus Cristo, eleva o seu olhar ainda para mais alto; propõe um conjunto de preceitos mais completo, porque ambiciona estreitar a união das duas classes até as unir uma à outra por laços de verdadeira amizade". (IGREJA CATÓLICA, 1891).

3.4. O nascimento do mercado de trabalho e o movimento de contraposição

Este tópico partirá da obra *A grande transformação: as origens de nossa época*, livro de Karl Polanyi que ajuda na compreensão do desenvolvimento do Direito Trabalho e dos caminhos que levaram às transformações de nossa sociedade a partir das concepções liberais.

Para começar, faz-se necessário expor que a Revolução Industrial, conforme afirma Polanyi, é resultado da combinação de uma série de acontecimentos – como a expansão dos mercados e a invenção das máquinas – dos quais nenhum evento merece ser destacado como a causa preponderante desse grande episódio. Para o escritor, o que merece destaque, entretanto, é a mudança que se desenvolveu a partir de então: o estabelecimento da economia de mercado, que tomou corpo a partir da industrialização, transformando completamente a economia e a sociedade. (POLANYI, 2012, p. 42-43).

Uma economia de mercado, segundo o autor, é um sistema capaz de organizar a economia sem a ajuda ou interferência externa, totalmente autorregulável, dirigido tão somente pelos preços de mercado e nada mais. (POLANYI, 2012, p. 45).

Trata-se de um conceito, portanto, relacionado à ideia de mínima intervenção do Estado, o qual deve ter um papel negativo em relação à economia, devendo respeitar as leis naturais do mercado, que formarão o "bom preço" ou preço natural, aquele formulado com base na oferta e na procura.

A passagem da economia anterior para esse novo paradigma econômico configurou uma verdadeira ruptura na história, porque em nenhuma época havia existido algum modelo de economia que fosse regulada pelo mercado.[24] O sistema econômico era, até então, sempre dirigido por motivações não econômicas. Nas sociedades arcaicas, por exemplo, as atividades produtivas eram apenas uma função da organização social. Mesmo a partir do século XVI, quando o mercado passou a ser a principal preocupação dos governos sob o sistema mercantil, jamais se teria imaginado que os mercados controlariam a sociedade em algum momento, pois, além de as regulamentações serem muito severas nesse período, a noção de mercado autorregulável era praticamente inexistente na mente humana. (POLANYI, 2012, p. 45-58).

Para demonstrar o grau do vínculo entre regulamentação e mercado, Polanyi inclusive defende que, na Europa Ocidental, o mercado interno teria sido criado por meio de intervenção estatal. Segundo conta, até a época

---

(24) Polanyi afirma: "De fato, as regulamentações e os mercados cresceram juntos". (2012, p. 73)

da Revolução Comercial, o comércio não era nacional, mas tão somente municipalizado, com comércios protecionistas e pouco competitivos. Nos séculos XV e XVI é que o Estado teria empurrado o sistema mercantil goela abaixo das cidades e municipalidades, abrindo o caminho para a criação de um mercado nacional. No entanto, como se nota e é explicado pelo autor, a "libertação" do comércio pelo mercantilismo significou apenas sua libertação do reduzido espaço das cidades, pois na realidade o que houve foi uma ampliação da abrangência da regulamentação estatal para todo o território nacional. Em vista disso, o mercado não havia de fato se libertado no sentido de se tornar autorregulável como se dá a partir da Revolução Industrial. Na verdade, nem havia sinais disso, pois ele continuou sendo "[...] um aspecto acessório de uma estrutura institucional controlada e regulada, mais do que nunca, pela autoridade social". (POLANYI, 2012, p. 67-71).

Fato é que essa razão governamental chamada Estado, constituída no século XVI, surgiu com objetivos praticamente ilimitados em sua política interna, podendo controlar a vida dos indivíduos nos mínimos detalhes, embora encontrasse limites, nos séculos XVI e XVII, em sistemas externos ao Estado como o direito(25) e a teologia. O mercado, da mesma forma, era extremamente controlado e regulado, porque era um dos principais instrumentos do poder estatal. (FOUCAULT, 2010, p. 31-33 e p. 61).

Antes do estabelecimento da economia de mercado, que toma forma a partir da Revolução Industrial e é um marco característico do Estado Liberal, não era possível, pois, imaginar que algo dessa natureza ocorreria, porque, além de o sistema econômico nunca ter sido motivado, até então, por razões exclusivamente econômicas, a regulação estatal sobre os mercados, visando garantir o poderio do Estado em relação aos demais, era bastante intensa.

Por isso mesmo, a introdução da economia de mercado marca um momento de profundas transformações na história, porque, até esse momento, como explicitado antes, essa concepção não se fazia presente no imaginário da sociedade e, quando se fez, trouxe inúmeras mudanças, inclusive no campo do trabalho.

Isso porque o mercado autorregulável introduziu uma nova lógica na sociedade, segundo a qual toda produção é destinada à venda no mercado e toda renda se origina da venda de mercadorias. Basicamente, isso significa que existe mercado para todos os componentes da indústria, o que inclui, não somente os bens e serviços, mas também o trabalho, a terra e o dinheiro, cujos preços podem ser designados pelos nomes: salário, aluguel e juros. Aquele que vende sua força de trabalho no mercado, por exemplo, recebe como renda o salário. (POLANYI, 2012, p. 74).

---

(25) O Estado encontrava limites no Direito Natural e na Teoria do Contrato Social, por exemplo.

Dentro dessa lógica, deve ser lembrado, ainda, que, num mercado autorregulável, o ajustamento dos preços das mercadorias não pode sofrer qualquer interferência externa caso haja alguma mudança na realidade do mercado.

Paradoxalmente, só são admissíveis regulamentações que visem assegurar a autorregulamentação do mercado, ou seja, regulamentações que possibilitem que o mercado seja o único agente organizador da economia. (POLANYI, 2012, p. 74).

Aliás, esse é um indicador de que não existe Estado neutro e de que a intervenção estatal é sim permitida, desde que seja para garantir que o mercado "flua livremente", assunto que ficará para um próximo momento.

Portanto, pode-se dizer que a emergência da economia de mercado trouxe como consequência uma espécie de comercialização ou mercantilização de tudo, inclusive do trabalho e da terra, os quais mesmo durante a fase do mercantilismo foram protegidos de se tornarem objetos de comércio, por meio de medidas e legislações do Estado.[26]

A partir do liberalismo econômico, contudo, eles se tornam itens do mercado, cujo preço é definido conforme suas próprias regras mercadológicas e "naturais", não podendo sofrer intervenções caso a situação econômica se altere.

Caso haja alguma alteração nas condições de temperatura e pressão do mercado, de modo a prejudicar a realidade dos trabalhadores, provocando desemprego, para ilustrar, nada pode ser feito para socorrê-los, pois seria uma consequência natural da regulação de preços.

Uma das críticas de Polanyi à economia de mercado parte justamente daí, do fato de esse modelo econômico ter como pressuposto o trabalho, a terra e o dinheiro como mercadorias como quaisquer outras, o que para ele é falso, já que a descrição desses fatores como mercadoria é completamente fictícia, tornando a própria economia de mercado artificial ao tomar isso como pressuposto. Em seus dizeres:

> [...] o trabalho, a terra e o dinheiro obviamente *não* são mercadorias. O postulado de que tudo é comprado e vendido tem de ser produzido para venda é enfaticamente irreal no que diz respeito a eles. Em outras palavras, de acordo com a definição empírica de uma mercadoria, eles não são mercadorias. Trabalho é apenas um outro nome para atividade humana que acompanha a própria vida que, por sua vez,

(26) Na Inglaterra, o trabalho teria sido retirado dessa zona de perigo de se tornar objeto de comércio por meio da nacionalização da legislação do trabalho, através do Estatuto dos Artífices, de 1563, e da Lei dos Podres, de 1601. Quanto à terra, a política anticercamento dos Tudors e dos primeiros Stuarts foi um verdadeiro protesto contra a ideia de uso lucrativo da propriedade fundiária. (POLANYI, 2012, p. 75).

não é produzida para venda mas por razões inteiramente diversas, e essa atividade não pode ser destacada do resto da vida, não pode ser armazenada ou mobilizada. Terra é apenas outro nome para natureza, que não é produzida pelo homem. Finalmente, o dinheiro é apenas um símbolo do poder de compra e, como regra, ele não é produzido, mas adquire vida através do mecanismo dos bancos e das finanças estatais. Nenhum deles é produzido para a venda. A descrição do trabalho, da terra e do dinheiro como mercadorias é inteiramente fictícia. (POLANYI, 2012, p. 78).

Logo, trabalho, terra e dinheiro são apenas nomes que servem para designar os seres humanos e o ambiente natural no qual eles vivem, e para simbolizar o poder de compra, não se tratando de coisas que efetivamente se produz para a venda no comércio. Compreendê-los desse modo é partir de uma falsa premissa que serve para subordiná-los às regras econômicas e tentar criar uma sociedade de mercado em que tudo se vende e tudo se compra.

Por isso, Polanyi trata da impossibilidade de essas ideias serem usadas como parte da explicação de uma economia de mercado autorregulável, apontando as consequências que advêm dessa atitude:

> Ora, em relação ao trabalho, à terra e ao dinheiro não se pode manter um tal postulado. Permitir que o mecanismo de mercado seja o único dirigente do destino dos seres humanos e do seu ambiente, e até mesmo o árbitro da quantidade e do uso do poder de compra, resultaria no desmoronamento da sociedade. **Esta suposta mercadoria, "a força de trabalho", não pode ser impelida, usada indiscriminadamente, ou até mesmo não utilizada sem afetar também o indivíduo humano que acontece ser portador dessa mercadoria peculiar. Ao dispor da força de trabalho de um homem, o sistema disporia também, incidentalmente, da entidade física, psicológica e moral do "homem" ligado a essa etiqueta. Despojados da cobertura protetora das instituições culturais, os seres humanos sucumbiriam sob os efeitos do abandono social; morreriam vítimas de um agudo transtorno social, através do vício, da perversão, do crime e da fome.** A natureza seria reduzida a seus elementos mínimos, conspurcadas as paisagens e os arredores, poluídos os rios, a segurança militar ameaçada e destruído o poder de produzir alimentos e matérias-primas. Finalmente, a administração do poder de compra por parte do mercado liquidaria empresas periodicamente, pois as faltas e excessos de dinheiro seriam tão desastrosos para os negócios como as enchentes e secas nas sociedades primitivas. Os mercados de trabalho, terra e dinheiro *são*, sem dúvida, essenciais para uma economia de mercado. Entretanto, nenhuma sociedade suportaria os efeitos de um tal sistema de grosseiras ficções, mesmo por um período de tempo muito curto, a menos

que a substância humana natural, assim como a sua organização de negócios, fosse protegida contra os assaltos desse moinho satânico. (POLANYI, 2012, 78-79, grifo nosso).

Essa mentalidade da economia de mercado, tornando a sociedade em mero acessório das questões econômicas, baseou-se na fé no progresso, o qual viria acompanhado das mazelas sociais que a história conhece. Porém, nada disso ocorreria sem resistência. Tanto a introdução da economia de mercado quanto o período posterior a sua incorporação se viram marcados por contraposições. No que se refere ao mundo do trabalho, o caso da Inglaterra é bastante interessante.

Entre 1795 a 1834, o período de maior atividade da Revolução Industrial, houve resistência à criação de um mercado de trabalho na Inglaterra por meio de uma lei chamada *Speenhamland Law*[(27)], que tinha como objetivo mitigar a pobreza rural no país, introduzindo a ideia do "direito de viver". Essa lei previa assistência à população mediante a concessão de abonos, mesmo às pessoas que tivessem emprego, desde que seu salário fosse inferior à renda familiar prevista numa tabela que variava de acordo com o preço do pão. (POLANYI, 2012, p. 83-86).

O problema gerado por essa lei, no entanto, foi que a produtividade do trabalho começou a cair. Como a renda dos trabalhadores seria a mesma independentemente do salário que recebessem, eles não tinham interesse em ser produtivos. Por conseguinte, os salários também começaram a cair. A tentativa de criar uma ordem capitalista industrial sem um mercado de trabalho correspondente falhou e, durante a vigência dessa lei, a sociedade ficou posicionada entre duas forças contrárias, isto é, entre aquela da qual emanava o paternalismo que defendia a mão de obra das ameaças de um mercado de trabalho e aquela organizadora dos fatores de produção sob um sistema de mercado. Cuidava-se de uma situação contraditória, porque, ao mesmo tempo que as pessoas tinham que vender sua força de trabalho, pelo fato de este ser obrigatório, privava-se esse trabalho de ter seu valor de mercado atribuído conforme as regras mercadológicas. Surgia uma nova classe de empregadores, mas a lei impedia a construção de uma classe de empregados. (POLANYI, 2012, p. 83-86).

Essas contradições, a incompatibilidade de coexistência do sistema de subsídios com o sistema de salários e a explosão do liberalismo econômico em 1830, criaram a ideia de que a ausência de um mercado de trabalho era pior do que as adversidades que adviriam de sua introdução, levando à abolição da *Speenhamland Law*, em 1834, quando só então um mercado de trabalho competitivo se estabeleceu verdadeiramente na Inglaterra, não se podendo dizer que existira capitalismo industrial antes disso. (POLANYI, 2012, p. 83-90).

---

(27) Esta lei também é conhecida como *Berkshire Bread Act*.

De acordo com Polanyi, o mercado de trabalho foi o último a ser implantado nesse sistema industrial, mas não sem encontrar oposição como argumentado antes, pois foi acompanhado do surgimento de legislações fabris e sociais, assim como dos movimentos da classe trabalhadora. Ficou claro que as supostas vantagens econômicas do mercado de trabalho livre não eram suficientes para compensar os problemas sociais que viria a acarretar, fazendo-se necessárias regulamentações para proteger o trabalho, mas dessa vez de um novo tipo, envolvendo sindicatos e leis fabris que, embora de algum modo adaptados e integrados ao mecanismo econômico, conseguiram provocar interferências na autorregulação do mercado, o que mais tarde ajudaria a destruir o sistema. (POLANYI, 2012, p. 83-90).

Toda essa explanação sobre o estabelecimento de uma economia de mercado e a lógica a ela subjacente serve para ilustrar o nascimento do mercado de trabalho e da luta de classes que se revelou inerente a esse modelo de economia. Na verdade, mais do que isso, serve para mostrar que a economia de mercado e a classe trabalhadora são contemporâneas uma da outra, o que torna mais evidente os motivos pelos quais o Direito do Trabalho encontrou terreno fértil para seu desenvolvimento a partir desses acontecimentos.

O surgimento das primeiras leis trabalhistas coincide justamente com esse momento de nascimento do mercado de trabalho, em que as lutas de classe e os movimentos coletivos ganham maior evidência, devido aos efeitos da industrialização e da economia de mercado.

O desenvolvimento do Direito do Trabalho envolve, entre outras coisas, uma oposição aos efeitos deletérios advindos da transformação fictícia da força de trabalho em uma mercadoria qualquer, vendida no mercado e sujeita às suas leis, como se o homem e seu trabalho pudessem ser separados um do outro, e como se a transformação do trabalho em um item para a venda no mercado não significasse o mesmo em relação ao seu "portador", denotando a própria reificação do ser humano, que se tornaria um objeto, um ser inanimado, despersonalizado, desprovido de subjetividade, igualmente às máquinas que operava.

A autorregulação, que era pregada por liberais como algo natural e harmonioso, exigia do ser humano que trabalha suportar sacrifícios e pobreza. Por outro lado, a própria fábrica, com as condições subumanas a que submetia os trabalhadores, mostrou-se ambiente propício à aproximação e identificação entre eles, revelando sua força coletiva e sinalizando que juntos comporiam um ser coletivo, com mais força do que no âmbito individual, coisa que aos poucos colocaria em xeque os anseios liberais.

Segundo Delgado (2016, p. 96), da segunda metade do século XIX em diante, os trabalhadores descobriram a ação coletiva e passaram a compreender que suas necessidades e interesses não podiam ser explicados unicamente pela lógica contratual-civil individual, propugnando por normatizações de caráter coletivo.

Os obreiros notaram que as ações do empregador atingiam um número grande de pessoas no âmbito do trabalho, diferentemente da ação do trabalhador individualmente considerado, cuja ação se restringia ao âmbito bilateral da relação empregado-empregador. (DELGADO, 2016, p. 96).

Por conseguinte, ao tratar as duas partes como seres individuais, o Direito Civil omitia o fato de o empregador ser um ente coletivo. Mas a ação coletiva dos trabalhadores, por meio do movimento sindical:

> [...] **desvelou como equivocada a equação do liberalismo individualista**, que conferia validade social à ação do ser coletivo empresarial, mas negava impacto maior à ação do trabalhador individualmente considerado. Nessa linha, contrapôs ao ser coletivo empresarial a ação do ser coletivo obreiro. Os trabalhadores passaram a agir coletivamente, emergindo na arena política e jurídica como vontade coletiva (e não mera vontade individual). Os movimentos sociais urbanos e, em particular, o sindicalismo e movimentos políticos de corte socialista (ou matiz apenas *trabalhista*) conseguem generalizar, portanto, os seus interesses, vinculados aos seguimentos assalariados urbanos, ao conjunto da estrutura jurídica da sociedade. Contrapõem-se, assim, ao estuário jurídico liberal civilista dominante. **O Direito do Trabalho é uma das *expressões principais dessa contraposição e generalização da vontade coletiva vinda de baixo*.** (DELGADO, 2016, p. 96-97, grifo nosso).

O Direito do Trabalho, portanto, ainda que não necessariamente com esse nome, revela-se como um desses contramovimentos que vai de encontro à onda do liberalismo econômico e a sua economia de mercado autorregulável.

E é muito interessante notar que a dimensão coletiva do movimento trabalhista – que deu força a esse contramovimento e é tida como um marco característico do ramo jurídico do trabalho – contribuiu fortemente para transparecer a insuficiência do Direito Civil para regular as relações de emprego.

Segundo António José Avelãs Nunes (2008, p. 50): "As lutas da nova classe operária constituíram a forma mais visível e mais profunda de contestação do Direito Clássico (*do direito burguês*)".

Isso ocorreu, porque o Direito Civil desconsiderava a posição assimétrica existente entre empregado e empregador. Conforme ressalta Radbruch, esse ramo jurídico só conhecia "pessoas", sujeitos jurídicos iguais, que celebravam contratos entre si por livre e espontânea vontade, desconhecendo ou desconsiderando a "inferioridade de poder" do trabalhador frente ao empregador (RADBRUCH, 2010, p. 98), nivelando-os como se negociassem em pé de igualdade.

Além disso, o Direito Civil não compreendia a solidariedade entre os obreiros e o caráter coletivo das relações de trabalho, enxergando os contratantes e os contratos de trabalho apenas do ponto de vista individual. Metaforicamente, a legislação civilista não conseguia enxergar a "floresta por causa de tantas árvores" (RADBRUCH, 2010, p. 98), é como se ela visse o agrupamento de trabalhadores apenas como a soma de pessoas individualmente consideradas e não como um todo ou como uma unidade. Não conseguia compreendê-lo como um sujeito coletivo, mas apenas como a soma de vários indivíduos desconectados entre si.

A perspectiva civilista também cometia o equívoco de ignorar o contexto de "lutas econômicas de poder" que envolvia os contratos livres entre empregado e empregador. (RADBRUCH, 2010, p. 98).

A liberdade de contratação mostrava-se impraticável no plano fático. A desigualdade entre as partes, os obstáculos à liberdade de associação e a luta de classes, demonstravam, na prática, que as cláusulas contratuais não eram livremente pactuadas, mas impostas pelo empregador, e que o acordo de vontades não fazia sentido numa relação entre partes antagônicas.

> A liberdade, consagrada nas Constituições, não tinha chegado àqueles que só possuíam a sua força de trabalho. A igualdade de direitos significava apenas que todos tinham direito à igual proteção do Estado, o que representava na prática, que a ordem social tinha que ser preservada pelo Estado, não havendo a mínima possibilidade de que alguém fosse obrigado a ceder um pouco de sua renda ou de seus privilégios para aliviar a situação dos que mal conseguiam sobreviver. A liberdade contratual, assegurada pelo Estado, tinha como consequência o oferecimento de salários miseráveis em troca de longuíssimas jornadas de trabalho em ambientes insalubres e sem qualquer proteção. E o proletário tinha assegurado pelo Estado seu direito de livremente escolher entre esse contrato de trabalho ou o desemprego, que representava o desabrigo, a fome, a doença, para o trabalhador e a sua família. (DALLARI, 2013, p. 282).

A liberdade de contratação, no cenário de um poderio econômico e político da classe burguesa, não significava, então, uma verdadeira liberdade de escolha, mas sim uma das formas de manter o *status quo* e a estratificação da ordem, já que o Estado Liberal assegurava a liberdade, mas nada podia fazer para mudar a situação da "mercadoria trabalho", que tinha seus preços insignificantes definidos pelo mercado autorregulável.

A grande falácia se encontrava em garantir a liberdade a quem ainda estava inserido na esfera da necessidade e agir como se o "direito de ser livre" fosse o mesmo que "ser efetivamente livre", como se o direto à liberdade fizesse sentido numa relação entre partes desiguais, em que o poder e vontade de uma se impõe sobre a outra.

Ademais, deve-se expor que o Direito Civil não havia concebido que o trabalho é um valor em si mesmo, merecedor, por esse simples fato, de proteção jurídica. (BARBAGELATA, 2014, p. 16). Seria necessário conceber um "Novo Direito"[(28)] para materializar e contemplar as diversas transformações ocorridas no mundo do trabalho, com todas as suas particularidades, as quais o direito comum não estava preparado para entender e regular.

O Direito do Trabalho viria cumprir tal missão e, para fazê-lo, sem dúvidas, teria de vir igualmente permeado de particularismos, alguns de fácil entendimento já neste ponto do estudo.

Sua principal particularidade, consoante Barbagelata (2014, p. 20), está relacionada a seu objeto de proteção. Como dito anteriormente, a relação empregado-empregador é marcada por um desnível entre as partes envolvidas. O empregado, na perspectiva individual, pelo menos em regra, encontra-se em posição diferenciada em comparação a seu empregador, tendo de ser pensada uma nova maneira de se conceber a igualdade dentro desse relacionamento, direcionada ao reequilíbrio entre as partes contratantes, o que no Direito do Trabalho veio a se realizar por meio de uma proteção preferente à figura do trabalhador.

Outros particularismos expostos por Barbagelata (2012, p. 20-28), listados abaixo, também são suficientemente compreensíveis a essa altura da exposição sobre o nascimento do mercado de trabalho e dos movimentos obreiros que se desenvolveram como respostas a suas repercussões. Já ficou claro que o Direito do Trabalho reflete como característica peculiar:

a. A existência de um conflito subjacente à relação de trabalho, em razão das restrições impostas à liberdade do trabalhador. O conflito está na origem dessa relação e é, ao mesmo tempo, o motor dos movimentos organizados e das greves, por exemplo. Essa carga conflituosa pode, no entanto, ser atenuada por uma adequada proteção do direito.

---

(28) Expressão usada por Héctor Hugo Barbagelata no livro *El Particularimo del Derecho del Trabajo y los Derechos Humanos Laborales*, página 13, que se toma emprestada neste estudo. Em nota de rodapé, o autor menciona o uso da expressão "Nuevo Derecho" em obras de autores como Alfredo L. Palacios, F. De Ferraru e M. De La Cueva.

b. A dimensão coletiva, que se origina de manifestações de solidariedade entre os trabalhadores e da consciência de que têm interesses comuns[29], o que se torna visível mediante ações igualmente coletivas em defesa desses anseios que compartilham. A dimensão coletiva também pode significar que o conflito laboral interessa não apenas às classes conflitantes, mas a todas as pessoas que compõem uma comunidade, pertençam elas, ou não, ao mundo do trabalho[30].

c. O papel central da negociação, entendida esta como qualquer procedimento capaz de superar o confronto. O conflito, pensado no sentido de confrontação, não pode ser permanente nas relações de trabalho, pois incompatível com seu regular andamento. A negociação constitui uma das facetas da atuação sindical e representa a aproximação dos representantes de interesses opostos com a finalidade de se chegar a um resultado concreto. Da negociação advém um compromisso entre as partes para por fim, ou evitar, a confrontação entre elas, não se tratando de uma espécie de contrato, uma vez que não está fundado num acordo comum de vontades - no sentido usado pelo Direito Civil - "que não tem por que existir e que normalmente não existe" no campo do trabalho. O único acordo entre as partes se refere à cessação do confronto.[31]

Assim, o Direito do Trabalho vai se formando e se conformando em torno dos traços distintivos que as relações trabalhistas e os movimentos obreiros deixam à mostra.

Como um direito que emerge de baixo, originando-se em boa parte das lutas e reivindicações da classe trabalhadora - conquanto não se ignore, consoante ressaltam Almeida e Almeida (2017, p. 31), que, por ser dual, esse direito também se desenvolve no sentido de proteger os interesses do capital[32] -, aponta-se

---

(29) Barbagelata usa a expressão "interesses comuns" para fazer remissão à lei francesa, de Le Chapelier, que, como estudado anteriormente neste trabalho, vedava o reestabelecimento das corporações de ofício e proibia a associação de cidadãos da mesma profissão de formarem regulamentos baseados em seus interesses comuns. Trata-se da mesma expressão usada pela referida lei.

(30) Quanto a esse sentido da dimensão coletiva, é interessante expor que os trabalhadores, em maior ou menor grau, acabaram por se tornar representantes das pessoas que viviam em situação de desamparo nesse momento de contraposição ao mercado autorregulável. Conforme Karl Polanyi, cada classe social representa, num caso ou outro, interesses que vão além de seus próprios. (POLANYI, 2014, p. 149).

(31) Segundo Barbagelata, a visão da negociação tendo como resultado um compromisso não contradiz aquelas definições que a descrevem como um conjunto de tratativas entre os representantes dos trabalhadores e dos empregadores a fim de estabelecer condições de emprego e/ou condições mutuamente aceitáveis. Não há contradição, porque o compromisso só pode ser alcançado quando as partes o aceitam de forma mútua, o que não significa, entretanto, ter havido conformidade e concordância plena entre elas. (BARBAGELATA, 2014, p. 26, nota 34).

(32) Conforme ressaltam Almeida e Almeida (2017, p. 31), embora o Direito do Trabalho seja dedicado "à proteção da dignidade humana do trabalhador e construção da justiça social, cidadania e democracia", isso

ainda que esse ramo jurídico tem como marca singular a capacidade de gerar normas autônomas criadas por seus próprios destinatários, embora se saiba que tal possibilidade não é recepcionada em todos os países, o que está ligado em grande parte à negação da existência do conflito entre classes.

A existência de uma fonte de direito não estatal é uma das grandes particularidades das fontes do Direito do Trabalho e representa uma enorme revolução para o Direito como um todo.

Segundo Oscar Ermida Uriarte, trata-se de uma revolução introduzida no Direito pelo Direito do Trabalho, porque este último, ao reconhecer a autonomia coletiva no começo do século XX, quebra o postulado do século XIX de que a criação do Direito é monopólio do Estado. (URIARTE, 2011b, p. 133-134).

Nascido espontaneamente no seio das relações sociais, aos poucos, o Direito do Trabalho viria incorporar a seu arcabouço normativo as respostas jurídicas dadas pelo Estado diante do avanço da organização dos trabalhadores.

As demandas sociais e os movimentos obreiros receberiam como *feedback* a edição de normas estatais voltadas à questão social e trabalhista, as quais também contribuíram para a consolidação do ramo jurídico do trabalho.

No período que sucede à Primeira Guerra Mundial e, principalmente, à Segunda Guerra, a contribuição estatal para a institucionalização e expansão do Direito do Trabalho seria notável, como se pretende expor nos próximos tópicos.

O Estado adotaria uma postura interventiva, como forte dedicação a regular o conflito entre capital trabalho no interior de seu territótio, fazendo da figura estatal um verdadeiro pilar do Direito do Trabalho, que receberia a missão de compatibilizar os interesses das classes antagônicas. (D'ANTONA, 1998, p. 313).

Um dos fatores que ajudou para que houvesse maior intervenção e para que o liberalismo começasse a desmoronar consistiu na ampliação democrática, a partir da expansão do sufrágio universal, que também foi fruto de lutas e permitiu que as reivindicações sociais começassem a ser ouvidas.

3.5. Democratização e Estado Liberal

O conceito de cidadão e, portanto, o exercício da democracia por meio do sufrágio, eram bem restritos na fase do liberalismo clássico, reduzindo-se a uma

---

não permite ignorar que esse ramo jurídico também visa à proteção do capital, tendo como um de seus objetivos a manutenção do sistema capitalista. Por objetivar atender interesses opostos, os autores se referem ao Direito do Trabalho como um "direito ambivalente, bipolar ou dual".

pequena parcela rica da população. O governo do povo, segundo esse modelo de democracia representativa, estava mais para governo de poucos.

Conforme Paulo Bonavides, uma das mais difíceis conquistas processadas no âmago do conflito capital e trabalho foi justamente o reconhecimento geral da liberdade política, por meio do sufrágio universal. Obviamente, isso não foi fruto da bondade liberal, até porque, do ponto de vista do liberalismo clássico, essa conquista representava o início de sua decadência. (BONAVIDES, 1993, p. 184).

Em sentido semelhante, Gosta Esping-Andersen afirma que:

> A democracia tornou-se o calcanhar de Aquiles de muitos liberais. Enquanto o capitalismo se mantivesse com um mundo de pequenos proprietários, a propriedade em si pouco teria a temer da democracia. Mas, com a industrialização, surgiram as massas proletárias, para quem a democracia era um meio de reduzir os privilégios da propriedade. Os liberais temiam com razão o sufrágio universal, pois era provável que este politizasse a luta pela distribuição, pervertesse o mercado e alimentasse ineficiências. Muitos liberais concluíram que a democracia usurparia ou destruiria o mercado. (ESPING-ANDERSEN, 1991, p. 86-87).

Para os liberais, pois, a democracia representava o fim de privilégios, interferências nos mercados e até mesmo a possibilidade de se instaurar o socialismo - embora para alguns socialistas a democracia parlamentar e as reformas sociais não significassem em verdade uma forma de emancipação da classe trabalhadora, mas apenas um meio para anestesiar seus movimentos.(33) Em razão disso, os liberais temiam o sufrágio universal.(34)

Isso demonstra, aliás, que um Estado Liberal não é necessariamente um Estado democrático e:

> Um governo democrático não dá vida necessariamente a um Estado Liberal: ao contrário, o Estado Liberal clássico foi posto em crise pelo progressivo processo de democratização produzido pela gradual ampliação do sufrágio até o sufrágio universal. (BOBBIO, 2000, p. 7-8).

---

(33) Conforme Esping-Andersen (1991, p. 88), os principais expoentes desta análise fazem parte da escola alemã "derivação do Estado" Müller e Neususs (1973); Offe (1972); Gough (1979); e Poulantzas (1973). Segundo o professor: "Historicamente, a oposição socialista às reformas parlamentares foi menos motivada pela teoria que pela realidade. August Bebei, o grande líder da social-democracia alemã, rejeitou a legislação social pioneira de Bismarck não porque não fosse a favor da proteção social, mas devido aos motivos ruidosamente anti-socialistas e divisionistas por trás das reformas de Bismarck".

(34) Ao tratar do caso inglês, Polanyi (2012, p. 248) aponta: "Dentro e fora da Inglaterra, de Macaulay a Mises, de Spencer a Sumner, não houve um único liberal que deixasse de expressar a sua convicção de que a democracia popular era um perigo para o capitalismo".

A "crise" do Estado Liberal clássico, na verdade, significa sua transformação, tendo em vista que as demandas sociais começaram a dele exigir uma alteração de perfil, tanto quantitativa quanto qualitativa, à medida que teve de aumentar sua intervenção na vida social e econômica e atender a novos clamores que não só destinados a garantir a ordem e a paz.

O processo de expansão do sufrágio, estendendo-se a outros setores sociais, e o surgimento de novos partidos políticos que o acompanhou, ao mesmo tempo que o liberalismo econômico transparecia a insuficiência de suas repostas à população e o caráter excludente de seu formato econômico, o capitalismo, fizeram com que os governos ficassem mais sujeitos aos apelos populares. Tudo isso impôs mudanças ao Estado Liberal, principalmente no que se refere a sua face de Estado mínimo, tendo de se render a uma postura mais interventiva a fim de responder às demandas sociais. Assim, começaram a ser editadas legislações sobre o trabalho de menores e adotadas políticas de caráter assistencial, por exemplo. (STRECK; MORAIS, 2014, p. 66-67).

No fim do século XIX, conforme aponta Karl Polanyi (2012, p. 149), o sufrágio universal já era bastante abrangente, permitindo à classe trabalhadora gerar influências no Estado.

Certamente isso contribuiu para a edição de mais leis de cunho social e trabalhista e, por conseguinte, para a fase de consolidação do Direito do Trabalho que se desenrolou a partir dessa época.

Nesse período, a justiça social - concebida como a necessidade de apoiar os indivíduos, percebidos como integrantes de certas coletividades, com identidades e anseios comuns - também foi injetada na política liberal e um novo espírito de cooperação e solidariedade despertou, ficando cada vez mais forte com a entrada do século XX, quando se deu início a vertente do Estado Social. (STRECK; MORAIS, 2014, p. 67).

Apesar dessas explicações de que a democratização impulsionou mudanças no perfil do Estado Liberal, não se pode afirmar peremptoriamente que quanto mais se ampliam os direitos democráticos maiores são as chances de se desenvolver Estados de Bem-Estar Social. Esta não é uma implicação automática.

Conforme recorda Esping-Andersen (1991), a história desmente essa tese ao nos lembrar de que as primeiras iniciativas de *Welfare State* ocorreram antes mesmo da democracia, motivando-se, na realidade, pelo objetivo de impedir sua realização, como se deu na França de Napoleão III, na Alemanha de Bismark e na Áustria de von Taaffe. De modo contrário, onde a democracia teve início mais cedo, como nos Estados Unidos, Austrália e Suíça, o desenvolvimento do *Welfare State* retardou a ocorrer.

Esclarecido isso, é interessante fazer uma pausa e refletir:

a) que o próprio processo de industrialização e o surgimento da economia de mercado, os quais propiciaram o nascimento do mercado de trabalho e da classe trabalhadora durante o Estado Liberal, abriram espaço para a gênese de uma consciência coletiva, assim como para demandas por maior participação e extensão de direitos a outros segmentos da sociedade;

b) que o modelo de economia capitalista excludente contou com a companhia de ideologias a ele contrárias, como o socialismo;

c) que ao lado do movimento das classes comerciais que pregava o liberalismo econômico e o mercado autorregulável estava o contramovimento que defendia a proteção social, com a preservação do homem, da natureza e da organização produtiva, que pode ser representado especialmente pela classe trabalhadora;

d) e que tudo isso, entre outros fatores, fomentaria a transformação do Estado Liberal.

Nas palavras de António José Avelã Nunes:

> A vida mostraria não corresponder à realidade a velha tese liberal de que a economia e a sociedade, confiadas à *mão invisível (às leis naturais do mercado)*, proporcionam a todos os indivíduos, em condições de liberdade igual para todos, as melhores condições de vida, para *além do justo e do injusto*. Este pressuposto liberal - que justificava a tese de que o estado deveria estar *separado da sociedade e da economia* -, falhou em virtude de vários fatores: progresso técnico, aumento da dimensão das empresas, concentração do capital; fortalecimento do movimento operário (no plano sindical e no plano político) e agravamento da luta de classes; aparecimento de ideologias negadoras do capitalismo. (NUNES, 2008).

Portanto, são diversos fatores em conjunto, e não apenas a democratização, que irão desconstruir os preceitos liberais. Quanto à defesa da proteção social, antes mencionada como integrante do contramovimento ao liberalismo, é preciso destacar que esta tem papel fundamental quando se quer falar em democracia, tratando-se de um de seus pressupostos basilares.

A proteção social revela-se como condição basilar da democracia, porque favorece a constituição de uma "sociedade de semelhantes", uma sociedade na qual todas as pessoas, sem ser exatamente iguais em todos os aspectos, possuem recursos e direitos que as convertem em membros da sociedade. Só assim o indivíduo pode formar uma sociedade ao lado de seus semelhantes, sem que ninguém seja excluído. (CASTEL, 2012, p. 198).

A relação disso com o Direito do Trabalho, e é o que nos interessa de certo modo, é que os movimentos trabalhistas, sendo eles uma das representações da ação coletiva em busca de proteção social e das condições para a participação da vida política, trazem como evidência a dimensão política desse ramo do direito.

3.6. A conspiração coletivista e os paradoxos do liberalismo e da liberdade

A essa altura já está claro que o Estado Liberal se baseia no pressuposto de que a figura estatal não deve se intrometer na sociedade e na economia. Sua função é mínima, deve garantir a segurança e a ordem, cuidando para que, no exercício de sua liberdade, um indivíduo não interfira nos direitos de outrem.

Igualmente, já está claro que o liberalismo econômico ganhou vida nessa vertente estatal e uma enorme transformação se introduziu na sociedade com o estabelecimento da economia de mercado, em que tudo passa estar à venda, como a terra e o trabalho.

Da mesma forma, restou explicado que a economia de mercado se funda na ideia de mercado autorregulável, livre de interferências externas, controlado unicamente pelos preços do próprio mercado.

O que, talvez, ainda não esteja suficientemente exposto é que esse modelo de economia não é realmente livre de intervenções, nem algo que funcione de modo natural como pregavam alguns liberais. Essa história de "deixa o mercado me levar", não é bem assim.

Os mercados livres não funcionariam se as coisas simplesmente seguissem sua natureza. Ao contrário do que se queria pregar, o *laissez-faire,* que em 1820 introduzira três dogmas que fariam parte da religião liberal a partir de 1830 (mercado de trabalho, livre comércio internacional e padrão-ouro)[35], não era algo natural, nem consistia num método ou numa fórmula para se atingir um objetivo. O *laissez-faire,* segundo Polanyi, era o próprio objetivo e para alcançá-lo seria necessário um intervencionismo governamental contínuo. (POLANYI, 2012, p. 154-157).

Para compreender o que se está dizendo, basta lembrar do paradoxo de que num mercado autorregulável são admissíveis (e necessárias) regulamentações

(35) Desses três pilares, o mercado de trabalho e o comércio livre internacional decerto são de fácil entendimento para muitas pessoas, mas o padrão-ouro provavelmente não, apesar de simplificadamente significar um sistema monetário em que o valor da moeda nacional era estabelecido com base numa quantia fixa de ouro e nele lastreado, permitindo que pessoas das mais diversas partes do mundo pudessem negociar entre si sabendo que a moeda recebida valia tanto quanto o ouro, favorecendo, assim, a criação de um mercado global.

que possibilitem que o mercado seja o único agente organizador da economia. Em outras palavras, a fim de tornar o mercado o único organizador da economia e, portanto, livre de intervenções externas, antes serão necessárias tais intervenções.

Nesse ponto, alguém poderia argumentar, e faz todo sentido, que seria preciso sim que o governo, para sair de um modelo de extenso controle e regulação, legislasse para abolir as restrições ao mercado. Mas o detalhe é que sua intervenção não se resumiria a isso, iria além e, não raras vezes, seria requerida pelos próprios liberais, os quais demandariam do Estado intervenções e a formulação de leis restritivas às liberdades.

É o que se viu, por exemplo, quando surgiu um forte contramovimento de resistência ao modelo do liberalismo econômico, que visava à autoproteção da sociedade e se manifestou, entre outras formas, por meio de movimentos sindicais.

Resgatando o que já foi falado em outros tópicos, mas acrescentando algumas observações, recorde-se que a economia de mercado produziu enormes mudanças na sociedade, as quais vieram de mãos dadas com a degradação do ser humano, não só pela exploração econômica a que este estava submetido, mas também e, principalmente, pela modificação de todo o ambiente cultural de uma época que se rompeu com a Revolução Industrial.

Terremotos como a Revolução Industrial, que transformou "gente estabelecida em migrantes ineptos", podem ser comparados ao contato cultural que se dá entre "raças" diferentes, no qual a parte mais fraca pode ser completamente devastada e submersa num "vácuo cultural", que ocorre com a destruição das instituições e bases culturais às quais sua existência está acostumada (POLANYI, 2012, p. 176).

Na *Rerum Novarum*, encontra-se um trecho que remete exatamente a isso, ilustrando que o mesmo ocorreu nesse turbilhão chamado Revolução Industrial:

> 2. Em todo o caso, estamos persuadidos, e todos concordam nisto, de que é necessário, com medidas prontas e eficazes, vir em auxílio dos homens das classes inferiores, atendendo a que eles estão, pela maior parte, numa situação de infortúnio e de miséria imerecida. O século passado destruiu, sem as substituir por coisa alguma, as corporações antigas, que eram para eles uma protecção; os princípios e o sentimento religioso desapareceram das leis e das instituições públicas, e assim, pouco a pouco, os trabalhadores, isolados e sem defesa, têm-se visto, com o decorrer do tempo, entregues à mercê de senhores desumanos e à cobiça duma concorrência desenfreada. A usura voraz veio agravar ainda mais o mal. Condenada muitas vezes pelo julgamento da Igreja, não tem deixado de ser praticada sob outra forma por homens ávidos de ganância, e de insaciável ambição. A tudo isto deve acrescentar-se o monopólio do trabalho e dos papéis de crédito, que se tornaram o quinhão dum pequeno número de ricos e de

> opulentos, que impõem assim um jugo quase servil à imensa multidão dos proletários. (IGREJA CATÓLICA, 1891).

Esse trecho, bastante revelador, ilustra que os trabalhadores, assim como outros membros da sociedade, haviam sido vítimas desse vácuo cultural. Instituições que lhes eram fundamentais haviam desaparecido para sempre, sem que nada fosse colocado em seu lugar, ou pelo menos, sem que nada semelhante e que lhes desse a sensação de estar pisando em terras conhecidas fosse apresentado.

As Teorias Estruturalistas, ao apontarem os fatores que teriam possibilitado o surgimento do *Welfare State*, também fazem menção a essa situação, destacando que este surge na medida em que a economia industrial destrói as instituições sociais tradicionais. Consoante essas teorias:

> [...] modos de produção pré-industriais como a família, a igreja, a *noblesse oblige* e a solidariedade corporativa são destruídos pelas forças ligadas à modernização, como a mobilidade social, a urbanização, o individualismo e a dependência do mercado. O *x* da questão é que o mercado não é um substituto adequado, pois abastece apenas os que conseguem atuar dentro dele. (ESPING-ANDERSEN, 1991, p. 91).[36]

Ainda sobre isso, cabe mencionar que a Revolução Industrial não apenas abalou as instituições a que as pessoas estavam acostumadas, como impôs aos primeiros trabalhadores industriais e à sociedade, por meio de seu substituto mercado, novas concepções de vida a que esses tiveram de ser socializados.

Quando as coisas se inverteram e a economia tendeu a configurar a organização social, assistiu-se, a título ilustrativo, ao trabalho voltado à produção de bens e serviços destinados ao mercado ganhar cada vez mais destaque, com maior visibilidade no espaço público, separando-se do espaço familiar, o qual restou cada vez mais reservado ao espaço privado. (SANCHIS, 2011, p. 21).

Essa nova realidade causou uma distinção entre o trabalho assalariado, realizado nas indústrias, e o trabalho doméstico, o qual passou a ocupar uma posição subordinada em relação àquele, produzindo reflexos até mesmo na condição da mulher. Se na sociedade tradicional mulheres e homens muitas das vezes trabalhavam dentro da unidade familiar com certa igualdade, com a separação dos âmbitos familiar e laboral, com a subjugação do trabalho realizado em âmbito doméstico e com a associação da mulher à vida doméstica e familiar, rompeu-se o equilíbrio conjugal e fomentou-se a ideia de que as atividades domésticas não são trabalho e que a mulher é "serva do marido". (SANCHIS, 2011, p. 21).

Além disso, uma nova concepção de tempo foi introduzida no mundo do trabalho com o capitalismo industrial, consistindo na diferenciação entre

(36) Uma das críticas às Teorias Estruturalistas está na dificuldade de explicar por que as políticas sociais somente teriam efetivamente aparecido após mais de cinquenta anos da destruição das instituições sociais.

"tempo de trabalho" e "tempo no trabalho", sendo o primeiro deles submetido a um rigoroso controle e medição (incluindo punições) em virtude das exigências do sistema fabril, o qual demanda ritmos de produção, aumento de produtividade etc. (SANCHIS, 2011, p. 21).

Portanto, não houve apenas a mera ruína das bases e instituições anteriores, houve também a criação de novas formas de viver por meio da introdução do capitalismo industrial e da sociedade de mercado. Esses abalos e novidades no modo de vida a que os trabalhadores e a sociedade se viram submetidos aproximavam seus interesses.

Por isso mesmo é que não se pode afirmar que o contramovimento se deu unicamente por razões econômicas e por interesse de uma única classe. Se a classe trabalhadora se destacou nesse cenário é porque conseguiu representar interesses que estão além dos seus, relacionando-se com a sociedade como um todo. (POLANYI, 2012, p. 174).

Aliás, isso demonstra um dos particularismos do Direito do Trabalho: sua dimensão coletiva, no sentido de ultrapassar os interesses únicos de uma categoria de pessoas, sendo capaz de ir além e representar também os anseios da comunidade ao redor. Cuida-se de sua capacidade de transcendência.

Feitos esses esclarecimentos, pode-se afirmar que houve um contramovimento ao liberalismo econômico, entretanto, deve-se observar que, como quase tudo na vida, existem interpretações distintas sobre o assunto, sendo esse o ponto em que se tornam mais claros os problemas da autorregulamentação e sobre como os mesmos acontecimentos podem ser lidos de distintas maneiras.

Para Polanyi, o contramovimento surgiu espontaneamente no seio social como forma de defesa contra esse sistema de mercado que viria a destruir a sociedade. Para alguns liberais, no entanto, a oposição ao liberalismo teria sido um erro[37] ou fruto de uma espécie de conspiração "anti-*laissez-faire*"[38] ou da

(37) Spencer e Sumner, Mises e Lippmann veem o contramovimento e todo protecionismo dele decorrente como um erro (POLANYI, 2012, p. 158). Para exemplificar, menciona-se que, conforme Pierre Dardot e Christian Laval (2016, p. 46-47), Herbert Spencer é contra qualquer forma de intervenção do Estado. Segundo os autores: "Ele vê as disposições legislativas e as instituições públicas que estendem as proteções da lei aos mais fracos apenas como 'ingerências' e 'restrições' que atravancam a vida dos cidadãos". Leis como as que limitam o trabalho de mulheres e crianças, que impõem vacinação obrigatória, que punem minas que empregam crianças com menos de doze anos, que estabelecem inspeção nas usinas de gás etc. são, para Spencer, leis coercitivas, pois pretendem fazer o bem e organizar a cooperação de maneira impositiva, forçada e direta, o que ele considera retrógado. A reposta de liberais reformistas (aqueles que admitem certa intervenção estatal) às demandas sociais, é, portanto, uma maneira de destruir o sistema de liberdade. Sumner, que também é citado pelos autores, de maneira semelhante entende que "a escassez é a grande educadora da humanidade" e que cada um tem aquilo que merece, de acordo com o seu mérito. A competição, para ele, faz parte da natureza e tentar corrigi-la pode até reduzir as desigualdades, mas significa favorecer a existência dos mais inaptos e destruir a liberdade. (DARDOT; LAVAL, 2016, p. 55-56).

(38) Deve-se recordar, neste ponto, de que os dogmas do *laissez-faire* não eram unânimes entre os liberais.

"tendência coletivista" da opinião pública inglesa, existente desde a década de 1860, introduzida pelas correntes do nacionalismo e socialismo, pelos monopólios de fabricantes e pelos movimentos sindicais. (POLANY, 2012, p. 157-158).

A "conspiração antiliberal", entretanto, deve-se dizer, é um mito, porque o fim do liberalismo ortodoxo a que se assiste nas décadas de 1870 e 1880 e a virada para um protecionismo social e nacional são simplesmente respostas aos problemas causados pelo sistema de mercado. (POLANY, 2012, p. 162).[(39)]

O mito cai por terra ao notar a adoção de medidas semelhantes em países diferentes. Como exemplo, menciona-se a introdução das inspeções nas fábricas em 1833 na Inglaterra, em 1853 na Prússia, em 1883 na Áustria, e em 1874 e em 1883 na França. Seria incoerente pensar que países com lemas e realidades sociais distintos estariam se deixando levar pelos mesmos "preconceitos ideológicos" para adotar suas políticas de governo. (POLANY, 2012, p. 164-165).

Ademais, os próprios liberais pressionaram o governo em várias ocasiões para obter leis restritivas à liberdade e isso, obviamente, não pode ser visto como parte da conspiração coletivista.

O direito de os trabalhadores se associarem para obter melhores salários e o direito de associações capitalistas se unirem para aumentar os preços dos produtos, para exemplificar, eram apontados pelos liberais como uma forma de usar a liberdade contratual e o *laissez-faire* para restringir o comércio. Assim, pediam por restrições e leis penais, sob o argumento de que sindicatos e corporações estariam abusando da liberdade de contrato. (POLANY, 2012, p. 165).

O paradoxo estava instalado. Se na teoria o *laissez-faire* podia significar a liberdade de os trabalhadores se recusarem a trabalhar, na prática isso ia de encontro à construção de um mercado autorregulável, dando-se preferência a este último, ainda que necessária a adoção de medidas regulamentadoras. Isso implica que, se o *laissez-faire* for conceituado como o oposto do intervencionismo, então o

---

Havia liberais reformistas que admitiam certas doses de intervenção Estatal e aceitavam certas políticas de cunho social. Além disso, segundo Pierre Dardot e Christian Laval (2016, p. 45), a própria tradição do radicalismo liberal "abriu brechas ao dogma da não intervenção", sendo a trajetória de John Stuart Mill um exemplo dessa evolução. Ao tratarem desse autor em específico, mencionam a existência de uma obra de sua autoria, chamada *On Socialism*, na qual, em um dos capítulos, Mill defende a possibilidade de a sociedade restringir direitos de propriedade, caso, após exame, conclua não serem favoráveis ao bem público.

(39) Consoante Pierre Dardot e Christian Laval (2016, p. 41), "no fim dos anos 1870 e início dos anos 1880, assistiu-se na Europa a um movimento ascendente de dispositivos, regulamentações, leis destinadas a consolidar a condição dos assalariados e a evitar tanto quanto possível que eles continuassem a cair no pauperismo que afligiu todo o século XIX: legislação sobre o trabalho infantil, limitação da jornada de trabalho, direito de greve e associação, indenização por acidente, aposentadoria para operários. Essa pobreza nova, gerada no ciclo dos negócios, deveria ser baldada por medidas de proteção coletiva e segurança social".

mercado autorregulável não pode ser com aquele identificado, pois, enquanto esse sistema de mercado não for atingido, conforme Polanyi, "os liberais econômicos apelarão, sem hesitar, para intervenção do estado a fim de estabelecê-lo e, uma vez estabelecido, a fim de mantê-lo". (POLANY, 2012, p. 166).

Trata-se da ideia que já havia sido resumida em outro tópico, mas agora com um acréscimo. Situado entre o movimento e o contramovimento, o Estado Liberal viu suas funções variarem entre *agir/não agir* deliberadamente para estabelecer e fazer funcionar o mercado autorregulável e intervir para *responder às demandas espontâneas da sociedade*, por meio de direitos e políticas sociais, de modo a reprimi-lo. Suas funções, por conseguinte, também acompanhavam esse fluxo dual (apesar de não ser algo tão simplista, já que atualmente é sabido que políticas públicas e sociais podem servir a interesses capitalistas).

Ocorre então que para criar e fazer funcionar o mercado autorregulável - aquele em que o próprio mercado é a única ordem a regular a economia, livre de interferências externas -, o Estado deve combinar *inação* com *ação*, ora se abstendo de intervir, ora promovendo intervenções.

O ponto é que, para que exista o mercado autorregulável, não basta que a intervenção/ação do Estado seja no sentido de estabelecer legislações que lhe retirem de cena, privando a si mesmo de certas funções, ou que preveja direitos como os de propriedade e de contrato. Para que haja mercado autorregulável, e aqui está o acréscimo, é preciso também que o Estado promova limitações a determinadas liberdades.

O mercado autorregulável, longe de depender apenas de legislações estatais que eliminem as regulamentações sobre o mercado, depende de intervenções para que as liberdades de que necessita sejam criadas e para que estas venham acompanhadas de outras, limitadas e controladas, a fim de não causar sua autodestruição. (FOUCAULT, 2010, p. 93-94).

De acordo com Foucault, a prática governamental liberal não se limita simplesmente a respeitar e garantir a liberdade. Ela própria é uma consumidora da liberdade, na medida em que depende de certas liberdades para garantir seu próprio funcionamento, como a liberdade de mercado e o livre exercício do direito de propriedade. E sendo consumidora da liberdade, essa arte de governar deve produzi-la e governá-la, apresentando-se como verdadeira "gestora da liberdade", pois em seu íntimo há sempre o dilema entre a produção da liberdade e aquilo que, ao produzi-la, ameaça limitá-la e destruí-la. O liberalismo se caracteriza por essa relação de produção e destruição de liberdade, pois ao mesmo tempo em que é preciso criar liberdade também é preciso estabelecer limitações e controle. (FOUCAULT, 2010, p. 93-94).

Exemplos disso são vistos na política externa e interna dos países. No início do século XIX, por exemplo, governantes que queriam fazer imperar o livre comércio se utilizaram de medidas protecionistas para salvar a tal liberdade que estaria sendo comprometida pela hegemonia britânica. No âmbito interno, a fim de que houvesse mercado livre, adotaram legislações antimonopólio e concepções de que deveria haver "trabalhadores politicamente desarmados para não fazerem pressão sobre o mercado de trabalho". (FOUCAULT, 2010, p. 94-95).

Logo, em nome da liberdade do mercado, outras liberdades são sacrificadas por serem consideradas incompatíveis com aquela, como a liberdade sindical. É que o livre mercado, para ser livre, depende de que certas liberdades estejam garantidas, ao mesmo tempo que outras estejam reguladas e restringidas, em seu eterno paradoxo de criação e destruição.

Por essa razão, pode-se dizer que, no modelo liberal, a liberdade não é algo natural, não é um fato da realidade que o Estado simplesmente observa e respeita. Pelo contrário, a liberdade é uma criação, ela é criada e produzida por essa nova arte de governar liberal para garantir a existência do mercado autorregulável.

O Estado, gestor da liberdade, deve cuidar para que, ao criar liberdades, não produza, ao mesmo tempo, mecanismos que afetem a liberdade de mercado e outras das quais necessita, por isso, cria também restrições às liberdades, como as legislações antitrustes. "Livres" mercados e mercados autorreguláveis, por conseguinte, não são exatamente livres no sentido pleno da palavra, pois dependem de intervenção e controle das liberdades para que possam existir e se manter vivos.

Apesar dessas considerações, que demonstram a inadequação de reputar a separação entre Estado e mercado como algo característico do liberalismo e revelar a insuficiência de explicações que veem o funcionamento do mercado como algo naturalístico, confundindo-se liberalismo econômico com *laissez-faire*, dogmas como a ideia de que o Estado não deve intervir da vida socioeconômica ainda durariam um bom tempo[40], embora hoje se perceba que mais importante do que perquirir sobre o vínculo entre mercado e Estado, como lembram Dardot e Laval (2016, p. 67), é investigar sobre os diferentes tipos de intervenção do Estado.

3.7. A institucionalização do Direito do Trabalho e o Estado Social

Até aqui, seguindo as lições de Delgado sobre a divisão histórica das fases do Direito do Trabalho[41], apresentou-se, ainda que brevemente, as

(40) Em 1913, assistiríamos ao início da produção em série do Ford Model T, bem como o despontar da sociedade de consumo, e em 1920, veríamos ainda a era de ouro do capitalismo. (NUNES, 2008, p. 52). Nessa época, década de 1920, os preceitos liberais estariam no auge, só encontrando seus percalços por volta da crise econômica que explodiu em 1929, momento a partir do qual certos países, como os Estados Unidos, começariam a abandonar alguns dogmas do mercado. No entanto, as profissões de fé do liberalismo econômico sempre reaparecem, sugerindo nunca terem ido embora.

(41) Conforme explicitado antes, as fases estão relacionadas aos países de capitalismo central.

fases de formação (1802-1848) e consolidação (1848-1919) desse direito. Neste tópico, deseja-se abordar a fase de institucionalização desse ramo jurídico, relacionando-a com o advento do Estado de Bem-Estar Social.

A institucionalização, que começa logo após a Primeira Guerra Mundial, tem como marcos a Constituição alemã (Constituição de Weimar) e a criação da Organização Internacional do Trabalho - OIT, em 1919. Trata-se do momento em que, nos países de economia central, o Direito do Trabalho passa a ser compreendido como parte da estrutura institucionalizada da sociedade e do Estado, respeitando-se sua dupla dinâmica normativa: negocial autônoma e estatal heterônoma. Nessa fase, merece atenção também a Constituição mexicana de 1917, que serviria de inspiração para os países periféricos. (DELGADO, 2016, p. 102).

No que se refere à Constituição do México, cabe destacar que ela é o marco inicial da constitucionalização do Direito do Trabalho no mundo, por sistematizar expressamente direitos sociais em seu quadro normativo, elevando ao "*status* constitucional um amplo rol de regras e princípios regentes da relação de emprego", em especial em seu art. 123, no qual se reconhecem diversos direitos trabalhistas como salário mínimo, descanso semanal, pagamento diferenciado para realização de horas extras, possibilidade de criar sindicatos e direito à greve. (ALMEIDA; ALMEIDA, 2017, p. 85).

Ademais, conforme expõem Almeida e Almeida, deve-se sublinhar que a carta constitucional mexicana estabelece em seu art. 2º uma "relação direta entre os direitos inerentes ao trabalho humano e a democracia", dispondo que esta, como "sistema de vida", pressupõe a fruição de uma vida digna, o que se alcança, em parte, pelo exercício de direitos trabalhistas. (ALMEIDA; ALMEIDA, 2017, p. 85).

Quanto à Constituição de Weimar, pode-se destacar que dela despontaram novos direitos, enquadrados na categoria de direitos sociais. Numa perspectiva europeia, António José Avelãs Nunes afirma que a Constituição alemã foi a primeira a prever, em termos constitucionais, a liberdade de organização sindical como direito fundamental dos trabalhadores. Além disso, foi a primeira a assumir que a intervenção estatal deveria incorporar na esfera política a economia, abrindo caminhos para a "passagem do *estado de direito ao estado social*". (NUNES, 2008, p. 51-52).

De acordo com o autor, o texto constitucional alemão expressava de maneira clara que alguns setores da economia, em especial aqueles ligados à utilidade pública, como a distribuição de energia elétrica, não poderiam ficar a cargo do capital privado. Assim, deu-se início na Alemanha a um processo de nacionalização de empresas, colocando sob o âmbito estatal aquelas que representassem utilidade social ou que estivessem numa situação de monopólio. Mas isso ocorria mediante indenização, e não simplesmente pelo confisco da propriedade, o que demonstra a diferença entre os conceitos de estado social e estado socialista. A propriedade privada continuava garantida, mas tinha de cumprir uma função social, que impunha aos proprietários uma série de medidas relacionadas a seu uso, o qual deveria ir além dos interesses meramente privados. (NUNES, 2008, p. 52).

Isso ilustra que a fase de institucionalização do Direito do Trabalho ocorre num momento em que a atuação estatal se tornaria cada vez maior. Como dito anteriormente, o Estado Liberal precisou se transformar e rever sua postura negativa, aumentando seu nível de intervenção na vida social e econômica a fim de manter a própria sobrevivência, o que teve como uma de suas implicações o surgimento de normas trabalhistas heterônomas.

A Constituição do México e a da Alemanha e a fundação da OIT significaram um passo ainda maior. Representaram, respectivamente, a inserção de normas trabalhistas em dois novos planos, o constitucional e o internacional, abrindo espaço para um crescimento mais significativo desse ramo do direito.[42]

Após a Segunda Guerra Mundial, conforme Delgado (2016, p. 102), a institucionalização atingiria seu ápice, tendo em vista o aprofundamento da constitucionalização e a primazia do Estado de Bem-Estar Social. Constituições de diferentes países passariam a prever regras e princípios, não só de cunho trabalhista, como também de outras naturezas que gerariam profundos reflexos nessa seara:

> As Constituições Democráticas pós-1945, da França, da Itália e da Alemanha em um primeiro momento (segunda metade da década de 40), e depois, de Portugal e da Espanha (década de 1970), não só incorporariam normas justrabalhistas, mas principalmente diretrizes gerais de valorização do trabalho e do ser humano que labora empregaticiamente para outrem. Mais: incorporariam *princípios*, constitucionalizando-os, além de fixar princípios gerais de clara influência na área laborativa (como os da dignidade humana e da justiça social, por exemplo). (DELGADO, 2016, p. 102).

No plano internacional, a Declaração de Filadélfia, de 1944, também viria a agregar ao mundo do trabalho, estabelecendo os quatros princípios

(42) Segundo Oscar Ermida Uriarte (2011b, p. 134), do ponto de vista da América Latina, de maneira geral, não seria muito adequado falar em constitucionalização e internacionalização do Direito do Trabalho, pois isso pressuporia que havia um Direito do Trabalho que, em determinado momento, constitucionalizou-se e internacionalizou-se. No entanto, não foi isso que ocorreu, porque antes de 1917 quase não havia leis trabalhistas nos países latino-americanos. Assim, na perspectiva latino-americana, o Direito do Trabalho nasceu constitucional e internacional, sendo mais correto usar as expressões "constitucionalidade" e "internacionalidade" para caracterizá-lo.

fundamentais sobre os quais repousa a OIT, sendo um deles a premissa de que o trabalho não é uma mercadoria.[43]

Esse princípio, em especial, é de extrema significância, principalmente quando se recorda que: "O conteúdo da luta do movimento operário é a luta contra a forma-mercadoria, isto é, a luta para libertar-se das condições que subordinam a vida e situação de vida dos trabalhadores à disposição capitalista de comprar força de trabalho", e ao preço de mercado pago por ela. (OFFE; RONGE, 1984, p. 126).

Trata-se, portanto, de um grande avanço para o trabalho nesse momento, simbolizando uma forma de reinterpretá-lo, o que, no entanto, serviria simultaneamente para assegurar a continuidade dos mercados de trabalho, dando-lhe, porém, uma perspectiva mais humanizada.

É que, sem um direito laboral que protegesse efetivamente o trabalhador, não seria possível garantir a "perenidade" do mercado de trabalho, conforme afirma Alain Supiot. Nesse sentido, o autor aponta que a Declaração de Filadélfia comprometia os Estados a adotarem um direito do trabalho e de seguridade social a fim de garantir uma vida mais digna e segura aos trabalhadores e suas famílias, o que, em outras palavras, consistia, entre outras coisas, no fato de que os Estados deveriam "estabelecer os pilares jurídicos indispensáveis para o funcionamento duradouro dos mercados de trabalho de geração em geração".[44] (SUPIOT, 2010, p. 167).

Dando prosseguimento, ainda no plano internacional, além das convenções da OIT, seria visto o nascimento de Pactos e Declarações de Direitos Humanos contendo muitos direitos trabalhistas ou normas relativas às relações de trabalho, como a Declaração Americana dos Direitos e Deveres do Homem, firmada em Bogotá em 1948.

No mesmo ano, haveria a Declaração Universal dos Direitos Humanos, adotada pela Organização das Nações Unidas - ONU, complementada

---

(43) Conforme a Declaração de Filadélfia (ORGANIZAÇÃO INTERNACIONAL DO TRABALHO, 1944), os quatro princípios sobre os quais repousa a OIT são: "a) o trabalho não é uma mercadoria; b) a liberdade de expressão e de associação é uma condição indispensável a um progresso ininterrupto; c) a penúria, seja onde for, constitui um perigo para a prosperidade geral; d) a luta contra a carência, em qualquer nação, deve ser conduzida com infatigável energia, e por um esforço internacional contínuo e conjugado, no qual os representantes dos empregadores e dos empregados discutam, em igualdade, com os dos Governos, e tomem com eles decisões de caráter democrático, visando o bem comum".

(44) Ilustrativamente, o item III da Declaração de Filadélfia estabelece como obrigação da OIT o auxílio às Nações para execução de programas que visem, entre outras coisas: "d) adotar normas referentes aos salários e às remunerações, ao horário e às outras condições de trabalho, a fim de permitir que todos usufruam do progresso e, também, que todos os assalariados, que ainda não o tenham, percebam, no mínimo, um salário vital". (ORGANIZAÇÃO INTERNACIONAL DO TRABALHO, 1944).

posteriormente pelo Pacto Internacional sobre Direitos Civis e Políticos (1966) e pelo Pacto Internacional dos Direitos Econômicos, Sociais e Culturais (1966)[45].

Também podem ser citados, a título exemplificativo, a Convenção Americana de Direitos Humanos, assinada em São José da Costa Rica em 1969, e seu protocolo adicional, o Protocolo de San Salvador de 1988.

Os documentos mencionados, além de outros pactos e declarações de direitos humanos, preveem muitos direitos trabalhistas, como: o direito ao trabalho em condições dignas; a liberdade de associação sindical; o direito a uma justa remuneração, a férias e ao descanso semanal; o direito de greve; a proibição de trabalhos forçados; o direito à saúde e à segurança no ambiente de trabalho etc.

O mais interessante a se observar, porém, é que além desses direitos trabalhistas específicos, que só podem ser exercidos por um trabalhador, as normas internacionais de direitos humanos preveem os chamados "direitos não específicos", os quais não são direitos trabalhistas propriamente ditos, mas sim direitos humanos dos quais o trabalhador permanece sendo titular simplesmente por ser uma pessoa humana. É o caso, por exemplo, da liberdade de expressão e da liberdade religiosa. (URIARTE, 2011a).

Obviamente, o exercício dos direitos inespecíficos pode sofrer ajustes e adaptações dentro da relação de subordinação, mas nem por isso deixam de existir e estar presentes. (URIARTE, 2011b, p. 136).

Essa observação também pode ser levada para a perspectiva constitucional. Da mesma forma que o trabalhador tem duas classes de direitos humanos, também faz jus a direitos específicos e inespecíficos previstos na Constituição, porque além daqueles que são próprios de quem trabalha, há sempre aqueles que o trabalhador conserva pelo simples fato de ser uma pessoa e dos quais não se despe ao exercer seu labor (apesar de na prática não ser exatamente o que ocorre).

Sem nos perder do assunto central deste tópico, deve-se ressaltar que a forma retromencionada de se observar os direitos do trabalhador é consequência de uma evolução no pensamento jurídico, o qual propõe a movimentação da tutela protetiva da figura do empregado e do âmbito da empresa para a figura da pessoa humana e para o âmbito da sociedade como um todo.

Nesse sentido, António Garcia Pereira (2003, p. 277) afirma que o grande traço distintivo do princípio da proteção na atualidade deverá ser o deslocamento de seu centro de gravidade, que sai da figura do trabalhador e do restrito

(45) Ambos os pactos foram adotados na Assembleia Geral das Nações Unidas em 1966, mas só entraram em vigor em 1976. Junto com a Declaração Universal dos Direitos Humanos, eles compõem a Carta Internacional dos Direitos Humanos.

espaço da empresa e se move em direção às questões de cidadania e a coloca no nível do conjunto da sociedade.

> Aliás, era já nesse sentido que apontaram sucessivamente a Constituição alemã de Weimar, a espanhola de 1931 (em particular no art. 44º), a francesa de 1946 (sobretudo no seu preâmbulo), a alemã actualmente vigente (cfr. Artigos 15º, 20º e 28º), a italiana de 1947 (art. 3º ss), a Constituição portuguesa de 1976 e a espanhola de 1978. (PEREIRA, 2003, p. 277, nota 3).

Antes de fechar esse comentário e voltar ao tema central deste tópico, salienta-se apenas que António Garcia utiliza o termo "cidadania" a partir de um olhar europeu. Sendo assim, prefere-se pensar e defender que o centro de gravidade da proteção deve se movimentar em direção à pessoa humana como um todo e não apenas ao cidadão, porque este é um conceito mais restrito no Brasil.

Dito isso, cabe agora dedicar um breve espaço deste estudo aos fatores que levaram à transição do Estado Liberal ao Estado Social, o que será bastante útil para a visualização da ligação deste último com a fase de institucionalização do Direito do Trabalho, deixando esclarecido, desde já, que a transição do Estado Liberal para esse novo modelo se deveu a suas próprias contradições, assim como a fatores históricos, a exemplo das Guerras Mundiais, que acelerariam o processo.

Se não se pode negar que inicialmente o Estado Liberal gerou vários benefícios - houve progresso econômico, propiciando a Revolução Industrial; o indivíduo foi valorizado, despertando-se para a importância da liberdade humana; impôs-se a noção de *poder legal* em vez de *poder pessoal* etc. –, tampouco se pode negar que esse mesmo modelo estatal acabou por criar as bases para sua própria transformação. (DALLARI, 2013, p. 273).

Como já está claro, o Estado Liberal pode ser identificado como o modelo estatal da classe burguesa, uma vez que teve início com a primazia de seus valores e princípios, como a valorização da liberdade individual, a defesa da mínima intervenção do Estado na vida social e econômica, a recusa de estender direitos a todas as classes sociais, e a visão de que a associação de profissionais e trabalhadores da mesma área era incompatível com a liberdade individual etc.

Mesmo aspectos que poderiam ser vistos como positivos acabaram por ser desvirtuados e usados como argumento para defender os interesses burgueses e para justificar a impossibilidade de se intervir nos problemas sociais. Ilustrativamente, Dallari expõe que, durante o Estado Liberal, a valorização do indivíduo transfigurou-se em "*ultraindividualismo*", desprezando a natureza associativa do ser humano e disseminando o comportamento egoísta. (DALLARI, 2013, p. 273).

Essa concepção individualista da liberdade, que inclusive servia de argumento para impedir que o Estado intercedesse pelos mais necessitados, fazia com que as injustiças sociais fossem agravadas, restando evidente que a defesa da liberdade e da valorização do indivíduo servia à perpetuação da condição privilegiada da classe burguesa dominante. (DALLARI, 2013, p. 273).

Essas contradições promovidas pela vertente liberal, ao lado da formação do proletariado e dos grandes conglomerados urbanos, motivariam a superação do modelo estatal burguês, levando as vítimas das péssimas condições de trabalho e de vida, que se fizerem presentes a partir da Revolução Industrial e da introdução da economia de mercado, a se organizarem contra a ordem posta.

Se a burguesia, que um dia havia sido revolucionária, passara a adotar uma postura conservadora e, como dito, não admitia a interferência estatal para corrigir as injustiças sociais, a questão é que a degradação humana daria origem aos movimentos operários e à proliferação de ideologias socialistas, as quais questionariam as bases do modelo liberal. Tudo isso estimularia os movimentos socialistas já no século XIX e faria com que no início do século XX houvesse um "surto intervencionista que já não poderia ser contido". (DALLARI, 2013, p. 274).

A Primeira Guerra Mundial viria ainda a acelerar o processo de transição, fazendo nascer no Estado a premência de direcionar a produção para as necessidades da guerra, abrindo espaço maior para o intervencionismo. (STRECK; MORAIS, 2014, p. 74).

A consideração de que certos setores produtivos eram de interesse nacional implicaria a intervenção estatal nesses campos de produção, o que incluiu a regulação das relações de trabalho relacionadas a essas áreas, fazendo com que os contratos de trabalho se tornassem assunto de Estado. (SANCHIS, 2011, p. 23).

Mas não é apenas isso:

> Durante a guerra a situação dos operários se agravou no mundo todo. Na Rússia, criaram-se as condições para formação do primeiro Estado Socialista, e nos demais Estados a estabilidade social começou a ser buscada através de medidas socializantes. Logo depois da guerra, aprovou-se na Alemanha a Constituição de Weimar, dando grande ênfase à questão operária, o que seria imitado por outras Constituições. **E foram ainda as grandes dificuldades enfrentadas pelas massas proletárias que determinaram, na Alemanha, a ascensão do partido nazista, e nos Estados Unidos, tradicionais e intransigentes defensores da livre empresa, a implantação do Estado intervencionista.** (DALLARI, 2014, p. 274, grifo nosso).

Portanto, a guerra, em si mesma, gerou a necessidade de intervenção estatal para orientar os meios produtivos às suas demandas bélicas. Fora isso, foi ainda nesse período que se formou o primeiro Estado Socialista e se agravou a condição dos operários no mundo todo, o que se fez sentir de formas diferentes em cada país. O modelo de Estado intervencionista e o atendimento de certos anseios trabalhistas apareceram nesse contexto, inclusive como uma forma de impedir a revolução e a disseminação do socialismo.

No caso dos Estados Unidos, a crise de 1929, que colocou o povo americano em desalento total, estimularia a introdução de uma política intervencionista e mais preocupada com as questões sociais. Isso ocorreria por meio de um programa de governo conhecido como *New Deal,* implantado por Franklin Roosevelt, eleito em 1932, numa tentativa de salvar o capitalismo.

> Em seu pronunciamento anual perante o Congresso em 1935, o presidente Roosevelt explicitou sua opinião de que o excesso de liberdades de mercado estava na base dos problemas sociais e econômicos da Depressão dos anos 1930. "Os americanos", disse ele, "têm de rejeitar essa concepção de aquisição de riqueza, que, por meio dos lucros excessivos, cria um poder privado indevido." Pessoas necessitadas não são pessoas livres. Em toda parte, disse Roosevelt, a justiça social tornou-se uma meta definida em vez de um distante ideal. A obrigação primordial do Estado e de sua sociedade civil consiste em usar seus poderes e alocar seus recursos de modo a erradicar a pobreza e a fome e garantir segurança dos meios de vida, a segurança contra os grandes acasos e vicissitudes da vida e a segurança de lares dignos. (HARVEY, 2014, p. 197).

Mas isso não se daria apenas nos EUA, o período da Grande Depressão influenciaria a adoção de medidas interventivas em várias partes do mundo, pelos efeitos concretos que gerou na economia e, consoante António José Avelãs Nunes (2008, p. 56), pelos mitos liberais que derrubou.

É o caso do padrão-ouro, um dos dogmas do liberalismo, que começou a entrar em colapso nessa época, sendo abandonado por alguns países, como o próprio EUA, ou do *laissez-faire,* que passou a ser visto como mecanismo perverso para manter o *status quo* da sociedade e para justificar que nada poderia ser feito para solucionar a miséria de alguns.

Foi nesse contexto, de crise do liberalismo, medo do "fim" do capitalismo e ascensão do socialismo que ideias como as de John Maynard Keynes, que se colocavam como uma terceira alternativa, ou "meio do caminho", ganharam cada vez mais adeptos após a década de 1930.

O economista, que, em 1936, criticava o modelo de sociedade econômica daquele período, por ser incapaz de gerar pleno emprego e por contar com uma arbitrária desigualdade de distribuição de renda e riquezas, ao mesmo tempo que censurava o *laissez-faire*, por deixar pouca margem de atuação para que o governo resolvesse os problemas de pobreza e socorresse os desamparados, censurava o socialismo por considerar que este, entre outras coisas, sacrificava a liberdade. (KEYNES, 1996, p. 341-349).

Assim, como numa espécie de terceira via, a teoria keynesiana propunha uma ampliação das funções do governo – as quais não se confundiam com as de cunho socialista, mas que, simultaneamente, afastavam-se do liberalismo clássico, que prezava pelo não intervencionismo –, indicando que o Estado deveria promover intervenções na economia a fim de gerar pleno emprego, estimular o consumo e cooperar com a iniciativa privada, deixando ainda um grande espaço de atuação para esta última, espaço no qual "as vantagens tradicionais do individualismo" continuariam "sendo válidas". (KEYNES, 1996, p. 341-349).

Afirma Keynes:

> [...] Embora essa teoria indique ser de importância vital o estabelecimento de certos controles sobre atividades que hoje são confiadas, em sua maioria, à iniciativa privada, há muitas outras que permanecem sem interferência. O Estado deverá exercer uma influência orientadora sobre a propensão a consumir, em parte através de seu sistema de tributação, em parte por meio da fixação da taxa de juros e, em parte, talvez, recorrendo a outras medidas. Por outro lado, parece improvável que a influência da política bancária sobre a taxa de juros seja suficiente por si mesma para determinar um volume de investimento ótimo. Eu entendo, portanto, que uma socialização algo ampla dos investimentos será o único meio de assegurar uma situação de pleno emprego, embora isso não implique a necessidade de excluir ajustes e fórmulas de toda a espécie que permitam o Estado cooperar com a iniciativa privada. Mas, fora disso, não se vê nenhuma razão evidente que justifique um socialismo de Estado abrangendo a maior parte da vida econômica da nação. Não é a propriedade dos meios de produção que convém ao Estado assumir. Se o Estado for capaz de determinar o montante agregado dos recursos destinados a aumentar esses meios e taxa básica de remuneração de seus detentores, terá realizado o que lhe compete. (KEYNES, 1996, p. 345).

Esta escolha por um meio do caminho entre o socialismo e o liberalismo clássico – com o reconhecimento de que a liberdade deve ser preservada, mas que o *laissez-faire* não dá ao governo qualquer meio de aliviar os mais necessitados, com a visão de que os mercados são importantes para a economia e para liberdade individual, mas que estes podem sair dos trilhos, necessitando de alguém que os coloque novamente em seu curso – foi a responsável pelo sucesso da teoria keynesiana, que se expandiria a partir de então.

A Segunda Guerra Mundial também faria com que os Estados assumissem uma ampla ação em todos os campos da vida social, visando prestar serviços fundamentais a todos os indivíduos em face das demandas advindas da guerra, fato que ainda iria avançar após seu término, devido ao surgimento de novas necessidades que imporiam a intervenção estatal, como a necessidade de reconstrução das cidades, a restauração dos meios de produção e a readaptação das pessoas à vida social. (DALLARI, 2013, p. 275).

Durante a Guerra, o Estado precisou se ocupar da distribuição de alimentos, do controle de mão de obra e até mesmo da produção naqueles setores relacionados aos imperativos militares. Após o seu término, o papel estatal permaneceu ascendente, pois acreditava-se que, para reconstruir a sociedade, seria necessária uma instância central de decisão, quando então as nacionalizações, as intervenções do Estado na economia e a transferência para o Estado de certos setores econômicos estratégicos, como o de energia e de transportes, intensificaram-se. (NUNES, 2008, p. 57-59).

Ante o exposto, a Segunda Guerra, do início ao fim, fomentou ainda mais a participação estatal na vida social e econômica, seja mediante políticas sociais voltadas ao atendimento da população, seja por meio de maior controle das atividades desenvolvidas pelo setor privado, seja pela assunção direta da produção em determinados setores.

Sem dúvidas, trata-se de um momento de expansão do Estado, em sua vertente social, o qual passa a ser visto como agente confiável para resolver os infortúnios que afligem o povo, principalmente por causa dos anos de prosperidade que vieram após a Guerra.

Conforme Bauman:

> O modelo pós-westifaliano de Estado territorial onipotente (na maior parte dos casos, Estado-nação) saiu da guerra não só intato, mas expandido, reforçado e confiante de corresponder às ambições abrangentes do "Estado social" - um Estado que protege todos os seus cidadãos dos caprichos do destino, de desventuras individuais e do medo das humilhações sob todas as formas (medo de pobreza, exclusão e discriminação negativa, saúde deficiente, desemprego, falta de moradia, ignorância), que assombraram as gerações pré-guerra. O modelo do "Estado social" foi adotado mesmo que numa versão consideravelmente reduzida, pelos numerosos novos Estados e quase Estados emergentes em meio às ruínas dos impérios coloniais. Os "gloriosos trinta anos" que se seguiram foram marcados pela expectativa crescente de que todos os angustiantes problemas sociais fossem resolvidos e deixados para trás, e de que as memórias

> recorrentes de pobreza e desemprego em massa seriam sepultadas de uma vez por todas. (BAUMAN; BORDONI, 2016, p. 17).

De forma resumida, muito longe de querer esgotar o assunto, esses são alguns dos fatores que levaram à superação do Estado Liberal e à concretização do Estado de Bem-Estar Social, embora haja diversas e distintas explicações sobre suas origens e desenvolvimento, não sendo adequado afirmar de modo simplista que essa vertente do Estado Moderno se configura simplesmente por seu caráter interventivo e promocional.

Não que não seja verdade que o Estado de Bem-Estar Social tenha como característica o papel ativo do Estado na área social e econômica, por meio da adoção de políticas sociais e pela intervenção, direta ou indireta, na economia, assumindo o desempenho de certas atividades ou dirigindo aquelas realizadas pelo setor privado.

Não é mentira que esteja ligado à garantia de um Estado de Bem-Estar à população, de promoção do pleno emprego, de correção das desigualdades, de redistribuição de riquezas e de garantia de direitos mínimos etc. O ponto, porém, é que as formas de interpretar o aparecimento do Estado de Bem-Estar Social não são uniformes, assim como não é uniforme o grau de experimentação desse modelo em cada ponto do globo, apontamentos que serão esclarecidos nos próximos tópicos.

3.8. Teorias explicativas da origem do Estado de Bem-Estar Social e sua relação com o Direito do Trabalho

O Estado de Bem-Estar Social apresenta uma variedade de trajetórias e formas de construção e expansão, não sendo uníssona a literatura a seu respeito.

Enquanto há autores que defendem sua continuidade histórica, como uma evolução de políticas sociais de tempos pretéritos, outros defendem a descontinuidade desse modelo estatal, não havendo, por isso, consenso sobre o momento exato de sua gênese. Alguns alegam, por exemplo, que o *Welfare State* teria tido início nos três últimos decênios do século XIX, como Flora e Heideheimer, associando-o com o nascimento da democracia das massas. Outros, no entanto, sustentam ter havido uma ruptura qualitativa entre as políticas sociais anteriores à Segunda Guerra e aquelas que, após o Plano Beveridge, configurariam o que viria a ser o *Welfare* contemporâneo, como de Esping-Andersen. (FIORI, 1997, p. 2).

Para José Luís Fiori, essa segunda posição, que localiza o Estado de Bem-Estar Social no período pós-Segunda Guerra Mundial, tendo como marco o Plano Beveridge, é a mais apropriada para explicar o fenômeno, pois representa uma quebra histórica com as formas de políticas sociais anteriores, como aquelas de cunho marcadamente assistencialista. Em suas palavras:

> Não cabem dúvidas, entretanto, que só os estudos mais recentes [...] propuseram um conceito capaz de dar conta da complexidade do fenômeno do *welfare* e, portanto, também, de suas **diferenças e descontinuidades fundamentais com as trajetórias e/ou padrões históricos anteriores, de organização das políticas sociais de tipo privado ou governamental, assistencial ou contratual**. Para todos eles, o Plano Beveridge ao legitimar o National Health Service Act, que em 1946 criou um sistema nacional, universal e gratuito de assistência médica, financiado pelo orçamento fiscal e assim desvinculado da relação contratual que havia caracterizado até então a essência das políticas sociais governamentais. Nascia ali, segundo estes autores, um novo paradigma e só ele poderia ser chamado corretamente de welfare. (FIORI, 1997, p. 3, grifo nosso).

Mas as divergências e pluralidades de explicações não se resumem à questão temporal, referindo-se, ademais, às causas da origem e desenvolvimento desse tipo estatal.

Para se ter uma ideia das numerosas teorias sobre as causas das origens e expansão do Estado de Bem-Estar Social, recorre-se ao trabalho de Marta Arretche, *Emergência e Desenvolvimento do Welfare State: Teorias Explicativas,* no qual a autora divide os estudos sobre o assunto de acordo com as condicionantes consideradas por diferentes autores para justificar a emergência e desenvolvimento dessa vertente estatal. (ARRETCHE, 1995).

No artigo da professora, há estudos segundo os quais a emergência e desenvolvimento do *Welfare State* se dá por condicionantes predominantemente de ordem econômica – como os que enxergam esse modelo de Estado como um desdobramento das mudanças advindas da industrialização das sociedades e os que o veem como uma resposta às necessidades de acumulação e legitimação do sistema capitalista –, assim como estudos que explicam o fenômeno de acordo com condicionantes predominantemente de ordem política – como os que consideram o *Welfare State* como resultado da ampliação progressiva de direitos (dos civis aos políticos, dos políticos aos sociais); os que o consideram como resultado do acordo entre capital e trabalho dentro do sistema capitalista; os que o consideram como resultado da capacidade de mobilização de poder da classe trabalhadora no interior de distintas matrizes de poder, dando origem a diferentes regimes de *Welfare State*; ou os que o consideram como resultado de configurações históricas particulares de estruturas e instituições políticas. (ARRETCHE, 1995).

Neste trabalho, pede-se licença para resumir algumas das ideias apresentadas por Marta Arretche em seu artigo, por considerar extremamente agregadoras para o estudo do Direito do Trabalho as divisões por ela formuladas. Em cada uma dessas divisões, a professora esclarece qual literatura fundamenta os diferentes pontos de vista sobre a emergência do Estado de Bem-Estar Social; e, sem dúvida, todas elas acabam por tocar em algum ponto que interessa ao ramo jurídico do trabalho, sendo por demais esclarecedoras.

Sendo assim, começa-se dizendo que no primeiro subgrupo das condicionantes de natureza econômica (que enxerga esse modelo estatal como um desdobramento das mudanças advindas da industrialização das sociedades)[46] aparecem argumentos, a título exemplificativo, no sentido de que as políticas sociais e o estabelecimento de parâmetros mínimos de saúde, educação, habitação e outros direitos garantidos pelo governo decorrem dos problemas e possibilidades originados da industrialização, os quais se dão de maneira semelhante nas sociedades industrializadas.

Desse modo, mesmo com diferenças nacionais e regimes políticos distintos, países submetidos à lógica da industrialização enfrentariam problemas semelhantes, os quais dariam origem ao *Welfare State*, motivo pelo qual a causa de sua origem se identificaria com os efeitos da industrialização. As razões de sua expansão, no entanto, que se dá em graus diferentes em distintos países, nem sempre é explicada com base nesse fator e nem sempre aparece de forma coincidente[47] entre os mesmos defensores dessa tese sobre as origens desse modelo de Estado, sendo atribuída a outros fatores, como culturais, por exemplo. Nesse sentido, os valores e crenças presentes nos Estados Unidos, como as crenças no individualismo, no livre mercado, na propriedade privada, na competição e na ideia de que cada um deve vencer de acordo com seus esforços, explicariam o motivo de o desenvolvimento do *Welfare State* encontrar mais obstáculos nesse país do que nos países da Europa Ocidental. (ARRETCHE, 1995, p. 5-8).

No segundo subgrupo das condicionantes de predominância econômica (que explicam o Estado de Bem-Estar Social como uma resposta às necessidades de acumulação e legitimação do sistema capitalista), encontram-se argumentos ainda mais interessantes quando o assunto é Direito do Trabalho.

Um dos argumentos encontrados nessa corrente, retirado das lições de James O'Connor em sua obra *USA: A Crise Fiscal do Estado*, diz respeito às duas funções essenciais, mas paradoxais, do Estado capitalista, quais sejam: acumulação e legitimação. O ponto é que, ao mesmo tempo que o Estado precisa criar

(46) Arretche cita como exemplos de estudiosos dessa vertente: Harold Wilensky, Richard Titmuss e T. H. Marshall.

(47) Conforme Marta Arretche, muitas vezes os autores têm opiniões coincidentes sobre as origens do *Welfare State*, mas divergem sobre os motivos de sua expansão. (ARRETCHE, 1995, p. 5).

condições para tornar a acumulação de capital possível, deve criar instrumentos para garantir a harmonia social. Um Estado que deixa transparecer o enriquecimento de uma classe sobre a outra não tem legitimidade, mas um Estado que desconsidera o seu dever de tornar possível a acumulação capitalista também tem grandes chances de ver seu poder definhar (ARRETCHE, 1995, p. 13), pois sua saúde financeira se vincula à saúde da economia, dependendo do recolhimento de tributos para garantir sua manutenção, o que varia conforme o volume da acumulação, por exemplo.

Logo, com base nessa perspectiva, a fim de assegurar seu poderio, legitimando-se perante a sociedade, e realizar sua função de reprodutor do capital, o Estado precisa criar políticas sociais, jogando um jogo de equilíbrio entre essas duas forças, de acumulação e legitimação.

Outro argumento que se apresenta de maneira parecida nesse segundo subgrupo é o de que o Estado de Bem-Estar Social exprime, simultaneamente, uma forma de compensação às consequências do capitalismo e uma forma de manutenção de sua existência.

Semelhantemente ao que foi dito ao tratar da Revolução Industrial, o capitalismo liquidou os modos de vida social anteriores, significando o *Welfare State* uma forma de compensação dessa situação, ao mesmo tempo que um modo de consolidação do modelo de acumulação capitalista. (ARRETCHE, 1995, p. 16).

Sobre isso, são bem-vindas as exposições de Gero Lenhardt e Claus Offe, que inclusive são citados no artigo de Marta Arretche. Os autores, ao explicarem o significado de proletarização passiva - essa derivada da destruição das formas de trabalho e subsistência habituais -, defendem que nada indica que as pessoas afetadas por essa "desapropriação" seriam levadas espontaneamente à proletarização ativa, ou seja, a oferecer sua força de trabalho no mercado. (LENHARDT; OFFE, 1984, p. 15).

Segundo apontam, isso seria levado a efeito, entre outras coisas, por meio da política social do Estado. Para eles:

> [...] a política social representa uma estratégia estatal de integração de força de trabalho na relação de trabalho assalariado, i. é., uma relação que somente poderia adquirir a difusão e a "normalidade" que hoje existem *graças à efetividade dessa estratégia.* Nesse sentido, **a política social não é mera "reação" do Estado aos "problemas" da classe operária mas contribui de forma indispensável para a *constituição* dessa classe. A função mais importante da política social consiste em regulamentar o processo de proletarização.** Não podemos conceber, em outras palavras, o processo de proletarização como um processo de massas contínuo e relativamente sem regressões, *sem pensar ao mesmo*

tempo a função constitutiva da política social do Estado. (LENHARDT; OFFE, 1984, p. 22, grifo nosso).

Por conseguinte, vendo por esse lado, as políticas sociais seriam muito mais do que uma forma de compensar os estragos causados pelo capitalismo; equivaleriam, com efeito, a uma forma de o Estado dar a este último um de seus elementos vitais de funcionamento: uma classe operária.

Dessa maneira, a política social não seria apenas uma reação aos problemas da classe operária, mas também a responsável por sua "criação" e regulamentação, incentivando a proletarização ativa (oferecimento da força de trabalho ao mercado) e criando as condições essenciais para o processo de acumulação, uma vez que dele depende o Estado.

Por essa razão, Claus Offe e Volker Ronge entendem que não se pode partir da premissa de que o Estado capitalista irá proteger os interesses de uma classe em detrimento de outra ou a agir a serviço de uma delas, pois quando ocorre o acesso privilegiado dos membros da classe capitalista aos centros de decisão do Estado, isso não é resultado do favorecimento estatal, mas reflexo de sua dependência. Em síntese: não são os agentes do processo de acumulação que estão interessados na instrumentalização do poder estatal, mas sim os agentes deste que, objetivando garantir sua própria continuidade, atendem às demandas da acumulação e ajudam a construir uma ordem econômica a ela favorável. (OFFE; RONGE, 1984, p. 124).

Sendo assim, o critério das políticas do Estado consiste em adotar medidas e criar condições a fim de que todos os sujeitos introduzam sua propriedade – bens ou força de trabalho – nas relações de trabalho. A proposta é atingir o interesse geral nas relações de troca. É agir no interesse comum de todos os que compõem a sociedade de classes capitalista. Por isso é que não se deve enxergar, por exemplo, a política educacional do Estado como uma forma de qualificar pessoas para atender aos anseios capitalistas, pois ninguém sabe qual empresa dependerá de que tipo de qualificação nem em que quantidade. A forma correta de interpretação, consoante os autores, reside em enxergar essa política como uma maneira de aumentar as opções de troca tanto para o capital quanto para a força de trabalho, permitindo que mais membros das duas classes possam participar das relações de trocas capitalistas. (OFFE; RONGE, 1984, p. 128-129).

> O fato de que certos grupos capitalistas (ou categorias da força de trabalho) sejam mais favorecidos que outros, não é o objetivo, mas o subproduto necessário de uma política que está voltada, de forma abstrata, para a conservação e a universalização da **forma-mercadoria**. (OFFE; RONGE, 1984, p. 129, grifo nosso).

Resumindo as ideias: o Estado capitalista não visa beneficiar uma classe em detrimento de outra, mas sim adotar práticas que possibilitem que cada vez mais pessoas, de ambas as classes, participem das relações de troca. Por isso, fomenta o processo de acumulação e de proletarização ativa, resultando no favorecimento de certos grupos em desfavor de outros apenas como um efeito dessas políticas e não como seu fim.

Apesar de compreender a explicação de Offe e Ronge, ousa-se discordar em certa medida desse entendimento, porque se um Estado é dependente do processo de acumulação capitalista e visa, por isso mesmo, conservar e universalizar mediante suas políticas a "forma-mercadoria", o que inclui a força de trabalho, no mínimo, isso já corresponde ao fato de uma classe estar numa posição privilegiada, capaz de gerar influências, mesmo que indiretas, sobre a atuação estatal (o que não retira, é verdade, a possibilidade de outras classes gerarem influências sobre o Estado).

Por outro lado, é perfeitamente plausível pensar nas políticas sociais como forma de legitimação do Estado e de compensação dos problemas que se originam do capitalismo, porque permitem melhorar as condições de dignidade não só do trabalhador, mas das pessoas de um modo geral.

Se essas políticas visam ou não, camufladamente, anestesiar e adormecer a classe operária isso é um assunto que pode ser discutido. De todo modo, se for verdade, é algo que vem permeado de ambiguidades, pois ao serem concedidos certos direitos sociais aos trabalhadores, modifica-se a posição da classe operária nesse jogo de influências, permitindo-lhe gerar interferências no Estado.

Mas essas são apenas as explicações da emergência e desenvolvimento do *Welfare State* que se pautam em condicionantes predominantemente de ordem econômica. Ao lado delas, conforme exposto, há também estudos que explicam o fenômeno de acordo com condicionantes de ordem política, dos quais também podem ser apreendidas boas lições.

Dentro desses estudos, está o subgrupo dos que consideram o *Welfare State* como resultado da ampliação progressiva de direitos - dos civis aos políticos, dos políticos aos sociais[48] -, subgrupo no qual aparece uma noção importante, a noção de cidadania, que emerge do estudo da obra de T. H. Marshall, para quem existe uma espécie de igualdade que tem sido designada por esse nome.

Recorrendo-se diretamente à obra do autor, nota-se que para ele há uma espécie de igualdade humana, associada ao conceito de participação integral do indivíduo na comunidade, a qual tem sido identificada com o status de cidadania. Segundo esse conceito, as desigualdades entre classes sociais podem ser aceitas desde que garantida essa forma de igualdade. (MARSHALL, 1967, p. 72).

---

(48) Nesse subgrupo, encontram-se autores como T. H. Marshall (*Cidadania, Classe Social e Status)*, Pierre Rosanvallon (*La Crise de l'État Providence)* e François Ewald (*L'État-Providence).*

A relação disso com o tema do Estado de Bem-Estar Social é que a cidadania comporta três dimensões de direitos: civis, políticos e sociais. Conforme Marshal, os direitos civis são aqueles necessários ao exercício da liberdade individual, como a liberdade de ir e vir, de pensamento, de imprensa etc. Os direitos políticos são os relacionados à participação do exercício de poder, seja como autoridade política ou como eleitor. Os direitos sociais, por fim, dizem respeito à garantia de um mínimo de bem-estar e ao direito de ter assegurada a possibilidade levar a vida de acordo com os padrões do que a sociedade considera como digno. (MARSHALL, 1967, p. 64).

Essas três dimensões de direito, que já estiveram reunidas de forma inseparável em tempos pretéritos, foram se desmembrando com o tempo e com as mudanças que se introduziram em cada época. Quando as instituições das quais esses três elementos dependiam se desligaram uma das outras, eles também se tornaram partes estranhas entre si, cada um com seu próprio caminho e velocidade de desenvolvimento. No caso dos direitos sociais, por exemplo, que tinham lugar nas formas de participação das pessoas nas comunidades e nas guildas, assistiu-se a seu desmanchar com as mudanças realizadas no campo econômico, reafirmando-se novamente somente séculos depois. (MARSHALL, 1967, p. 65).

A desintegração, ou o "divórcio", entre essas esferas de direitos foi tão grande que é possível atribuir o desenvolvimento de cada uma delas a um século diferente, mesmo que se deva levar em consideração que isso não pode ser visto de forma estática e rígida, mas de forma elástica e com certo entrelaçamento entre esses três elementos da cidadania. A partir dessa meditação, pode-se atribuir a formação/consolidação dos direitos civis ao século XVIII, dos direitos políticos ao século XIX e dos direitos sociais ao século XX. (MARSHALL, 1967, p. 66).

Essa ampliação progressiva de direitos, não só no sentido da passagem dos direitos civis aos políticos, e dos políticos aos sociais, mas também no sentido da ampliação de cada uma dessas dimensões em si mesmas, com o incremento do conteúdo de cada uma delas ou simplesmente com o alargamento de sua abrangência, estendendo-se a cada vez mais pessoas (porque se deve lembrar que a ampliação de direitos nem sempre significa criar novos direitos, mas sim universalizá-los), serve-se útil à explicação da cidadania e à manifestação de um Estado de Bem-Estar Social.

O reencontro desses direitos ao longo do tempo, os quais já estiveram fundidos e se separaram em algum momento da história, possibilita o exercício da cidadania, demonstrando que a participação integral na comunidade só é possível com a presença desses três tipos de direitos, os quais, em constante progressão, resultariam no *Welfare State.*

Por essa razão, Arretche cita também dentro desse subgrupo Pierre Rosanvallon, autor que entende que o Estado de Bem-Estar Social, ou Estado Providência, é uma forma de extensão, aprofundamento e prolongamento do "Estado-protetor 'clássico'" – o Estado Moderno modelado entre os séculos XIV e XVIII, que tinha como função garantir segurança e reduzir incertezas para o indivíduo –, como o efeito do movimento democrático e igualitário que se desenvolve partir do século XVIII. (ROSANVALLON, 1984, p. 18-20).[49]

Segundo Rosanvallon, os direitos econômicos e sociais seriam uma espécie de prolongamento natural dos direitos cívicos, porque, se para ser considerado cidadão era preciso ser proprietário, então seria necessário criar condições materiais para que todos pudessem ter a chance de se tornar proprietários. (ROSANVALLON, 1984, p. 20).

Nesse sentido, o movimento democrático não faria mais que "reivindicar os direitos completos de cidadania para todos os indivíduos, o direito de sufrágio e também o direito de protecção económica". De acordo com o autor, é inclusive "nesta perspectiva que devem ser compreendidas as primeiras formulações do direito ao trabalho". (ROSANVALLON, 1984, p. 20).

Sob esse ângulo, o surgimento de direitos sociais, como o Direito do Trabalho, faz parte de um processo de democratização da sociedade, com a criação de novos direitos e ampliação do conteúdo e da extensão de direitos já consagrados a cada vez mais pessoas.

Resultante dessa expansão de direitos, o Estado de Bem-Estar Social se tornou mais complexo que o Estado-protetor clássico, porque sua proteção se estendeu a novos direitos. Além de proteger a vida e a propriedade dos indivíduos, adquiriu a função de exercer ações positivas, como aquelas relacionadas à distribuição de renda e à regulamentação das relações sociais. (ROSANVALLON, 1984, p. 19-20).

Mas sobre a transformação do Estado-protetor em Estado Providência, ainda é preciso fazer menção a três lições interessantes de Rosanvallon, as quais se somam a sua premissa de que o Estado de Bem-Estar é produto de um movimento democrático e igualitário que se dá em meados do século XVIII.

---

(49) Rosanvallon considera que não é possível compreender a dinâmica do Estado Providência por meio de uma "leitura curta" da história, a qual tenta explicar seu desenvolvimento relacionando-o aos "movimentos do capitalismo e do socialismo nos séculos XIX e XX". Para o autor, ler o Estado de Bem-Estar Social como um "meio-caminho" entre socialismo e capitalismo ou como uma forma de compensação dos desequilíbrios econômicos e sociais do capitalismo não é muito esclarecedor. Assim, propõe uma leitura diferente, que explica o aparecimento do Estado providência como uma extensão ou prolongamento do "Estado-protetor clássico" modelado nos séculos XIV e XVIII, prolongamento este que não quer dizer que possuem a mesma forma ou se baseiem nas mesmas instituições. (ROSANVALLON, 1984, p. 18-21).

A primeira delas é a proposição de que essa transição do Estado-protetor em direção ao Estado Providência consiste numa adaptação do Estado à nova forma de representação que a sociedade faz de si mesma. Conforme o autor, a pressão da economia política promoveu o alargamento da representação do indivíduo, em sua dimensão econômica e social, modificando, com isso, a própria sociedade. Esta deixou de se conceber como corpo social para se conceber como mercado, ou como uma "sociedade de mercado", de modo que a passagem do Estado-protetor ao Estado Providência traduz essa transformação da sociedade. (ROSANVALLON, 1984, p. 21).

A segunda lição é a proposição de Rosanvallon de que tal transformação do Estado é reveladora de outra ideia, não excludente da anterior: a ideia de "substituir a incerteza da proteção religiosa pela certeza da proteção estatal". Sob essa lógica, o Estado deixa de ser um Estado-protetor, de "segurança policial", para se tornar Estado de "seguro", que gere "os riscos e o acaso". (ROSANVALLON, 1984, p. 22).

A partir desse prisma, além de uma confirmação da laicidade estatal, a passagem para o Estado de Bem-Estar Social consiste, portanto, em um movimento em direção a um Estado mais atuante, que aumenta sua esfera de abrangência para alcançar o campo da seguridade social.

A terceira lição reside na afirmação de que a progressão do Estado Providência se dá, do século XIX ao XX, de forma descontinuada e intervalada por ocasião das crises econômicas, sociais e internacionais que se dão nesse período, crises estas que se revelam como "*tempos de provação devido aos quais há uma reformulação mais ou menos explícita do contrato social*" entre os indivíduos e o Estado. É o que se vê, por exemplo, pelas experiências das guerras, cujo fim demonstrava sempre uma reafirmação dos laços sociais e uma democratização das relações, reafirmando, assim, o próprio Estado Providência. (ROSANVALLON, 1984, p. 24).

O Estado de Bem-Estar Social, seguindo essa linha de raciocínio, é uma nova vertente do Estado Moderno, que se desenvolve a partir do Estado Liberal, mas que o supera, de certa forma, por meio de uma refundação no contrato social, que passa a exigir do Estado contratado uma postura mais ativa e garantidora perante a sociedade.

O contrato social do Estado Providência é, por isso, um contrato mais completo, um contrato de solidariedade que repensa até mesmo a noção de responsabilidade que se fazia presente no período liberal, em que qualquer dano sofrido pelo indivíduo, incluindo aqui os danos causados por acidente de trabalho, era de sua própria responsabilidade, não podendo ser compartilhado com a comunidade. Ao reconhecer que a sociedade industrial é, por natureza, uma sociedade causadora de danos, reconhece-se igualmente que o direito civil e os paradigmas liberais de responsabilidade não são suficientes para regular a vida social, substituindo-os, aos poucos, pelos direitos sociais e pelo princípio da solidariedade. A passagem do século XIX ao XX presencia o desenhar do paradigma da solidariedade. O surgimento de leis sobre acidente de trabalho é prova disso. (EWALD, 1986 *apud* ARRETCHE, 1995, p. 22).

No que diz respeito ao Direito do Trabalho, essa forma de entender as origens do Estado de Bem-Estar Social explicaria também por que esse ramo do direito assistiu a seu crescimento no século XX, durante o despontar e desenrolar dessa versão de Estado Moderno, em que pairou o clima de solidariedade, favorecido, por exemplo, pelas duas guerras mundiais.

Outro ponto que merece destaque é que, sendo a cidadania a reunião de direitos civis, políticos e sociais, o Direito do Trabalho se mostra como mais um dos direitos cuja titularidade favorece aquele tipo de igualdade que garante a participação integral do indivíduo na sociedade.

O próximo subgrupo das condicionantes de ordem política é o dos autores que consideram o Estado de Bem-Estar como o resultado de um compromisso entre capital e trabalho. Nele, Marta Arretche destaca o pensamento de Ian Gough, autor do livro *The Political Economy of the Welfare State*, para quem o Estado de Bem-Estar Social é apenas uma das facetas do Estado capitalista: a faceta social. Segundo a professora, Ian Gough:

> [...] mantém a perspectiva marxista, segundo a qual o Estado age essencialmente na defesa dos interesses da classe capitalista. No entanto, é a ameaça de um movimento social forte (sob a forma de greves, derrotas eleitorais, movimentos revolucionários) que faz com que a classe capitalista pense e aja de forma coesa e estratégica e, portanto, reestruture o aparato estatal para esta finalidade.
>
> [...] Neste sentido, mesmo a reformulação do Estado em direção a formas mais centralizadas de formulação de políticas – ainda que sua gestão possa ser delegada às instâncias locais – foi essencialmente uma reação da classe capitalista, ameaçada em sua reprodução pela força do movimento social organizado. No caso do *Welfare State*, isto implicou, no período do pós-guerra, a coincidência de interesses entre capital e trabalho, ainda que por diferentes razões. Isto é, nos períodos de inovação e crescimento das políticas sociais, ambas as classes fundamentais (burguesia e proletariado) viam tais políticas como sendo de seu interesse, ainda que por razões absolutamente distintas. A classe trabalhadora, porque qualquer política que atenue as dificuldades e modifique o jogo cego das forças de mercado é bem-vinda. A classe capitalista, porque isto reduz o descontentamento da classe trabalhadora, provê novas modalidades de integração e controle

sobre esta classe e oferece ainda benefícios ideológicos e econômicos. (ARRETCHE, 1995, p. 25).

O Estado de Bem-Estar Social, de acordo com essa visão, seria fruto de um compromisso entre capital e trabalho no período pós-guerra, que visava atender os interesses de ambas as partes, mas que serviu principalmente como meio para que o processo de acumulação capitalista continuasse sua caminhada.[50]

Essa forma de enxergar o *Welfare State* é compatível com argumentos de outras literaturas não mencionadas pela autora do artigo, cabendo aqui, entretanto, citá-las como forma de trazer contribuições ao estudo do Direito do Trabalho, uma vez que ele mesmo é visto, por alguns autores, como um direito de compromisso.

Sendo assim, antes de qualquer coisa, socorrendo-se dos ensinamentos de Alain Bihr, vale dizer que compromisso[51] é a palavra certa para designar o que se operou entre capital e trabalho no período pós-Segunda Guerra Mundial, tendo em vista não ter sido ele o produto de duas vontades livres, como ocorre nos contratos de Direito Civil. (BIHR, 1998, p. 36).

Em primeiro lugar, porque foi imposto a cada um de seus atores "pela própria 'lógica' do desenvolvimento anterior do capitalismo" e pelo relativo equilíbrio de forças entre burguesia e proletariado depois de anos de luta. (BIHR, 1998, p. 36).

Em segundo lugar, porque, mesmo nos países onde se apresentou oficialmente, o compromisso não decorreu de negociações ou discussões entre as partes protagonistas, significando, em muitos casos, um processo "cego" e "ilusório" para ambas. (BIHR, 1998, p. 36-37).

---

(50) Isso também pode ser notado no caso americano, quando, para "salvar o capitalismo", implantaram-se políticas públicas voltadas à satisfação de empresários e trabalhadores, desviando os últimos de qualquer tentativa de revolução: "Quando Franklin Roosevelt assumiu a presidência dos EUA (março de 1932), era forte o receio de que o capitalismo não sobrevivesse à crise. A adopção do *New Deal* significa que a Administração de Roosevelt assumiu como objectivo essencial o de evitar o colapso da ordem capitalista. O governo legislou no sentido de regular a actividade bancária e o mercado financeiro, concedeu subsídios aos desempregados e aos idosos e pensões aos veteranos de guerra, ofereceu apoio aos agricultores, desvalorizou o dólar, baixou as taxas de juros, apoiou a recuperação e a reestruturação de empresas, instituiu o salário mínimo, reconheceu a liberdade de organização sindical e o direito à contratação coletiva, lançou grandes programas de obras públicas para combater o desemprego. **O *New Deal* procurou ir ao encontro das necessidades mais prementes dos trabalhadores, furtá-los à tentação revolucionária e conseguir apoio popular para as suas políticas. Mas estas procuraram também satisfazer os (grandes) empresários, fazendo deles parceiros do estado no 'governo da economia'**". (NUNES, 2008, p. 54, grifo nosso).

(51) Pedem-se desculpas por repetir a palavra "compromisso" tantas vezes, mas isso se justifica por não querer correr o risco de substituí-la por outra que seja inadequada e não expresse seus contornos.

Em terceiro lugar, porque:

> [...] não se deu diretamente entre os membros das próprias classes, mas entre *intermediários organizacionais e institucionais* que lhes serviram de representantes oficiais, adquirindo ou reforçando esse *status* nessa ocasião: organizações sindicais e políticas do movimento operário, de um lado, organizações profissionais do patronato, de outro, **com o Estado entre elas, presente ao mesmo tempo como juiz (responsável, árbitro) e como parte interessada: ficaria encarregado de colocá-lo em prática visando ao interesse geral do capital**, cuidando para que fosse aplicado e respeitado por meio das organizações representativas de cada uma das duas classes em luta. (BIHR, 1998, p. 37, grifo nosso).

Em quarto e último lugar, porque esse compromisso não pôs fim à luta de classes. O que fez, no máximo, foi circunscrevê-la aos termos do compromisso. (BIHR, 1998, p. 37).

O compromisso, portanto, não se confunde com um acordo ou com um contrato entre capital e trabalho. Caso contrário, as partes teriam negociado entre si e estabelecido suas cláusulas e condições diretamente e por espontânea vontade.

Cuida-se, na verdade, de algo propiciado pelo próprio contexto histórico – permeado pelas incertezas da guerra, caos, crises cíclicas, medo da revolução e de uma alternativa ao capitalismo etc. –, o que levou ao acatamento do compromisso pelas duas partes, cada uma por seus próprios motivos.

É o que semelhantemente se verifica pela explicação de Massimo D'Antona (1998, p. 311) ao examinar o processo de constitucionalização do Direito do Trabalho, que se deu no contexto pós-Segunda Guerra Mundial. Conforme aponta, na Europa Ocidental, as Constituições desse período passaram a propor como valor jurídico uma cláusula de compromisso entre classes até então drasticamente opostas, tendo em vista suas diferentes posições no processo produtivo, agindo como uma forma de "pacificação" aceita pelas classes dominantes diante da possibilidade de uma "guerra civil interna".

Com isso, pela primeira vez, o princípio do Estado Social, o Direito do Trabalho e a Seguridade Social passaram a ter evidência normativa no plano constitucional, tudo como parte desse compromisso político do qual também derivou um fator de legitimidade para os Estados europeus, já que nessa época se seguiu um desenvolvimento econômico extraordinário. (D'ANTONA, 1998, p. 311).

É que no período pós-guerra se fez presente um *boom* econômico, que durou até, aproximadamente, a década de 1970, o qual favoreceu a consagração das funções paradoxais do Estado: acumulação e legitimação.

Isso foi possível, afirma García Herrera (2015, p. 56), pela estabilidade provocada pelo acordo de Bretton Woods[52] e pelas condições peculiares que envolveram o processo de reconstrução europeia após a guerra, os quais permitiram a existência de um cenário de bem-estar, sem que se questionassem as bases do capitalismo.

Tal fato demonstra que o compromisso não consiste em algo desejado pelo capital e trabalho, mas algo que simplesmente a ele aceitaram se submeter diante das circunstâncias do tempo. Tanto é assim, que, embora houvesse a chamada "pacificação", a luta de classes não se encerrou. Em vez disso, ela ficou circunscrita ao compromisso, o que representou, por sua vez, ambivalências e contradições tanto para o proletariado quanto para a classe dominante, os quais viram sua força aumentar e reduzir concomitantemente.

Ao tratar do modelo social-democrata, por exemplo, Alain Bihr expõe que o compromisso significou para o proletariado seu apogeu, mas, ao mesmo tempo, seu limite e o início de seu declínio. Isso porque, ao aceitar o compromisso, na perspectiva e intuito de sair da miséria e vencer as incertezas do futuro, o proletariado obteve a aquisição e o reconhecimento de muitos direitos (formais e reais), cujo respeito seria garantido pelo intermediador Estado. Entretanto, ao fazê-lo, abandonou sua ambição revolucionária - de emancipar o Estado do capitalismo, de contestar a legitimidade do poder da classe dominante sobre a sociedade, de se libertar da exploração do capital a partir da conquista e exercício do poder estatal - restringindo-se a seu aspecto reformista, resumindo sua atuação a uma constante renegociação dos termos do compromisso, limitando-se a discutir assuntos como jornada de trabalho, salário, planos de carreira etc., tornando as organizações do movimento operário espécies de "cães de guarda do capital". Agindo assim, "o proletariado renunciou à sua 'aventura histórica' em troca da garantia de sua 'seguridade social'". (BHIR, 1998, p. 20-21, 36-38, 45-46).[53]

---

(52) Segundo Varoufakis (2017, p. 91-93), a conferência de Bretton Woods, realizada em julho de 1944, reuniu, a pedido do Presidente americano, Franklin Roosevelt, 730 delegados de várias nações do globo para tratar da ordem monetária mundial do pós-guerra. Nessa conferência, entre outras coisas, ficou estabelecido um regime de taxa de câmbios, segundo o qual o dólar estaria no centro. Cada país atrelaria sua moeda ao dólar, com base em determinada taxa de câmbio, que só poderia variar em torno de um por cento, para mais ou para menos. A taxa de câmbio poderia ser renegociada caso "ficasse demonstrado que, dadas as suas reservas de dólares, sua balança comercial e sua balança de fluxos de capital não podiam ser mantidas". Para gerar confiança nesse sistema, o dólar, por sua vez, estaria lastreado no ouro, na base de US$ 35 por onça. Assim, qualquer pessoa poderia trocar seus dólares por ouro.

(53) Renunciar à "aventura histórica", diz Alain Bihr, "[...] É renunciar à luta revolucionária, à luta pela transformação comunista da sociedade; renunciar à contestação à legitimidade do poder da classe dominante sobre a sociedade, especialmente sua apropriação dos meios sociais de produção e as finalidades assim impostas às forças produtivas. É, ao mesmo tempo, aceitar as novas formas capitalistas de dominação que vão se desenvolver pós-guerra, ou seja, o conjunto das transformações das condições de trabalho e, em sentido mais amplo, de existência que o desenvolvimento do capitalismo vai impor ao proletariado nesse período". (BIHR, 1998, p. 37).

O compromisso, por assim dizer, foi simultaneamente triunfo e "derrota". Triunfo, na medida em que implicou a garantia de direitos para o proletariado, que pôde vislumbrar um estilo de vida um pouco melhor. "Derrota", na medida em que, almejando sair da miséria e ter uma vida digna, o movimento operário abdicou de seu projeto de transformar a sociedade.

Além disso, o compromisso significou para o proletariado o aumento de sua dependência em relação ao Estado em sua vertente de Estado Providência, uma vez que este se transformou no garantidor de sua seguridade social, por meio da introdução de normas como o Direito do Trabalho e de outras políticas públicas, que atendiam outras esferas da vida, como educação, saúde e lazer.

No caso do movimento social-democrata, o reforço dessa dependência se deu tanto no plano prático quanto ideológico, já que esse movimento, seja em sua vertente revolucionária ou reformista, tem como característica o "fetichismo do Estado", considerando-o como a "via obrigatória para emancipação do proletariado". (BIHR, 1998, p. 20 e 47).

Quanto à classe dominante, cabe dizer que o compromisso foi ambivalente, porque, ao mesmo tempo que lhe permitiu "neutralizar" o conflito operário - fazendo da satisfação dos anseios dos trabalhadores sua fonte de legitimidade e motor do processo de acumulação -, deixou claro à burguesia que sua dominação não poderia ser completa, já que existia a possibilidade de os "dominados" rediscutirem os termos do compromisso. É que, ao integrar a classe operária à estrutura capitalista, tornando-a uma engrenagem do sistema, o compromisso fez de seu movimento[54] uma força capaz de fazer o sistema girar, mas com poder de a ele se opor e limitar. (BIHR, 1998, p. 38 e 44).

É nesse sentido, inclusive, que o Direito do Trabalho pode ser visto como um direito de compromisso, dado que, ao atender os anseios da classe trabalhadora, legitima e faz o sistema capitalista se movimentar, enquanto as manifestações obreiras são adormecidas (mas só até certo ponto, uma vez que os direitos que lhe são concedidos também alteram sua posição de equilíbrio).

O que se pode dizer sobre o assunto é que, se as lutas da classe operária se constituíram na forma mais intensa de contestação do direito clássico, fato é que a classe burguesa "aprendeu as lições da história" e passou a adotar *soluções de compromisso* que, embora introduzissem na ordem capitalista princípios contrários aos "dogmas" liberais, permitiam, por outro lado, a continuidade do sistema, anestesiando as classes trabalhadoras. (NUNES, 2008, p. 50).

---

(54) A palavra movimento tem um duplo sentido nessa frase, querendo se referir tanto ao "movimento operário" quanto ao movimento como expressão do verbo "movimentar".

O compromisso é, sob esse ponto de vista, uma espécie de apropriação da questão social pelo capitalismo, que assim age para se manter vivo diante das pressões do movimento social organizado e do medo de uma alternativa ao modelo capitalista. É uma forma de renovação e reinvenção do capitalismo, que se apodera de um discurso e atitude mais socializante, para dar continuidade ao processo de acumulação.

Nesse ponto, vê-se que a ideia do Estado de Bem-Estar como resultado de um compromisso entre capital e trabalho não é necessariamente incompatível com o daqueles que veem essa vertente estatal como uma resposta às necessidades de acumulação e legitimação do sistema capitalista. São condicionantes econômicas e políticas, respectivamente, compatíveis entre si.

Antes de prosseguir no resumo, deseja-se tão somente assinalar que o estremecimento do capitalismo, o medo da revolução, o medo do socialismo como alternativa ao capitalismo e a dificuldade de resposta às reivindicações trabalhistas acabaram por dar origem também a Estados fascistas, baseados no corporativismo e na negação da luta de classes. Nas lições de António José Avelãs Nunes:

> [...] O medo da revolução levou o "estado social" a assumir a forma de *estado fascista*, anti-liberal, anti-democrata e anti-socialista [...]. E a verdade é que, em alguns das suas versões, o fascismo (nacional-socialismo) se assumiu abertamente como *anti-capitalista*, procurando superar o capitalismo e o comunismo com base na *cooperação entre as classes* em busca do *bem comum*, o único admissível em sociedade nas quais se aboliram por decreto as classes sociais.
>
> [...] A economia passa a integrar a esfera política [...] e o estado assume o direito (e o dever) de intervir na economia, para a promoção do "bem comum" [...].
>
> [...] Mas a direção corporativa da economia foi entregue ao grande capital, que controlava as estruturas corporativas, sem os constrangimentos resultantes da acção dos sindicatos (proibidos ou "corporativizados") e dos partidos de esquerda (empurrados para a clandestinidade e condenados como "inimigos internos" por imposição do partido único) e com o apoio, sem limites do aparelho repressivo do estado fascista.
>
> Na sua essência, o estado fascista foi anti-trabalhadores, porque foi anti-democrata e anti-socialista. É hoje inequívoco que o estado fascista e os partidos nazi-fascistas foram instrumentos do grande capital. [...]. (NUNES, 2008, p. 55)

Esse espírito corporativista e de cooperação entre classes pode ser verificado claramente na *Carta del Lavoro*, promulgada em abril de 1927, na Itália fascista de Mussolini, na qual se previa, entre outras coisas: que o trabalho, em todas as suas formas, era um dever social e, por isso mesmo, era tutelado pelo Estado; que a organização sindical ou profissional era livre, mas somente sindicatos legalmente reconhecidos e subordinados ao controle do Estado teriam legitimidade para representar os interesses da categoria perante o ente estatal, para celebrar contratos coletivos obrigatórios para todos os membros da categoria, para impor a eles contribuições etc.; que a solidariedade entre os diversos fatores de produção encontrava sua expressão concreta nos contratos coletivos de trabalho, diante da conciliação entre interesses opostos dos empregados e trabalhadores, os quais estavam subordinados aos interesses maiores da produção; que as associações legalmente reconhecidas asseguravam igualdade jurídica entre empregadores e empregados; que a iniciativa privada era o meio mais eficaz ao interesse da nação no âmbito da produção e que da colaboração das forças produtivas resultava a reciprocidade de direitos e deveres, sendo o trabalhador um colaborador ativo da empresa, cuja direção cabia ao empresário.

O Estado fascista, por assim dizer, criou um espaço controlado da ação trabalhista. Ao partir de um discurso de colaboração e conciliação entre classes opostas e ao restringir a legitimidade da atuação sindical aos sindicatos reconhecidos pelo ente estatal, ou mesmo proibir sua existência, o fascismo negou a luta de classes e o conflito subjacente às relações de trabalho, os quais sempre moveram as classes trabalhadoras, e acabou por destruir parte da dimensão coletiva e democrática do Direito do Trabalho.

Feita essa pequena observação, volta-se à tarefa a que se propôs neste tópico. Assim, dando seguimento ao estudo dos subgrupos pertencentes ao grupo maior das condicionantes políticas, menciona-se brevemente a existência do subgrupo que considera o *Welfare State* como o resultado da capacidade de mobilização de poder da classe trabalhadora no interior de distintas matrizes de poder, o que resulta igualmente em diferentes regimes desse modelo de Estado.

É que se observa que as políticas sociais têm graus discrepantes de distribuição mesmo em países onde a capacidade de pressão dos movimentos operários é semelhante, concluindo-se que somente contextualizando os níveis da capacidade de pressão operária com as distintas matrizes de poder é que se pode explicar os diversos regimes de política social. (ARRETCHE, 1995, p. 27).

Assim, por meio dessa análise, divide-se o Estado de Bem-Estar Social em distintos regimes, os quais variam de acordo com os diferentes níveis de pressão da classe trabalhadora sobre diversas matrizes de poder político.

Os tipos de *Welfare State* apresentados no artigo de Marta Arretche tomam como base as pesquisas de Esping-Andersen, classificando-se em regime ou modelo liberal, regime ou modelo conservador e regime social-democrata. (ARRETCHE, 1995, p. 28-29).

O Estado de regime liberal, cujos exemplos são Estados Unidos, Austrália e Canadá, é aquele no qual a assistência visa cobrir apenas pessoas comprovadamente pobres e os planos de previdência são mais limitados. Nesse modelo: "Os benefícios atingem principalmente uma clientela de baixa renda, em geral da classe trabalhadora ou dependentes do Estado". (ESPING-ANDERSEN, 1991, p. 108).

O Estado de regime conservador, que abrange países como Áustria, Alemanha, Itália e França, é aquele em que:

> [...] a obsessão liberal com a mercadorização e a eficiência do mercado nunca foi marcante e, por isso, a concessão de direitos sociais não chegou a ser uma questão seriamente controvertida. O que predominava era a preservação das diferenças de *status;* os direitos, portanto, estavam ligados à classe e ao *status.* (ESPING-ANDERSEN, 1991, p. 109).

O Estado de regime social-democrata, por fim, é aquele onde os direitos sociais atingem uma característica mais universal e "desmercadorizante", com altos níveis de igualdade, solidariedade e qualidade de vida, mais comum nos países escandinavos. Esse modelo, diferentemente dos anteriores, adota o pleno emprego como parte de sua política de bem-estar, porque entende que esta é uma forma de minimizar problemas sociais e maximizar os rendimentos, já que implica mais pessoas trabalhando e menos pessoas dependendo de transferências sociais. (ESPING-ANDERSEN, 1991, p. 110).

Sem dúvidas, dos três modelos de *Welfare State,* o último é o que atinge melhor a função de "desmercadorizar" o ser humano, pois promove uma cobertura mais ampla de proteção social sem estigmatizar seus beneficiários, favorece a formação da solidariedade entre a população e estimula a emancipação do indivíduo por meio de políticas de pleno emprego.

Essa forma de classificar os Estados de Bem-Estar, no entanto, não foca em países latino-americanos, como se pode notar. Outras classificações fazem o mesmo. José Luís Fiori cita algumas delas em seu artigo *Estado do Bem-Estar Social: Padrões e Crises,* mas a conclusão é que nenhuma delas leva os países periféricos em consideração ao formular uma tipologia. Sendo assim, numa tentativa de enquadrar o caso brasileiro em alguma delas, Fiori situa o Brasil mais próximo do modelo corporativista/conservador. (FIORI, 1997, p. 8).

Apesar disso, é importante esclarecer, como o próprio Esping-Andersen (1991, p. 110) o faz, que essas classificações têm cunho genérico, sendo uma tentativa de agrupar características comuns dentro de certos modelos, tratando-se, na realidade, de uma tarefa didática, porque dificilmente são encontrados países com modelo liberal, conservador ou social-democrata em sua forma pura. Há sempre uma mescla de características de um modelo dentro de outro, ainda que em grau menor ou maior.

Tratado sobre esse assunto chega-se, por fim, ao último subgrupo apresentado no artigo de Marta Arretche, formado por aqueles que veem o Estado de Bem-Estar Social como o resultado de configurações históricas particulares de estruturas e instituições políticas.[55]

O que interessa sobre essa corrente, composta em maior parte por autores americanos, é sua oposição às pesquisas que enxergam as políticas sociais como decorrência de fatores externos à própria estrutura do Estado, com críticas, por exemplo, aos estudos que se orientam pela perspectiva de lutas de classes. (ARRETCHE, 1995, p. 30).

Para essa linha, as causas de origem e expansão do *Welfare State* estão associadas à estrutura e capacidade do Estado, não sendo atribuídas a aspectos a ele exteriores.

Com isso, finaliza-se o breve resumo das ideias presentes no artigo de Marta Arretche, resumo que pretendeu demonstrar o ponto de interseção entre as teorias explicativas do Estado de Bem-Estar Social e o Direito do Trabalho, acrescentando-se, quando foi possível e considerou-se necessário, observações além daquilo que continha no artigo.

---

(55) "Theda Skocpol, Ann Shola Orloff e Margareth Weir são autoras que seguramente desenvolveram, para os casos norte-americano, inglês e canadense, as pesquisas mais importantes dessa corrente analítica." (ARRETCHE, 1995, p. 28-29).

CRISES DO ESTADO E DIREITO DO TRABALHO

Capítulo 4

O mundo é sempre mais fragmentado, contraditório, desigual.
O Estado perde força. O capital derruba fronteiras.
Aumenta o desemprego, renasce o subemprego e o sindicato se enfraquece.
As leis que protegem o trabalhador já parecem um campo minado:
a cada passo podem explodir os seus pés.
(VIANA, 2000)

4.1. Considerações iniciais

Desde a Revolução Industrial, quando se introduziu a noção de economia de mercado e o trabalho passou a ser tratado como uma mercadoria qualquer, a luta do movimento operário se tornou a luta contra a forma-mercadoria, isto é, a luta contra a tentativa de transformar de maneira fictícia o trabalho em um item do mercado.

Desde então, assistiu-se a um crescimento dos movimentos trabalhistas, os quais, cada vez mais articulados e organizados, obtinham mais e mais respostas do Estado, por meio de leis heterônomas de cunho social e trabalhista.

A conquista de direitos civis, políticos e sociais iria contribuir para consolidar e institucionalizar o Direito do Trabalho no seio da sociedade e do Estado, ajudando-o a se colocar nas esferas constitucional e internacional, inclusive com menção expressa internacionalmente, por meio da Declaração de Filadélfia, de que trabalho não é mercadoria.

Mas se esse ramo do Direito é fruto de lutas, em certa medida também pode ser visto como produto do compromisso entre capital e trabalho no período pós-Segunda Guerra Mundial, visando não somente atender aos interesses opostos de ambas as partes, mas principalmente servir de legitimação ao sistema capitalista, demonstrando sob esse olhar a dualidade própria do Direito do Trabalho.

É que, por meio do compromisso, a classe trabalhadora aceitaria a dominação do capital sobre o processo de trabalho em troca da satisfação de alguns de seus anseios, enquanto a classe burguesa aceitaria incorporar ao capitalismo princípios contrários ao liberalismo econômico e soluções ligadas à questão social, a fim de possibilitar a continuidade do processo de acumulação capitalista.

No meio disso tudo, o Estado, com uma intervenção cada vez mais crescente, característica do período fordista, seria o intermediador do compromisso, garantindo seu cumprimento, por meio de políticas que favorecessem a acumulação e, simultaneamente, lhe servissem de legitimação.

Revestidas de "dupla face", suas intervenções faziam "eco aos reclames sociais, em particular aos movimentos de trabalhadores", ao mesmo tempo que permitiam a flexibilização do sistema e seu desenvolvimento, por meio de investimentos em obras de infraestrutura, que viabilizavam diversas atividades capitalistas. (MORAIS, 2011, p. 15).

Em verdade, o próprio Estado de Bem-Estar Social pode ser visto como o resultado desse compromisso entre capital e trabalho, um Estado que teria sua legitimidade atestada pelo *boom econômico* que viria nos trinta anos seguintes à Segunda Guerra Mundial, uma era dourada que faria parecer que o bem-estar do povo e o capitalismo poderiam caminhar juntos.

Nas palavras de Márcio Túlio Viana, esse era um momento em que tudo se encaixava como num quebra-cabeça e em que existia uma estabilidade e previsibilidade no mundo. No trecho a seguir, o professor resume o espírito dessa época:

> O Estado dos tempos de Ford respondia aos seus anseios, pois se de um lado dava infraestrutura, com obras de todo tipo, de outra garantia o consumo com políticas de bem-estar, tudo segundo as lições de John Maynard Keynes.
>
> Naqueles tempos, o mundo se dividia em pedaços bem visíveis - o *Primeiro*, o *Segundo* e o *Terceiro* - e a própria vida tinha muito de previsível. Se houvesse uma guerra, seria entre EUA e URSS. Se fosse *prendada*, a mulher teria sempre um marido. Um anel de doutor significava boa casa, cassimira inglesa e viagens à Europa.
>
> E também os operários seguiam - ao seu modo - esse modelo. Repetindo gestos, em jornada inteira, e sem trocar de patrão, suas vidas eram tão uniformes como os uniformes que vestiam. Tinham o destino traçado pela história de seus pais, e assim seria também com os seus filhos.
>
> Aliás, tudo se articulava. Se os produtos eram previsíveis, pouco mutantes, também o trabalho era contínuo, estável, e a própria lei era rígida e abrangente. Fábrica e sindicato reuniam trabalhadores *em massa.* Um correspondia ao outro.
>
> **E também *em massa* eram a reprodução, o consumo e a própria norma trabalhista**. Integrando-se ao sistema, como *uma coisa dele*, o

Direito do Trabalho o legitimava, e quase se podia ver *um* através do *outro*. Mas isso nunca o impediu de ser – paradoxalmente – produto (e arma) da luta. [...] (VIANA, 2000, p. 156, grifo nosso).

Havia, portanto, uma espécie de mimetização entre Estado, fábrica, sindicato e Direito do Trabalho. Tudo era estável, grandioso e estava integrado à estrutura capitalista, funcionando como uma engrenagem perfeita para fazer o sistema girar.

Entretanto, como se sabe pelo estudo da história, tudo é finito e com esse período não foi diferente. Em princípio dos anos 1970, essa era começou a desmanchar-se, arrastando consigo o Estado de Bem-Estar Social, o Direito do Trabalho e, como relata Wolfgang Streeck (2018, p. 15), a relação de equilíbrio de poder entre as classes como nunca mais se viu na história do capitalismo.

Os "Trinta Gloriosos" encerraram seu ciclo. A época de forte crescimento econômico e de robustez dos Estados, os quais permitiram simultaneamente a realização de ambiciosos programas sociais e econômicos, teve seu fim. Não só o crescimento decaiu, como a mundialização e a globalização vieram registrar a decadência daquele que foi o principal responsável por realizar uma proteção social generalizada nesse período: o Estado-nação. (CASTEL, 2012, p. 194).

Por consequência, o Direito do Trabalho se viu afetado. Como isso, ocorreu e como vem ocorrendo desde 1970 é o que se pretende tratar neste capítulo. Se as peças do quebra-cabeça estavam bem encaixadas, a questão é que o mundo mudou e as peças também.

As formas de produzir, de trabalhar e de viver já não são exatamente as mesmas. A tecnologia e as políticas transformaram o mundo num lugar sem fronteiras. As mudanças são cotidianas e não existe previsibilidade. A obsolescência é programada e não só os produtos devem ser reinventados a cada dia, mas os trabalhadores também. As empresas estão cada vez mais enxutas. E se o Estado imita as empresas, como afirma Márcio Túlio Viana (2000, p. 165), ele também tem ficado cada vez mais enxuto, e talvez o Direito do Trabalho também esteja passando por um processo de "enxugamento".

As peças estão sendo modificadas para fazer a engrenagem girar. O estranho é que o relógio do tempo parece ter parado de andar para frente. Não se pode dizer que ele parou de funcionar, mas parece que estamos voltando no tempo e o único que segue a caminhada em diante é o capital, sempre reinventado e cada vez mais fortalecido. Tudo parece mudar e se transformar para que ele avance.

4.2. Pilares do Direito do Trabalho

Conforme já registrado, o Direito do Trabalho é fruto da combinação de uma série de fatores econômicos, sociais e políticos que se fizeram presentes e se desenvolveram a partir da Revolução Industrial.

Entre esses fatores se encontram, por exemplo, o uso do trabalho livre, subordinado e assalariado; o surgimento de uma nova forma de organização do processo produtivo, a "grande indústria", que tem como premissa a utilização de máquinas e a especialização das tarefas; a descoberta de ações coletivas surgidas no plano da sociedade e do Estado, o que se dá, entre outros, pela atividade sindical; e a atuação do Estado com a finalidade de responder às pressões obreiras, por meio de políticas sociais e legislações trabalhistas heterônomas.

Esses fatores, no entanto, não apenas propiciaram o desenrolar do Direito do Trabalho, mas também constituíram-se nos próprios pilares de sustentação desse ramo do Direito.

Segundo Massimo D'Antona (1998, p. 312-313), deve-se levar em consideração que a identidade do Direito do Trabalho da forma como a conhecemos hoje é uma construção histórica. O ordenamento justrabalhista, no caso dos países europeus, formou-se a partir da industrialização, o que se processou de maneira diferente em cada país. Após a Segunda Guerra Mundial, entretanto, no contexto de um processo de constitucionalização de certos valores e princípios, o que está intimamente ligado a um compromisso político mais amplo, o sistema trabalhista foi tomando a forma como o identificamos atualmente em diversas localidades.

D'Antona aponta que o Direito do Trabalho se funda em quatro pilares, todos eles pertinentes a esse contexto histórico e todos eles passando por profunda reestruturação, senão "demolição", na atualidade. Esses pilares são: o Estado-nação, a grande indústria, o pleno emprego e a representatividade dos sindicatos. (D'ANTONA, 1998, p. 313).

O Estado-nação, pilar que interessa para este estudo, é aquele que "regula no interior de seu território tanto os fenômenos políticos quanto os econômicos", criando uma unidade entre as "instituições políticas, a sociedade e o mercado". (D'ANTONA, 1998, p. 313).

Nesse sentido, no que diz respeito ao desenvolvimento histórico do Direito do Trabalho, a aspiração do Estado para regular o conflito social dentro de suas próprias fronteiras (com os mais diversos modos de intervenção) foi crucial para "preservar os mecanismos de acumulação capitalista e, ao mesmo tempo, manter a ordem social e as bases de legitimidade democrática do Estado". (D'ANTONA, 1998, p. 313).

Deve-se ter em mente, então, que o Estado, estruturado nesse contexto pós-Segunda Guerra, é apontado como um dos pilares desse ramo jurídico, porque, sob as mais diversas formas interventivas, regulou o conflito capital e trabalho no interior de suas fronteiras, momento em que o Direito do Trabalho e o Estado de Bem-Estar Social começaram a se expandir e a obter *status* constitucional em virtude do já comentado compromisso entre capital e trabalho.

Mesmo nos Estados fascistas, que assumiram uma postura corporativista, nota-se a ligação entre Estado e Direito do Trabalho, porque, ainda que negassem o conflito entre classes, estabeleciam um "ordenamento trabalhista", como se viu pela *Carta del Lavoro*, que mantinha as questões de trabalho sob o estrito controle estatal.

Esse nexo entre o Estado-nação e o Direito do Trabalho mostra-se existente pelos aspectos anteriormente mencionados e pela própria história do surgimento e desenvolvimento desse sistema jurídico. No entanto, a conexão entre ambos tem se revelado mais evidente na medida em que a ordem juslaboral tem sentido os impactos da reestruturação de suas bases ou pilares.

No caso europeu, por exemplo, isso se fez claro quando o Estado passou a transferir parcelas de seu poder de decisão para entidades supranacionais, como a União Europeia, as quais não têm a mesma legitimidade democrática dos Estados. O ponto é que, por não serem escolhidas por processos democráticos, essas entidades têm seus processos de tomada de decisão muito menos afetados do que os Estados por "valores sociais constitucionalizados e pela força do trabalho organizado" (D'ANTONA, 1998, p. 313), o que, como se pode imaginar, gera impactos no ordenamento justrabalhista.

> A perda do controle do Estado-nação sobre os fatos econômicos modifica, além dos poderes de regulamentação, as condições materiais sob as quais a legislação trabalhista que conhecemos foi construída. A extrema mobilidade dos investimentos e da localização produtiva encolhe as margens à disposição do Estado-nação para exigir, através da legislação do trabalho, que empresas que operam no seu território observem as restrições e os custos de proteção dos trabalhadores. (D'ANTONA, 1998, p. 313).[56]

Situações como essa é que colocaram em evidência a relação de implicância recíproca entre os elementos aqui estudados, porque, ao mesmo tempo que o Estado vê em declínio seu poder de impor o respeito de proteções trabalhistas às empresas, assim como seu poder de manter os direitos antes assegurados, tendo em vista inclusive a mobilidade que estas possuem nos dias de hoje, o Direito do Trabalho também se vê enfraquecido, já que os poderes supranacionais não se submetem às mesmas pressões a que se submete o Estado, uma vez que não são escolhidos de forma democrática como os representantes daquele. Fato é que, ao

---

(56) "La perdita di controllo dello Sato-nazione sui fatti economici, modifica, oltre alle competenze normative, anche le condizioni materiali in base alle quali il dirito del lavoro che conosciamo è stato costruito. Una per tutte: La estrema mobilità degli investimenti e delle localizzazioni produtive comprime i margini a disposizione dello Stato-nazione per imporre alle imprese che operano sul suo territorio, attraverso la legislazione del lavoro, i vincoli e i costi di protezione dei lavoratori." (D'ANTONA, 1998, p. 313).

transferir parte de sua soberania para o plano supranacional, o Estado perdeu poderes sobre a conformação do Direito do Trabalho.

Mas a supranacionalidade é apenas a ponta do *iceberg*. Para conhecer as crises do Estado e suas inferências no campo justrabalhista, é preciso mergulhar mais a fundo nesse oceano, o que será realizado nos próximos tópicos.

Antes, porém, de fazê-lo, deseja-se apenas deixar sublinhado que a demolição de cada um dos pilares do Direito do Trabalho tem pontos de conexão entre si, seja pelo fato de o enfraquecimento de um pilar gerar interferências no outro, seja pelo fato de um único agente conseguir provocar o enfraquecimento de um ou mais pilares ao mesmo tempo.

A título ilustrativo, a transformação da grande indústria pode ser atribuída aos novos modos de produzir e trabalhar, como a terceirização e o teletrabalho, que alteram substancialmente a configuração da organização produtiva, ricocheteando na representatividade sindical e no Estado, os quais também se veem afetados.

Se no período fordista, como discorre Márcio Túlio Viana (2000, p. 158-159), as fábricas eram "grandes", verticais e funcionavam por meio de rígidas hierarquias, no período pós-fordista, elas se horizontalizaram e foram ficando cada vez mais enxutas, não no sentido de ficarem menores, mas no sentido de não se interessarem em dominar todas as etapas do processo produtivo. Pelo contrário, o objetivo é eliminar estoques, espaços, tempo e até mesmo trabalhadores.

A terceirização ilustra bem isso. Cuida-se de uma forma de a grande fábrica se "enxugar" e se tornar "simples gerenciadora" dos fatores de produção, já que quase não precisa ter máquinas e operários, o que lhe dá, aliás, mobilidade territorial, permitindo-lhe se instalar onde houver mão de obra mais barata, sindicatos menos organizados, direitos sociais, tributários e, acrescenta-se a isso, direitos ambientais que lhe sejam mais benéficos. (VIANA, 2000, p. 158-159).

A grande fábrica está sendo superada pelo modelo de organização compacta. A desconcentração das produções, a formação de redes empresariais, o teletrabalho, a desmaterialização e a fragmentação da produção, a informatização da automação têm mudado drasticamente as formas de gestão e de controle da mão de obra, em que o trabalhador já não é mais ameaçado pelo controle de sua entrada e saída na fábrica, mas pelo extremo e contínuo controle inerente aos sistemas informatizados. (D'ANTONA, 1998, p. 314).

Esses fatores que afetam as estruturas da grande indústria, como se disse, também afetam os sindicatos. A fragmentação produtiva, gerada pela terceirização, ilustrativamente, provoca o distanciamento entre os membros da classe trabalhadora, criando divisões entre os próprios trabalhadores, os quais, apesar de laborarem num mesmo ambiente, podem ter direitos e empregadores diferentes, distinguindo-se em empregados da tomadora e terceirizados, perdendo por isso sua identificação como grupo a ser representado pela entidade sindical.

Os mesmos fatores afetam os Estados. Todos esses avanços tecnológicos e a mobilidade adquirida pelas empresas dificultam a ação estatal, pois elas mudam territorialmente seu aparato produtivo de acordo com o que lhe for conveniente, impondo aos Estados a lógica da concorrência entre seus sistemas normativos, os quais devem ser cada dia mais convidativos às empresas e, por isso, cada dia menos protetivos.

No que se refere ao pleno emprego, sua reestruturação e crise se ligam à promessa descumprida por grande parte das Constituições contemporâneas de garanti-lo e efetivá-lo, devendo-se apontar que o descumprimento dos programas constitucionais, é, em parte, decorrência, como aponta Morais (2011), da própria fragilização do Estado.

O ponto, conforme D'Antona (1998, p. 315-316), é que o Direito do Trabalho é concebido na maioria das Constituições como uma oportunidade concreta para que todos possam viver com dignidade graças ao emprego estável no trabalho subordinado, embora se perceba hoje que as novas gerações dificilmente podem contar com essa promessa. Assim, se o pleno emprego já não se apresenta como algo sustentável, a legislação do trabalho tampouco poderá se identificar com a relação de emprego subordinado, devendo a proteção jurídica se voltar ao trabalhador de um modo geral, entendido este como uma "pessoa que constrói um projeto de vida através do trabalho".

O que se pode perceber aqui é uma proposta de ampliação da esfera de proteção jurídica do Direito do Trabalho para além da regulação do emprego subordinado, expandindo sua área de abrangência e atenção para outras formas de trabalho que se verifiquem na contemporaneidade, como o autônomo.

Sem pretender esgotar as razões da reestruturação dos pilares do Direito do Trabalho, até porque o objetivo desta pesquisa é apenas tratar do pilar "Estado" e o estudo de cada pilar levaria a uma investigação bem mais intensa e extensa, esses são apenas alguns dos motivos que levam a tal. Dito isso, cabe agora realmente tratar do pilar que interessa: o Estado.

4.3. O Estado, o mercado e o nascimento do neoliberalismo

Desde seus primórdios, o Estado Moderno, fundado nos elementos soberania, território e povo, tem passado por transformações. De absolutista, transformou-se em liberal, de liberal transformou-se em social, tudo de acordo com o momento histórico vivido.

Há quem diga, como García Herrera (2005, p. 60-66), que, embora as Constituições ainda permaneçam se referindo ao Estado Social, este já foi superado, tendo se transformado no "Estado-mercado" ou "Estado econômico", um modelo de Estado influenciado mais pelo mercado do que por seus cidadãos e que prioriza o cálculo econômico em detrimento da justiça social.

O que não se pode negar, no entanto, é que desde o absolutismo o Estado Moderno tem se relacionado com o mercado. Na época do mercantilismo, por exemplo, o Estado Absolutista o regulava fortemente, porque este lhe era uma fonte de recursos e poder.

Com a introdução do Estado Liberal e o nascimento da economia de mercado, entretanto, a ideia passou a ser a mínima intervenção do Estado nas questões socioeconômicas. O mercado, portanto, deveria ser livre e se reger por suas leis (nem tanto) naturais, o que abrangia o mercado de trabalho.[57]

Na prática, isso significou que o Estado deveria abdicar de certas intervenções e promover outras tantas para permitir que a economia se tornasse autorregulável. Intervencionismos eram admitidos, desde que servissem para garantir que o mercado fosse o único a regular a economia. Nesse caso, abria-se mão até mesmo do *laissez-faire*.[58]

No entanto, diante da depressão econômica profunda a que o mundo assistiu em 1929, e diante de cenários de guerra e caos, dogmas liberais caíram por terra e recorreu-se a um Estado claramente interventivo e promocional, que regulasse o mercado e colocasse as coisas no lugar.

É que nessa época, período fordista, deve-se recordar de que o Estado era forte e grande, gerando a confiança necessária para atender os anseios do período. Se alguém poderia resolver a situação, esse alguém seria o Estado. É o que semelhantemente diz Bauman sobre esse momento, ao descrever que:

> Embora horrorizadas pela visão de mercados fora de controle fazendo com que as fortunas evaporem junto com os locais de trabalho, enquanto levam negócios viáveis à falência, **as vítimas do colapso da bolsa no final dos anos 1920 tinham poucas dúvidas quanto a**

(57) Os dogmas liberais, como estudado anteriormente por meio das lições de Polanyi (2012), se estruturavam em três pilares, sendo um deles o fato de que a força de trabalho deveria encontrar seu preço no mercado, assim como qualquer outra mercadoria. Os outros dogmas eram: a construção de um livre-mercado internacional e o padrão-ouro, um sistema monetário segundo o qual o valor das moedas de diferentes países seria fixado com base numa certa quantidade de ouro, sendo nele lastreadas, possibilitando que pessoas de diversas partes do mundo pudessem negociar entre si.

(58) Deve-se lembrar de que havia divergências doutrinárias entre os próprios liberais. Alguns eram avessos a qualquer tipo de intervenção estatal, como Spencer, outros, porém, não tinham um apego tão fanático ao *laissez-faire*, como Mill.

onde procurar resgate: no Estado, claro; num Estado *forte*, forte a ponto de ser capaz de *forçar* as circunstâncias gerais a coincidirem com sua vontade. As opiniões sobre a melhor saída para a difícil situação podem ter diferido, até consideravelmente, mas não havia desacordo sobre quem podia por a situação geral no caminho afinal escolhido: claro, o Estado, equipado com os recursos indispensáveis à tarefa: *o poder*, isto é, a capacidade de levar as coisas a cabo, e a *política*, isto é a habilidade de decidir como as coisas devem ser feitas. (BAUMAN; BORDONI, 2016, p. 17, grifo nosso).

Sendo assim, nesse tempo de vigor estatal, verificou-se a adoção do *New Deal* nos Estados Unidos e de políticas inspiradas nas ideias de John Maynard Keynes(59) por várias partes do globo, políticas essas voltadas à intervenção do Estado na economia, inclusive com a prestação de alguns serviços de forma direta por ele.

O resultado foram os "Trinta Gloriosos", trinta anos de bonança econômica e social que se seguiram após a Segunda Guerra, período em que se consolidaram o Estado de Bem-Estar Social e o Direito do Trabalho numa espécie de economia "ressocializada".

Tudo parecia correr bem até que, em 1970, uma nova crise assolou a humanidade, colocando em xeque esse período de "pacificação" e tudo que ele havia construído durantes esses anos.

O Estado de Bem-Estar Social, que já dava sinais de problemas financeiros ao final dos anos 1960, teria sua crise fiscal aprofundada na década de 1970, diante da crise do petróleo, do aumento das demandas sociais e da diminuição da arrecadação, apontando-se como possíveis soluções o aumento da tributação ou a diminuição de seu campo de atuação. (MORAIS, 2011, p. 24-26).

Acusado de não dar conta de cumprir suas promessas de outros tempos, o Estado passa a ser apontado como inimigo da economia, de cujas intervenções esta deveria se desprender, mas só até certo ponto, já que o mercado sempre necessita de auxílio e intervenção do Estado para funcionar. Na verdade, o Estado em si mesmo continuará presente e auxiliando o mercado, porém adquirirá novas configurações a partir desse momento, com novos modelos de intervenção.

O Direito do Trabalho, ao lado de outros direitos sociais, além das já conhecidas acusações que passou a sofrer a partir de então, entraria para a lista de

(59) Segundo Varoufakis, apesar de muitos "new dealers" terem sido influenciados pelos estudos de Keynes, vários observadores destacam "o profundo abismo que separa a mentalidade no New Deal e a do keynesianismo europeu ou britânico". (VAROUFAKIS, 2017, p. 113).

entraves ao crescimento econômico por tornar o mercado de trabalho excessivamente rígido.

É que não se pode deixar enganar, os "dependentes de lucro" nunca se sentiram confortáveis com o compromisso que se viram forçados a fazer. Se trabalhadores e consumidores demonstraram uma lealdade relativamente estável em relação ao capitalismo democrático do pós-guerra, não se pode dizer o mesmo do capital. Este se sentia sufocado pela "economia social de mercado" e dela pretendia se libertar o quanto antes, como um animal preso numa jaula. (STREECK, 2018, p. 67-68).

Assim, ao contrário do que pensavam as teorias da crise[60] presentes nos anos 1970, não seria o trabalho, mas o capital, sob a forma de "organizações, organizadores e proprietários", que atentaria contra a legitimidade do capitalismo democrático. O capitalismo pós-1970 e suas subsequentes crises, segundo Streeck, são a expressão da "trajetória de evasão do capital à regulação social que lhe foi imposta após 1945, mas que ele mesmo nunca desejou". (STREECK, 2018, p. 67).

E se a legitimidade do sistema político-econômico dependia da confiança de ambos os lados, o capital havia perdido a sua. Receando ter de atender expectativas cada vez mais crescentes à custa de seus lucros e não vendo vantagens em ser disciplinado pelo Estado para garanti-las, "revolta-se" contra o sistema e começa a agir para gradualmente transformá-lo a seu modo e escapar das obrigações sociais, dando início ao que Streeck (2018, p. 16) chamou de "revolução neoliberal".

Na opinião de empregadores e de alguns governantes, a prosperidade e o Estado de Bem-Estar Social haviam acostumado mal os trabalhadores, que apresentavam expectativas bastante exageradas em relação ao bem-estar. A resposta do capital foi o despertar para o abandono do compromisso assumido em 1945 e o início de uma luta por reestruturação da economia política do pós-guerra, o que envolveu o começo de um gradativo processo de liberalização do capitalismo, com um regresso às ideias de mercado livre e autorregulável (STREECK, 2018, p. 73-75), que afetariam, e continuam afetando, os modos de ser do Estado da década de 1970 até os dias de hoje.

De acordo com Streeck, começa, então, nos anos 1970, a desconstrução do capitalismo social-democrático do pós-guerra, inaugurando um período de

---

(60) Segundo Streeck, as teorias da crise de Frankfurt dos anos 1970 levantavam suspeitas de que as exigências de democratização de todos os setores da vida poderiam levar à rejeição do capitalismo como forma de vida, produzindo uma crise de legitimidade. Assim, focavam nos estudantes, trabalhadores e sindicatos "e em seu potencial para serem mais que apenas máquinas de produção de salários", deixando de lado o capital, o capitalismo e os mercados em suas reflexões. (STREECK, 2018, p. 64-65).

transição desse modelo para o neoliberalismo do início do século XXI. Inicia-se ali a crise do capitalismo (de sua economia e política), que vai assumindo novas configurações até alcançar, em 2008, sua forma atual. (STREECK, 2018, p. 48).

Embora esta seja uma parte bastante importante e considerável da explicação sobre o neoliberalismo e a década de 1970 marque um importante período de forças contrárias ao Estado de Bem-Estar Social e ao Direito do Trabalho, alguns esclarecimentos precisam ser feitos para não se correr o risco de suscitar mal-entendidos.

Decerto, o neoliberalismo é uma resposta aos efeitos advindos da crise do liberalismo, que teve como sintoma um crescente reformismo social a partir do século XIX. Sem dúvidas é:

> [...] uma tentativa de entravar essa orientação às políticas redistributivas, assistenciais, planificadoras, reguladoras e protecionistas que se desenvolveram desde o fim do século XIX", as quais são compreendidas como uma degradação que conduz diretamente ao coletivismo. (DARDOT; LAVAL, 2016, p. 71).

No entanto, apesar de os anos 1970 e 1980 serem vistos como o despontar neoliberal, por meio das políticas de Ronald Reagan e Margareth Thatcher, em detrimento das políticas de bem-estar social e do *Welfare State*, e como uma ideologia e política econômica fundadas no resgate do *laissez-faire* (DARDOT; LAVAL, 2016, p. 14), deve-se dizer que o nascimento do neoliberalismo se dá décadas antes e não pode ser confundido como retorno puro e simples do *laissez-faire*, nem como uma retirada do Estado, que legisla basicamente para suprimir sua própria participação do jogo do mercado.

Além disso, o neoliberalismo não deve ser entendido sob uma concepção unicamente econômica, nem mesmo visto sob um olhar exclusivamente capital *versus* trabalho, ignorando a perspectiva histórica que o permeia. Também não deve ser pensado como algo que se dá de maneira uniforme no tempo e no espaço, com características bem definidas.

Quanto ao nascimento do neoliberalismo, destaca-se que podem ser encontrados diferentes posicionamentos teóricos sobre a sua gênese. E, conquanto esse não seja o objetivo deste trabalho, é interessante mencionar algo a respeito, não para identificar o momento exato de sua origem, mas sim para verificar algumas de suas características marcantes, gestadas muito antes da década de 1970.

Conforme Jörg Guido Hülsmann[61] (2011), membro sênior do Mises Institute:

> As raízes da ideologia neoliberal remetem às décadas de 1880 e 1890, quando os economistas alemães da Escola historicista alemã de economia e seus discípulos americanos convenceram-se de que a concentração industrial tinha efeitos prejudiciais para a economia e que, por isso, **algum tipo de moderação por meio da intervenção governamental fazia-se necessária**. Uma das consequências visíveis dessa mentalidade foi o Sherman Act (Lei Sherman antitruste)[62], que desde então substituiu o poder dos consumidores pelo poder dos burocratas. Na Alemanha, a filosofia da **terceira via** generalizou-se durante a *Sozialpolitik* estimulada pelo Kaiser Wilhelm II. A França copiou o modelo, invocando a necessidade de uma ***tierce solution***, assim como também fizeram os Estados Unidos sob o New Deal.
>
> Entretanto, as primeiras declarações programáticas do neoliberalismo foram publicadas somente na década de 1930 – novamente, e previsivelmente, na Alemanha e nos Estados Unidos. O manifesto mais influente veio do economista de Chicago Henry Simons, que, em 1934, fez circular uma monografia intitulada *A Positive Program for Laissez Faire* (Um Programa Positivo para o Laissez-Faire) – no qual a palavra "positivo" indicava que esse programa justificava amplas intervenções governamentais, ao passo que o laissez-faire clássico era um programa "negativo", no sentido de que ele não fornecia tal justificativa. Simons exortava o governo a regular a oferta monetária e o sistema bancário, a impedir a formação de monopólios, e a fornecer uma renda mínima para os destituídos – um desvio e tanto do liberalismo laissez-faire. (HÜLSMANN, 2011, grifos nossos).

Nota-se, então, que desde suas raízes ideológicas, que datam de 1880 e 1890, o neoliberalismo liga-se a uma possibilidade, ou melhor, a uma admissão de que intervenções estatais são necessárias. Entretanto, como ficará mais claro adiante, essas intervenções não se misturam com aquelas da economia planificada. Elas

---

(61) Hülsmann é autor dos livros *Mises: The Last Knight of Liberalism* e *The Ethics of Money Production*. Além disso, é professor da Faculdade de Angers, na França.

(62) O Sherman Act é uma lei americana de 1890. De acordo com Ramos (2014), "pode-se dizer que a origem das leis antitruste hoje vigentes, inclusive a brasileira, é o *Sherman Act*, a lei antitruste americana, de 2 de julho de 1890, complementada posteriormente pelo *Clayton Act*, de 1914, e pela lei que criou, no mesmo ano, a *Federal Trade Comission*, a agência antitruste americana, na qual o nosso CADE (Conselho Administrativo de Defesa Econômica) se inspirou". Em seu artigo no site Mises Brasil, o professor expõe os diferentes olhares sobre o Sherman Act, desde visões que o entendem como um ato de proteção aos consumidores, impedindo a formação de monopólios, até entendimentos que o veem como resultado de pressões protecionistas em favor de empresas menos eficientes com o objetivo de fragilizar as mais eficientes.

se apresentam, na verdade, como uma terceira via, como uma solução que foge às proposições do liberalismo clássico e do socialismo ao mesmo tempo.

E essas ideias de uma "terceira via" se saíram bem em meados da década de 1930, porque, de acordo com Hülsmann (2011), expressavam os sentimentos de uma nova geração de economistas que foram criados num "ambiente inteiramente estatista", mas que, por outro lado, conheciam as lições dos liberais clássicos e eram por elas influenciados.

O autor lembra que, na década de 1920 e início da década de 1930, pessoas do gabarito de Hayek, Wilhelm Röpke, Fritz Machlup, Milton Friedman, Michael Polanyi, Walter Eucken, - que viriam ocupar altos cargos e assumir uma posição intelectual de destaque no final da década de 1930 e após a Segunda Guerra Mundial -, ainda cursavam suas faculdades nessa época, momento em que formariam suas propensões intelectuais. A influência das universidades, que já tinham começado a propagar ideias a favor do socialismo[(63)], como a "doutrina da luta de classes", em conjunto com os conhecidos ensinamentos do liberalismo clássico, iriam fomentar nessa geração o interesse por uma terceira solução, que admitia intervenções governamentais, mas, ao mesmo tempo, pretendia se defender do crescimento do "estatismo". (HÜLSMANN, 2011).

Isso faz sentido ao se recordar que este período é marcado pelo surgimento do primeiro Estado Socialista, pela ascensão do partido nazista e pela introdução de modelos de Estado mais interventivos, representando uma fase em que começaram a se questionar dogmas liberais e a pairar dúvidas sobre a própria sobrevivência do capitalismo, de modo que tanto as ideias keynesianas quanto as neoliberais, apesar de suas diferenças temporais e ideológicas, surgem como tentativas de "salvar o capitalismo", ou, como dizem Dardot e Laval (2016, p. 58 e 68), como uma resposta à pergunta de "como salvar do próprio liberalismo o que é possível ao sistema capitalista" ou "como responder a uma crise do modo de governo liberal".

Diante da crise da arte de governar liberal e do crescimento de ideias socialistas, uma saída alternativa era perseguida. Uma "terceira solução" foi o caminho encontrado, embora com significados diferentes para keynesianos e neoliberais, como restará claro.

Prosseguindo no assunto, no pós-guerra, o neoliberalismo animaria o trabalho de instituições, então recentemente nascidas, como a Mont Pelerin

(63) De acordo com Hülsmann: "Seus professores escolares e universitários já haviam passado a endossar todas as principais ideias a favor do socialismo: a doutrina do conflito de classes e da luta de classes, a noção de empobrecimento contínuo das classes operárias sob o capitalismo, e a crença de que um sistema capitalista livre e desimpedido tendia à formação de monopólios". (HÜLSMANN, 2011).

Society[64] e o Institute for Economic Affairs, de Londres, objetivando conter o avanço do "estatismo". Contudo, apesar de se verificar o surgimento de instituições como essas, é preciso mencionar que, em seus primórdios, o neoliberalismo se apresentava como um fenômeno informal, cujos defensores colaboravam entre si de maneira espontânea, formando redes de contato dentro de entidades como a Câmara Internacional de Comércio, em Paris. (HÜLSMANN, 2011).

Somente a partir da década de 1930 é que essas redes se expandiram a ponto de se transformar numa organização mais formal e explícita. Um dos fatores que para isso contribuiu foi a publicação do livro do jornalista americano Walter Lippmann, *Inquiry into the Principles of the Good Society*[65], em 1937. Este livro apresentava uma postura "centrista", que se opunha tanto ao socialismo quanto ao liberalismo clássico, o que despertou grande interesse nos neoliberais europeus, porque "Aqueles que ainda se classificavam apenas como liberais, embora rejeitassem o socialismo, também não queriam ser associados muito explicitamente à doutrina laissez-faire da Escola de Manchester"[66]. Esse "centrismo" atendia aos anseios dessas pessoas que não queriam se posicionar em nenhum dos "extremos". (HÜLSMANN, 2011).

A repercussão da obra foi tão boa entre os neoliberais da Europa Continental, que, em 1938, Louis Rougier organizou uma conferência na França, repleta de intelectuais, em que o livro foi amplamente discutido. O simpósio, aliás, foi chamado Colóquio de Walter Lippmann em homenagem a seu autor.

Essa reunião, realizada durante cinco dias em Paris, em agosto de 1938, que reuniu figuras como Walter Lippmann, Friedrich Hayek, Jacques Rueff, Raymond Aron e Wilhelm Röpke, e que teve como pauta discutir a reinvenção do

---

(64) A título de curiosidade, menciona-se que a Mont Pelerin Society foi criada em 1947 e congregava economistas, historiadores, filósofos e outros estudiosos, entre os quais podem ser citados Friedrich von Hayek, Milton Friedman e Karl Popper, com a finalidade de discutir a "crise" daquele tempo (STATEMENT, 1947), o que significava, em outras palavras, debater sobre as ameaças advindas da ordem social capitalista. Em sua Declaração de Objetivos (1947), a Sociedade afirmava, entre outras coisas, que os valores centrais da civilização estavam em perigo; que as condições para o exercício da dignidade humana e para a liberdade já haviam desaparecido de grande parte Terra; que a **posição do indivíduo estava sendo minada pouco a pouco por extensões de poder arbitrário; e: "[...] que esses desenvolvimentos foram fomentados pelo crescimento de uma visão da história que nega todos os padrões morais absolutos e pelo crescimento de teorias que questionam a conveniência do império da lei. Além disso, sustenta que foram fomentados pelo declínio da crença na propriedade privada e no mercado competitivo; [...]". Sendo assim, a declaração é finalizada com a proposta de que fossem realizados estudos adicionais sobre alguns assuntos, destacando-se aqui dois que se mostram bastante interessantes.** Cuida-se de estudos sobre a "redefinição das funções do Estado de modo a distinguir mais claramente entre a ordem totalitária e a liberal" e sobre "métodos de combate ao uso da história para o avanço de credos hostis à liberdade". (STATEMENT, 1947, grifo nosso).

(65) Traduzido para o francês com o nome *La Cité Libre*.

(66) "Corrente de pensamento que se opunha ao mercantilismo no século XIX." (HÜLSMANN, 2011).

liberalismo e a refundação de suas bases teóricas, para Pierre Dardot e Christian Laval (2016, p. 71-73 e 85), marca o momento de nascimento neoliberal, porque, embora houvesse divergências entre os participantes[67], do colóquio desponta um modo novo de reconstrução da doutrina liberal, que parte da aceitação da intervenção do Estado, buscando, porém, dar-lhe nova definição, contornos e limites, que devem se distinguir do intervencionismo "coletivista" e "planista", ao mesmo tempo que se distancia do *laissez-faire* e da metafísica naturalista, o que pode ser notado nos pensamentos do próprio Rougier e Lippmann. (DARDOT; LAVAL, 2016, p. 84-85).

A respeito dessa ruptura de concepção sobre a participação estatal que se introduz com o neoliberalismo, Michel Foucault faz uma interessante abordagem. Na lição de 14 de fevereiro de 1979, no Collège de France, ele assim se expressa:

> [...] foi neste colóquio que um dos intervenientes, já não sei quem[68], propôs como nome desse neoliberalismo que então se formulava a expressão muito significativa "liberalismo positivo". Este neoliberalismo positivo é, pois, um liberalismo interventivo. É um liberalismo acerca do qual Röpke, em *Gesellschaftskrisis*, que publicará pouco tempo após o colóquio Lippmann, diz: "A liberdade do mercado necessita de uma política activa e extremamente vigilante." **E em todos os textos dos neoliberais encontrarão esta mesma tese segundo a qual o governo, num regime liberal, é um governo activo, é um governo vigilante, é um governo interventivo, e com fórmulas que nem o liberalismo clássico do século XIX nem o anarco-capitalismo americano contemporâneo poderiam aceitar**. Eucken, por exemplo, afirma: "O Estado é o responsável pelo resultado da atividade econômica". Franz Böhm diz: "O Estado deve dominar a evolução econômica". Miksch afirma: "Nesta política neoliberal" - aqui a expressão é importante –, **"nesta política liberal, o número de intervenções econômicas pode ser tão**

(67) Segundo Dardot e Laval, havia dois entendimentos radicalmente opostos durante o Colóquio. Para alguns liberais, como Lionel Robbins, Jacques Rueff e Von Mises, o *laissez-faire* deveria ser protegido "daqueles que pregam a ingerência do Estado". Para outros, como Von Rustöw, o liberalismo deveria favorecer o "intervencionismo liberal". (DARDOT; LAVAL, 2016, p. 76). Para Hülsmann, pelo menos quatro correntes de pensamento podiam ser encontradas no colóquio (HÜLSMANN, 2011), entretanto, ao verificá-las, nota-se que podem ser resumidas em dois grandes grupos, o primeiro, dos que, como Hayek e Rüstow, por diferentes motivos, tinham alguma insatisfação em relação ao liberalismo clássico e admitiam algum tipo de intervenção governamental, o segundo, daqueles que defendiam o *laissez-faire* ao estilo do século XIX, como Ludwig von Mises. De certa forma, é como o próprio Hülsmann (2011) havia dito, o Colóquio foi a "histórica reunião entre os defensores do liberalismo clássico (ao estilo da Escola de Manchester) e os defensores do neoliberalismo".

(68) Trata-se de Louis Rougier, segundo consta em nota do capítulo do livro de Foucault.

grande quanto numa política planificadora, mas a natureza delas é diferente". (FOUCAULT, 2010, p. 177, grifo nosso).

Isso demonstra, como se pretendia dizer no início das exposições, que, muito mais importante do que situar sua data de nascimento no tempo, seja em 1880 ou na década de 1930, é compreender que o neoliberalismo, ao contrário do que alguns imaginam, não implica a defesa de um afastamento do Estado da economia nem retorno ao *laissez-faire*.

Pelo contrário, o neoliberalismo pressupõe participação estatal ativa no jogo econômico, afastando-se, por isso, de concepções do liberalismo clássico que entendem o mercado como um campo sagrado, regido por leis naturais intocáveis pelo Estado.

No caso do ordoliberalismo (neoliberalismo alemão) - cuja implantação se liga "à República de Weimar, à crise de 1929, ao desenvolvimento do nazismo, à crítica do nazismo e, por fim, à reconstrução pós-guerra" - isso fica bastante claro, porque esse modelo operou mudanças e, até mesmo, inversões na doutrina liberal clássica (FOUCAULT, 2010, p. 155-159). Duas delas estão interligadas e corroboram o que vem sendo dito.

A primeira diz respeito à base sobre a qual o mercado é descrito. Ao contrário do liberalismo do século XVIII, para os ordoliberais o essencial do mercado não está na troca, mas na concorrência. O ponto, e disso advém a segunda mudança, que também rompe com tradição clássica, é que o princípio da concorrência não pode ser deduzido do *laissez-faire*. E não pode ser, porque para os ordoliberais a concorrência não é um dado da natureza, que deve ser meramente respeitado. Pelo contrário, ela só pode aparecer e produzir seus efeitos sob "condições que terão de ser cuidadosamente e artificialmente organizadas" por uma governamentalidade ativa, o que rompe com o que se poderia chamar, segundo Foucault, de "ingenuidade naturalista" do liberalismo clássico. No ordoliberalismo, reconhece-se que: "O governo deve acompanhar de uma ponta à outra a economia de mercado.". (FOUCAULT, 2010, p. 155-159).

No neoliberalismo, portanto, há uma reaproximação entre mercado e Estado, com a dominação deste por aquele, de modo que as intervenções governamentais são aceitas, admitindo-se, inclusive, que são necessárias para garantir a liberdade do mercado e o desenvolvimento da concorrência.

O problema, no entanto, seja para o neoliberalismo alemão, seja para o americano(69), é saber como o poder político pode ser regido segundo os princípios de uma economia de mercado. (FOUCAULT, 2010, p. 175).

---

(69) Para Foucault, o neoliberalismo alemão (ordoliberalismo) e o americano são considerados os dois principais modos de manifestação do neoliberalismo, entre os quais há inúmeras variantes. (FOUCAULT, 2010, p. 111).

Por isso, conforme dito anteriormente, a tarefa é redefinir os contornos e limites da política estatal, o que, ao ser feito, desloca o centro de gravidade do (neo)liberalismo para perguntas bastante diferentes do liberalismo clássico.

A questão para os neoliberais já não é a mesma indagação do liberalismo do século XVIII e XIX, agora por eles considerada "ingênua", de se perguntar onde se deve ou não intervir. Não se trata mais de fazer distinção entre "agenda/*non* agenda". O problema, para os neoliberais:

> [...] não é saber se existem coisas em que não se pode mexer e outras em que se tem o direito de mexer. O problema consiste em saber como mexer [...]. É o problema da maneira de fazer, é o problema, se quiserem, do estilo governamental. (FOUCAULT, 2010, p. 177).

O dilema, portanto, não está mais no jogo intervenção *versus* não intervenção, está entre distinguir as boas intervenções das más, aquelas que contribuem para o funcionamento do mercado daquelas que não o fazem.

Tanto é assim que, no colóquio de 1938, Lippmann recebeu elogios por distinguir intervenções compatíveis com a economia de mercado daquelas incompatíveis com seu funcionamento. (HÜLSMANN, 2011).

Resta saber como realizar essa distinção. E nesse ponto, deve-se dizer que, por óbvio, certos intervencionismos são, desde logo, excluídos, por se tratar de objeto de rejeição tanto do neoliberalismo americano quanto do alemão. Ambos têm em comum a repulsa pelo dirigismo, planificação, socialização e por intervenções estatais do tipo keynesianas. O que caracteriza a intervenção do Estado Neoliberal, no entanto, será assunto do próximo tópico.

4.4. O caminho da servidão e o intervencionismo neoliberal

Se foi dito anteriormente que a política neoliberal pode promover intervenções tão significativas e numerosas quanto aquelas referentes a uma política planificadora, é preciso reforçar que a natureza de suas intervenções é diferente das adotadas por esse tipo, até mesmo pelo fato de os neoliberais (e também os liberais) a elas se oporem veementemente, por acreditarem que podem levar a caminhos totalitários.

Nesse sentido, pode-se citar a advertência feita pelo economista austríaco Hayek, em seu livro *O caminho da servidão*, publicado em 1944, quando, então, alertava que a Inglaterra estava em perigo de seguir o mesmo destino da Alemanha. (HAYEK, 2010, p. 30).

De acordo com Foucault, para o economista, seguir o destino da Alemanha naquela época, "era entrar num sistema Beveridge, num sistema de socialização, de economia dirigida, de planificação, de segurança social". (FOUCAULT, 2010, p. 244).

E embora Hayek dissesse que não se tratava da Alemanha de Hitler, mas sim da Alemanha da Primeira Guerra Mundial com que se parecia a Inglaterra, expunha, ao mesmo tempo, que as lições que os reformadores ingleses propunham naquele momento se assemelhavam por demais àquelas que contribuíram para produzir o regime nazista alemão. (HAYEK, 2010, p. 30).

Hayek afirmava:

> Poucos estão prontos a admitir que a ascensão do nazismo e do fascismo não foi uma reação contra as tendências socialistas do período precedente, mas o resultado necessário dessas mesmas tendências. Esta é uma verdade que a maioria das pessoas reluta em aceitar, mesmo quando as semelhanças entre muitos aspectos detestáveis dos regimes internos da Rússia comunista e da Alemanha nacional-socialista são amplamente reconhecidas. Em consequência, muitos dos que se julgam infinitamente superiores às aberrações do nazismo e detestam com sinceridade todas as suas manifestações trabalham ao mesmo tempo em prol de ideias cuja realização levaria diretamente à tirania que odeiam. (HAYEK, 2010, p. 31).

Apesar de dizer, mais à frente em sua obra, que as políticas socialistas não evoluem inevitavelmente para regimes totalitários - dos quais o fascismo e comunismo são meras variantes que o controle centralizado da atividade econômica tende a produzir -, dispõe que tais políticas podem a eles conduzir se o percurso das ações de governo não for revisado a tempo.[70] (HAYEK, 2010, p. 14 e 31).

Isso, porque, para Hayek, o socialismo é o caminho da servidão, mesmo que, segundo ele, este tenha passado a empregar a liberdade como parte de seu discurso e propaganda. É que, consoante o autor, se inicialmente o socialismo

(70) Destacou-se essa fala de que o socialismo não levaria obrigatoriamente ao totalitarismo, pois, no prefácio da edição norte-americana de 1975, Hayek relata que, pouco após a publicação da primeira edição do livro (1944), "assumiu o poder na Inglaterra um governo socialista, que durou seis anos" (Partido Trabalhista), e que, depois desses seis anos, esse governo nada produziu na Inglaterra que se assemelhasse a um Estado totalitário. No entanto, menciona que, longe disso desmentir a tese de seu livro, deixava transparecer uma de suas afirmações fundamentais, qual seja: "a mais importante transformação que um controle governamental amplo produz é de ordem psicológica, é uma alteração no caráter do povo". (HAYEK, 2010, p. 19). No prefácio da edição inglesa de 1976, há algo que também se relaciona ao assunto. Hayek diz: "Afirmou-se com frequência que eu sustentara que qualquer movimento na direção do socialismo levaria forçosamente ao totalitarismo. Conquanto o perigo exista, não é isso que o livro diz. O que ele contém é advertência de que, ao menos que retifiquemos os princípios de nossa política de governo, advirão algumas consequências bastante desagradáveis, que a maioria dos defensores dessa política não desejam". (HAYEK, 2010, p. 27).

foi assumidamente autoritário, reconhecendo explicitamente que suas ideias só poderiam ser colocadas em prática por meio de governos ditatoriais – o que teria sido admitido por seus próprios defensores –, e considerado como a mais grave ameaça à liberdade, tendo surgido como uma reação ao liberalismo da Revolução Francesa, posteriormente, o socialismo obteve aceitação popular ao se vincular à "bandeira da liberdade", explorando ao máximo essa palavra da qual se apropriou e que tinha em comum com o liberalismo. (HAYEK, 2010, p. 47-49).

Conforme o austríaco, poucos perceberam, porém, a diferença de sentido empregada pelos liberais e socialistas ao usar a palavra "liberdade". Ao pregar a passagem do reino da necessidade para o reino da liberdade, os socialistas resumiram a liberdade em termos meramente econômicos, simplesmente como a defesa da redistribuição de renda, ignorando a importância da liberdade política, que significa justamente que o indivíduo deve ser livre da arbitrariedade e coerção de outros homens e livre das restrições que não lhe deixam "alternativa senão obedecer às ordens do superior" ao qual está vinculado. (HAYEK, 2010, p. 47-49).

Do ponto de vista de Hayek, portanto, o socialismo, ainda que tenha se desvinculado da ideia de que só poderia ser posto em prática por meio de governos ditatoriais e passasse a pregar a liberdade como parte de sua filosofia, continuou inclinado à formação de ditaduras e regimes arbitrários, pois a liberdade da qual faz seu lema é desvirtuada, não representando a liberdade de cada um reger a própria vida, devendo os indivíduos se render a um poder arbitrário e à repressão.

No que se refere ao Estado de Bem-Estar Social, que é o que interessa para este trabalho, pode-se também encontrar uma crítica a esse modelo no prefácio do livro, no qual o autor diz acreditar que o resultado final de sua política seria quase o mesmo daquele advindo do socialismo.

No prefácio da edição norte-americana de 1975, por exemplo, o economista afirma que, não obstante o socialismo radical, ao qual às críticas do livro se dirigiam, praticamente já houvesse morrido no mundo ocidental, algumas de suas concepções ainda se faziam presentes naquela época sob o rótulo de "estado previdenciário", que precisaria ser analisado melhor para evitar que levasse a resultados parecidos com os do socialismo extremado. Em seu modo de ver, a impaciência para alcançar resultados rápidos leva à tendência de se recorrer, entre outras coisas, a controles estatais diretos e a instrumentos "incompatíveis com a preservação de uma sociedade livre". (HAYEK, 2010, p. 16).

De forma parecida, no prefácio da edição de inglesa de 1976, o austríaco relata que o socialismo havia passado a significar "sobretudo redistribuição extensiva da renda por meio da tributação e das instituições do estado previdenciário (*welfare state*)", sendo que, nesta última acepção do termo, os efeitos que ele teria analisado no livro se produziriam de forma mais lenta, imperfeita e indireta. (HAYEK, 2010, p. 16 e 27).

Logo, na concepção de Hayek, as políticas do Estado de Bem-Estar Social seriam o resultado da impaciência por resultados rápidos que, em maior ou menor grau, por recorrer a controles estatais diretos, podem levar, ainda que de forma mais demorada, aos mesmos efeitos que o socialismo radical pode levar, ou seja, a totalitarismos ou à desconstrução das bases de uma sociedade livre. De uma forma ou de outra, ambos acabam por conduzir ao caminho da repressão e da servidão.

Mas, além desse ponto de vista, de que as políticas planificadoras criam ambientes e tendências que podem conduzir ao totalitarismo, para o neoliberalismo, as políticas neoliberais delas se diferenciam pelo modo de proceder.

Essa perspectiva pode ser notada quando Hayek expõe que as divergências entre liberais[71] e socialistas localizam-se mais nos métodos coletivistas[72] que os últimos pretendem empregar para atingir suas finalidades, do que propriamente nos fins para os quais desejam empregá-los.

É que, conforme expõe o austríaco, não se pode confundir o socialismo unicamente com seus fins de justiça social, maior igualdade e segurança, ignorando que os métodos que se pretendem empregar para que esses fins sejam atingidos também compõem o conceito de socialismo, o que resulta dizer que o socialismo equivale, além de seus fins, aos seus métodos coletivistas voltados "à abolição da iniciativa privada e da propriedade privada dos meios de produção, e à criação de um sistema de 'economia planificada' no qual o empresário que trabalha visando lucro é substituído por um órgão central de planejamento". (HAYEK, 2010, p. 55).

Segundo Hayek, é por ser contra os métodos coletivistas, principalmente, que o liberalismo faz oposição ao socialismo, por considerar que eles não deixam margens para que o indivíduo conduza sua vida de acordo com seus planos individuais. O debate entre os "planejadores" e seus adversários, portanto, gira em torno dos meios a serem utilizados. O debate entre socialistas e liberais:

> [...] Gira em torno da maneira de proceder nesse sentido. Busca determinar se os detentores do poder coercitivo devem limitar-se em geral a criar condições em que os próprios indivíduos disponham um grau de conhecimento e iniciativa que lhes permita planejar com o

(71) No prefácio da edição americana, Hayek defende que todas as vezes que usa a palavra "liberal" no seu livro é em seu sentido originário, do século XIX, e não no sentido que costuma aparecer nos Estados Unidos, para admitir todo tipo de controle governamental (HAYEK, 2010, p. 16). No entanto, sabe-se que Hayek não tem uma postura típica do liberalismo clássico, nem possui posições fervorosas do liberalismo como Mises.
(72) Segundo Hayek (2010, p. 56), o coletivismo é gênero do qual o socialismo é espécie.

maior êxito; ou se a utilização racional dos nossos recursos exige uma direção e organização *central* de todas as nossas atividades segundo algum "projeto" elaborado para este fim. Os socialistas de todos os partidos apropriaram-se do termo "planejamento" para designar este último tipo de organização, e a palavra passou a ser empregada usualmente nesse sentido. Mas embora com isso se pretenda sugerir que o planejamento central é a única maneira racional de conduzirmos os nossos negócios, nada fica provado, é claro. **E esta permanece a questão sobre a qual discordam planejadores e liberais.** [...] (HAYEK, 2010, p. 57-58, grifo nosso).

A objeção à planificação não quer dizer, entretanto, que Hayek defenda o retorno ao *laissez-faire*. Em sentido contrário a isso, ele adverte:

> [...] É importante não confundir a oposição a essa espécie de planejamento com uma dogmática de atitude *laissez-faire*. A doutrina liberal é favor do emprego mais efetivo das forças da concorrência como um meio de coordenar os esforços humanos, e não de deixar as coisas como estão. Baseia-se na convicção de que, onde exista concorrência efetiva, ela sempre se revelará a melhor maneira de orientar os esforços individuais. Essa doutrina não nega, mas até enfatiza que para a concorrência funcionar de forma benéfica, será necessária a criação de uma estrutura legal cuidadosamente elaborada, e que nem as normas legais existentes, nem as do passado, estão isentas de graves falhas. Tampouco deixa de reconhecer que, sendo impossível criar as condições necessárias para tornar efetiva a concorrência, seja preciso recorrer a outros métodos capazes de orientar a atividade econômica. [...] (HAYEK, 2010, p. 58).

É nesse sentido que neoliberais conseguem se colocar numa posição centrista, que eles entendem escapar simultaneamente aos "extremos" e "radicalismos" do *laissez-faire* "manchesteriano" e do socialismo, pois, se a concorrência é o princípio organizador da vida social e econômica, isso significa que certas intervenções na economia não serão bem-vindas, da mesma forma que outros tipos de intervenções e ações estatais serão essenciais.

Para Hayek, qualquer medida que tente controlar preços ou quantidades de mercadorias é inadequada, pois impede que a concorrência desempenhe seu papel de ordenação dos esforços individuais. No entanto, outras medidas que atinjam igualmente a todos os produtores e não sejam subterfúgios para afetar os preços de forma indireta são admissíveis. Como exemplo, cita que a limitação de horas de trabalho e a exigência do atendimento de certas condições sanitárias são compatíveis com a manutenção da concorrência. O ponto é saber, conforme o autor, se as vantagens obtidas com o estabelecimento de certas medidas serão maiores do que os custos sociais por ela gerados. (HAYEK, 2010, p. 59).

Entendimento semelhante possui Lippmann, para quem:

> Apenas a interferência direta sobre o funcionamento do mecanismo de preços era ilegítima. Se o governo se limitasse a controlar apenas o arranjo institucional dentro do qual os participantes do mercado teriam a liberdade de realizar seus projetos como desejado, então essa intervenção governamental seria irrepreensível do ponto de vista neoliberal. (HÜLSMANN, 2011).[73]

Logo, nessa perspectiva neoliberal, o governo não deve adotar medidas que influam sobre os preços de mercado, os quais devem se formar a partir da própria lógica mercadológica, nem adotar um dirigismo estatal, que vise comandar cada passo da vida dos indivíduos, mas sim usar sua autoridade para influir e organizar o "arranjo institucional", de modo a criar as bases para o bom funcionamento da concorrência e para que cada pessoa possa ser livre para decidir em quais empreendimentos colocar seus esforços.

No entendimento de Hayek, isso envolve, inclusive, o sistema legal. Segundo seu entendimento, num país livre, onde há respeito pelos princípios do Estado de direito, o governo não anula os esforços individuais por meio de sua força coercitiva. Este prevê normas formais e gerais, que, previamente conhecidas pelas pessoas, deixam-as livres para tomar suas próprias decisões sem medo que ações surpresas do Estado frustrem seus planos, porque este também está circunscrito à lei. Num país de governo arbitrário, ao revés, "o governo dirige o emprego dos meios de produção para finalidades específicas", restringindo as liberdades individuais. Segundo expõe o austríaco, no "planejamento do tipo coletivista":

> [...] A autoridade planejadora não pode limitar-se a criar oportunidades a serem utilizadas por pessoas desconhecidas como lhes aprouver. Não pode sujeitar-se de antemão a regras gerais e formais que impeçam a arbitrariedade. Ela deve prover as necessidades reais das pessoas na medida em que forem surgindo, e depois determinar quais delas são prioritárias. É obrigada a tomar constantes decisões que não podem basear-se apenas em princípios formais e, ao tomá-las, deve estabelecer distinções de mérito entre as necessidades das diferentes pessoas. Quando o governo tem de resolver quantos porcos é necessário criar, quantos ônibus terão de ser postos em circulação, quais as minas de carvão a explorar ou a que preço serão vendidos os sapatos, essas decisões não podem ser deduzidas de princípios formais nem estabelecidas de antemão para longos períodos. Dependem

---

(73) Segundo Hülsmann (2011), esse foi o entendimento exposto por Lippmann no colóquio que recebeu o seu nome (Colóquio Lipmann), que lhe rendeu elogios por distinguir as boas e más intervenções do Estado.

> inevitavelmente das circunstâncias ocasionais, e ao tomar tais decisões será sempre necessário pesar os interesses de várias pessoas e grupos. No final, a opinião de alguém determinará quais os interesses preponderantes; e essa opinião passará a integrar a legislação do país, impondo ao povo uma nova categoria social. (HAYEK, 2010, p. 90).

A distinção entre as normas de um governo que respeita os princípios do Estado de direito e um governo arbitrário, por conseguinte, é a mesma que há "entre estabelecer um regulamento de trânsito e prescrever às pessoas aonde devem ir; ou entre mandar instalar placas de trânsito e ordenar às pessoas que tomem esta ou aquela estrada". (HAYEK, 2010, p. 90-91).

Para o autor, a diferença, portanto, é que, enquanto no primeiro tipo, as normas são formais, gerais e previamente estabelecidas, não se dirigindo a uma finalidade específica, deixando, por isso, margem de escolha às pessoas e sendo, pelo mesmo motivo, mais duradouras; no segundo tipo, as normas determinam como os recursos devem se empregados para atingir um objetivo em particular – como aumentar o crescimento econômico, ampliar determinado tipo de consumo, reduzir desigualdades sociais etc. –, substituindo ou anulando as escolhas individuais em favor das decisões do governo, tendo que ser readaptadas a todo o tempo, por não se pautarem em princípios formais, gerais e previamente definidos que limitem a atuação do poder público.

E é assim, por meio também da diferenciação de sistemas legais, que Hayek distingue o governo (neo)liberal[74], aquele que, segundo ele, observa os princípios do Estado de direito, dos governos socialistas, que são, em seu modo de ver, governos arbitrários e tendentes ao totalitarismo. Esta distinção entre sistemas legais, porém, serviu a outras novidades introduzidas pelo neoliberalismo, conforme se verá a seguir.

4.5. A reinvenção do capitalismo e a política de sociedade neoliberal

Partindo do que foi tratado no tópico anterior, ressalta-se que o ponto relevante da introdução de princípios do Estado de direito na legislação econômica consistiu, conforme Foucault, na forma encontrada pelos neoliberais, principalmente ordoliberais, de não apenas se opor às formas de intervenção legal na economia que se faziam presentes na época, como o *New Deal* e as planificações de tipo inglês, como também de promover uma renovação do capitalismo, que passa a ter como premissa a ausência ou a mínima intervenção do

(74) Como esclarecido em outra nota, Hayek não se intitula como um neoliberal. Na verdade, até menciona em seu livro que adotará o termo "liberal" em seu sentido tradicional. No entanto, ao defender certas possibilidades de intervenção estatal e se opor a um retorno do *laissez-faire*, ele se alinha ao pensamento neoliberal e se distancia do liberalismo clássico.

Estado na economia, por um lado, e a máxima intervenção jurídica, por outro. (FOUCAULT, 2010, p. 221).

É que - sendo o capitalismo compreendido como um conjunto econômico-institucional e tendo em vista que, de acordo com a teoria econômica, o mercado deve ser o máximo possível autorregulável e "funcionar de tal maneira que os seus mecanismos puros sejam em si mesmos reguladores do conjunto" - para se inventar um novo capitalismo não seriam nas leis do mercado que se interveriam, mas sim nas instituições, inventando para elas um novo modo de funcionamento, que superasse as contradições típicas da sociedade capitalista, de modo que essas instituições se configurassem de tal maneira que as "leis de mercado, e só elas, constituam o princípio da regulação econômica geral e, por consequência, o princípio da regulação social". (FOUCAULT, 2010, p. 216-217).

A ideia consiste no pressuposto de que se há um campo econômico e institucional passível de intervenção, e não sendo recomendável intrometer-se no campo econômico, o qual deve se reger ao máximo pelas leis de mercado, o Estado deve, então, intervir no campo institucional, influindo na sociedade, nas instituições e na ordem jurídica, de modo a adaptá-los às necessidades do mercado.

Essa orientação neoliberal é curiosa, porque vai de encontro às noções daqueles que acreditam que só existe um capitalismo e que tudo se modifica para que ele continue o mesmo, demonstrando sua argúcia em notar um caminho para conceber um novo capitalismo, o que não se dá a partir do próprio mercado e do campo econômico, mas a partir do Direito e das demais instituições que são partes integrantes de seu conjunto econômico-institucional.

E se é verdade, como diz Ianni (2001, p. 41), que "o capitalismo, enquanto modo de produção e processo civilizatório, cria e recria o Estado-nação", então também é verdade que, criando um novo capitalismo, o neoliberalismo constrói um novo modelo de Estado, o que parece fazer todo o sentido.

No caso das políticas sociais, por exemplo, nota-se a clara diferença entre o Estado de Bem-Estar Social e o Estado Neoliberal. No primeiro, as políticas são marcadas pela solidariedade e socialização dos riscos com toda a sociedade, enquanto no segundo, cada um deve buscar proteção no âmbito individual e privado, evitando sobrecarregar a coletividade com os seus problemas pessoais.

Diferentemente da economia de bem-estar, os ordoliberais entendem que uma política social não pode servir de compensação aos efeitos deletérios do processo econômico. Para eles, a política social é próprio crescimento econômico, que permite a cada indivíduo, por meio de seus rendimentos, proteger-se contra os riscos e fatalidades da vida no âmbito privado. No neoliberalismo, a política social se traduz nessa tendência da "política social privatizada", ou, como chamam os alemães, "política social individualizada". (FOUCALUT, 2018, p. 189).

Outro exemplo relativo às ações do governo neoliberal diz respeito ao programa de "ações conformes", que Foucault afirmava, em 1979, ser um dos grandes modelos da política alemã de então. Segundo essa ideia, o governo tem duas maneiras de efetuar intervenções: por meio de ações reguladoras e de ações ordenadoras. (FOUCAULT, 2010, p. 183).

Na forma de ações reguladoras, o Estado deve intervir nos processos econômicos, não nos mecanismos de mercado propriamente ditos, mas nas condições de mercado, tendo como principal objetivo gerar a estabilidade dos preços, entendida esta como controle da inflação. Qualquer objetivo diferente desse, como manutenção do pleno emprego e do poder de compra, será considerado secundário[75]. No caso do desemprego, isso fica bem claro. Para os neoliberais, seja qual for a taxa de desemprego, não se deve nele intervir de forma direta, "como se o pleno emprego tivesse de ser um ideal político e um princípio econômico a salvar de qualquer maneira". O que deve estar em foco, é a estabilidade dos preços, é a isso que se deve salvar antes de qualquer coisa. (FOUCAULT, 2010, p. 183).

Na forma de ações ordenadoras, o governo também deve intervir nas condições do mercado, mas isso envolve algo diferente. Nesse caso, a intervenção tem como objeto algo que os ordoliberais chamam de "quadro". O quadro, nada mais é do que a própria população, a educação, o regime jurídico, as bases materiais, culturais, técnicas etc. que integram a sociedade, ou seja, nada mais é do que o arranjo institucional no qual o Estado deve intrometer-se amplamente. Numa tentativa de sumarizar as ações neoliberais, partindo das ações reguladoras e ordenadoras, é possível fazê-lo da seguinte maneira: a intervenção governamental deve ser "discreta" em relação aos processos econômicos e "maciça" quanto a esse conjunto de dados "técnicos, científicos, jurídicos, demográficos, e em geral, sociais". (FOUCAULT, 2010, p. 185).

É exatamente o que se mencionou antes, quando se tratou da invenção de um novo capitalismo, ou seja, menos intervenção na economia, mais intervenção nas instituições.

E é por isso que muito anteriormente se havia afirmado que o neoliberalismo não pode ser visto de uma perspectiva unicamente economicista, como uma ideologia ou política econômica, porque ele envolve muito mais do que isso, envolve uma mudança no próprio homem, na própria estrutura da sociedade, por meios os mais diversos possíveis, como educação e cultura, para adaptá-los e submetê-los aos mecanismos do mercado e a sua concorrência reguladora.[76]

---

(75) Isso também pode ser apontado como uma diferença entre o Estado Neoliberal e o Estado de Bem-Estar Social. Este último tem como característica como um de seus focos principais o pleno emprego.

(76) Talvez, a essa altura, já tenha ficado claro como a terceira solução keynesiana se difere da neoliberal. Se tanto Keynes quanto os neoliberais pretendiam se colocar entre o *laissez-faire* manchesteriano e o socialismo,

Como dizem Pierre Dardot e Christian Laval:

> A agenda do neoliberalismo é guiada pela necessidade de uma adaptação permanente dos homens e das instituições a uma ordem intrinsecamente variável, baseada numa concorrência generalizada e sem trégua. [...]
>
> Mais ainda, a política neoliberal deve *mudar o próprio homem*. Numa economia em constante movimento, a adaptação é uma tarefa sempre atual para que se possa recriar uma harmonia entre a maneira como ele vive e pensa e as condicionantes econômicas às quais deve se submeter. [...]
>
> Para evitar as crises de adaptação, convém pôr em prática um conjunto de reformas sociais, que são uma *verdadeira política da condição humana* nas sociedades ocidentais. [...] (DARDOT; LAVAL, 2016, p. 90-91).

Isso é possível, em primeiro lugar, porque os neoliberais entendem o capitalismo como um conjunto econômico-institucional. Em segundo lugar, porque, ao entendê-lo assim, verificam que sua reinvenção parte das bases "institucionais" e não das econômicas. Sua inteligência está em reinventar o capitalismo, direcionando as intervenções governamentais para o campo institucional, isto é, para as leis, para os aspectos culturais, para as ações do ser humano etc., visando moldar a sociedade à estrutura econômica desejada.

A sagacidade do neoliberalismo, ademais, é alcançar essa transformação da sociedade, introduzindo-se no imaginário das pessoas e do corpo social. O imaginário – que está ligado à "capacidade de representar coisas em pensamento" e realizar a "organização imagética do mundo", consiste na forma como o indivíduo ou um grupo de indivíduos enxerga a si mesmo, "o que leva a divisão de

---

as soluções encontradas, no entanto, foram distintas. Enquanto Keynes prezava pelo pleno emprego e pela melhor redistribuição de renda, por meio do estímulo ao consumo e da cooperação com a iniciativa privada, através de um incremento das funções governamentais, com maior controle central, tributação, socialização dos investimentos, política bancária sobre as taxas de juros e outras intervenções na economia, ainda que sobrasse amplo espaço de atuação para iniciativa privada e para liberdade individual; os neoliberais acreditavam na ausência ou mínima intervenção do Estado na economia, o que significava, em outras palavras, que o pleno emprego, a redistribuição de renda, a seguridade social etc. não eram seu foco de atenção, tudo isso era secundário e deveria resultar do próprio crescimento econômico. A intervenção estatal, para os neoliberais, deve ser maciça no arranjo institucional, não no mercado. O papel do Estado é conformar a sociedade ao mercado, transformando e adaptando o homem, fazendo uma "política da sociedade". De todo modo, vê-se que tanto os neoliberais quanto Keynes desejavam salvar algo do liberalismo. Os primeiros o fizeram ao continuar pregando uma mínima intervenção do Estado na economia, o segundo ao dizer que sua crítica à teoria clássica não leva ao abandono do "Sistema de Manchester", mas a um caminho do meio em que "o livre jogo das forças econômicas" possa realizar todo o seu potencial. Keynes dizia: "se os nossos controles centrais lograrem estabelecer um volume de produção agregado correspondente o mais aproximadamente possível ao pleno emprego, a teoria clássica retomará, daí em diante, a sua devida posição". (KEYNES, 1996, p. 344-345).

papéis sociais, ao respeito de códigos de comportamento coletivamente aceitos, à identificação de motivações e ao estabelecimento de crenças comuns [...]" etc. (CASARA, 2018, p. 78-79) - passa a ser permeado pelo ideário neoliberal.

É assim, transformando os códigos sociais que devem ser aceitos pela sociedade e a forma como cada pessoa e cada grupo se percebe na sociedade, que o neoliberalismo consegue, com menor resistência, modelar a sociedade ao mercado.

Esse é um dos fatores, inclusive, que Foucault considera como parte da originalidade neoliberal: fazer do ambiente social o objeto da ação governamental a fim de que o mercado seja possível. A intervenção na própria sociedade, para permitir que os mecanismos concorrenciais possam desempenhar seu papel de reguladores de cada momento e espessura social, faz do governo neoliberal um "governo de sociedade". E nessa sociedade, transformadora do próprio homem e de suas relações, "o *homo oeconomicus*, que se pretende reconstituir não é o homem da troca nem o homem consumidor; mas o homem da empresa e da produção". A "política da vida" que se pretende constituir pela arte de governar programada pelos ordoliberais, e que se tornou a programação da maioria dos países capitalistas, consiste num tecido social em que todas as unidades têm a forma de uma empresa. (FOUCAULT, 2010, p. 190-192).

O professor do Collège de France afirma:

> [...] É essa **multiplicação da forma "empresa"** no interior do corpo social que constitui, a meu ver, a questão da política neoliberal. Trata-se de fazer do mercado da concorrência e, por conseguinte, da empresa aquilo que poderia chamar de o poder formador da sociedade. (FOUCAULT, 2010, p. 193, grifo nosso).

Na sociedade neoliberal, por assim dizer, tudo se torna empresa. A casa, o indivíduo, o Estado, a Igreja; são todos "empresas" e todos vivem sob as regras da concorrência, devendo, portanto, se comportar como tais, porque a "empresa" na sociedade neoliberal, como esclarece Foucault (2010, p. 225), não é "mera instituição, mas certa maneira de se comportar no campo econômico", na forma da concorrência, na forma da livre iniciativa e no que mais as regras mercadológicas exigirem.

Isso quer dizer, na atualidade, que se espera tanto das pessoas quanto dos Estados que ajam para maximizar seu valor de mercado, por meio de "práticas empresariais" de autoinvestimento e atração de investidores. (BROWN, 2015).

No caso dos Estados, para se tornarem competitivos, essa maximização se reflete até mesmo em seu sistema normativo. A fim de tornar o Estado um ambiente propício para negócios, que atraia mais empresas e investimentos, principalmente diante das facilidades de movimentação do capital, sua legislação precisa ser convidativa, o que tem contribuído para formação do que Alain Supiot (2010, p. 170) chama de *law shopping*, uma espécie de mercado internacional de normas, que trata os direitos nacionais como produtos que, como quaisquer outros, competem em escala mundial.

Supiot menciona que, para ajudar os "consumidores do direito" a efetuarem escolhas nesse "mercado de normas", o Banco Mundial publica todos os anos, desde 2004, um relatório chamado *Doing Business*, em que os direitos nacionais são comparados, em "medidas objetivas", de acordo com sua eficácia econômica. No relatório de 2005, por exemplo, entre outros indicadores, o informe previa dados quantitativos da rigidez da regulação do mercado de trabalho dos países analisados ("que agora são chamados "economias""), sendo que a "rigidez" implicava penalização na classificação dos Estados que reconheciam direitos em demasia aos trabalhadores. (SUPIOT, 2010, p. 171).[77]

Embora nos informes mais atuais a regulação do mercado de trabalho não apareça como fonte para classificação dos países, alguns estudos sobre o assunto aparecem num anexo do relatório.

No caso do informativo de 2018, *Doing Business 2018: reforming to create jobs*, há uma tabela que, apesar de não ranquear os países, responde a várias perguntas sobre a regulação do trabalho de cada local, como, por exemplo: se há restrições ao trabalho noturno e à realização de horas extraordinárias; qual o valor do adicional noturno; se contratos por prazo determinado são proibidos para tarefas permanentes; se há prazo máximo para contratos por tempo determinado; qual é a jornada semanal máxima; qual o prazo de duração da licença-maternidade etc., o que demonstra que a regulação, ou melhor, a flexibilidade das

(77) De acordo com o site do *Doing Business*, o World Group Bank "analisa a cada ano as leis e regulações que facilitam ou dificultam as atividades das empresas em cada economia". No site, é possível encontrar a classificação dos países de acordo com as facilidades que apresentam para fazer negócios, sendo possível compará-las de forma geral ou conforme alguns índices específicos. No relatório *Doing Business 2019*, não há menção direta aos direitos do trabalho como no relatório de 2005, citado por Supiot. No relatório de 2019, os índices são voltados para a abertura de empresas, obtenção de alvarás de construção, registro de propriedades, obtenção de eletricidade, pagamento de impostos, obtenção de crédito, proteção dos investidores minoritários, comércio internacional, execução de contratos e resolução de insolvências. Além disso, os relatórios mencionam o número de reformas implantadas em cada "economia" para melhorar sua posição no ranking. De acordo com o relatório de 2019, o Brasil está na 109ª posição e foi o país da América Latina e Caribe que mais introduziu reformas para subir no ranking. Ao todo, foram quatro reformas. Apesar de, segundo o próprio site, o relatório não incluir uma classificação das economias em termos da regulamentação do mercado de trabalho, e este tópico não compor a classificação global das economias em termos da facilidade de se fazer negócios, o *Doing Business* estuda a flexibilidade da regulamentação do emprego" e "também mede vários aspectos da qualidade do trabalho, como a disponibilidade de licença maternidade, licença por doença paga e tratamento igual de homens e mulheres no local de trabalho". Geralmente, os estudos sobre a regulação do mercado de trabalho vêm num anexo do relatório.

normas trabalhistas continua sendo fator de peso para atrair negócios e tornar o Estado-empresa mais competitivo.

Mas se no ordoliberalismo dá-se início à multiplicação da forma empresa, no neoliberalismo americano[78] ocorre uma generalização da forma econômica do mercado para todo o corpo social, mesmo para áreas que não se baseiam em trocas monetárias. Em resumo, isso significa que todos os atores sociais passam a agir sob uma lógica de mercado, e que análises ligadas à teoria econômica, como a lei da oferta e da procura, passam a servir de princípio de aplicação e explicação de todos os domínios da vida, mesmo os que não são econômicos, o que abrange a ação governamental, que passa a ter seu sucesso e validade aferidos em termos de custo benefício de suas políticas públicas. (FOUCAULT, 2010, p. 307-311).

É assim que a comparação entre os resultados obtidos com a adoção de determinada medida e os custos por ela gerados se torna uma questão de ordem para os Estados e, principalmente, para seus críticos, que tornam essa comparação objeto de estudo e observação para retirar a legitimidade de certas ações que não consideram boas, ainda que por outros motivos. O cálculo econômico passa a ser a forma de aferição das políticas públicas.

É importante esclarecer, entretanto, conforme ressalta a professora americana de ciências políticas Wendy Brown, que a "economização" de todas as esferas, inclusive das que não são naturalmente econômicas, nem sempre importa monetização. Como sabido, várias ações e decisões dos atores sociais não possuem motivação monetária, pois não têm como preocupação imediata gerar, acumular ou investir riqueza em determinada área, mas nem por isso deixam de ser realizadas a partir dos raciocínios da teoria econômica. (BROWN, 2015).

Exemplo disso é o caso do estudante que se envolve em serviços de caridade para melhorar suas chances de ingresso na universidade. Obviamente, ele não o faz para ganhar dinheiro, até porque o serviço não é pago, mas também não o faz num gesto simplesmente altruísta e de bondade, e sim para aumentar seu valor percebido perante a universidade e facilitar sua aprovação. O mesmo vale para o pai que seleciona a escola do filho de acordo com os índices de aprovação de seus alunos nas melhores universidades. Seu objetivo, muito provavelmente, não é lucrar com isso quando o filho houver crescido, mas a lógica de mercado se faz presente em sua escolha da mesma forma. (BROWN, 2015).

Logo, a "economização" não significa que o neoliberalismo mercantiliza todas as esferas da vida, ainda que a mercantilização também possa ser um de seus efeitos. O que se quer afirmar é que o neoliberalismo dissemina o modelo de mercado para todas as atividades, mesmo as que não envolvem dinheiro, e

(78) O neoliberalismo americano está relacionado à política do *New Deal* e à sua crítica, bem como às objeções ao intervencionismo federal e aos programas de assistência. (FOUCAULT, 2010).

transforma todos os seres humanos em atores do mercado, como *homo oeconomicus*, os quais os são em todos os lugares e em todos os momentos. (BROWN, 2015).

Esse *homo oeconomicus* mantém aspectos da forma "empresa" na atualidade, contudo, de acordo com a professora americana, na contemporaneidade, sua forma tem se alterado profundamente em direção ao "capital humano financeirizado", pois:

> [...] seu projeto é investir em formas que melhorem seu valor perante os outros ou agir de modo a atrair investidores mediante uma atenção constante em sua qualificação/avaliação real ou figurativa, fazendo isso em todas as esferas de sua existência. (BROWN, 2015).(79)

Nessa linha, o *homo oeconomicus* se torna uma espécie de empresário, "um empresário de si mesmo", "sendo ele o seu próprio capital". (FOUCAULT, 2010, p. 286). Esse homem, gestor de si mesmo e movido pela racionalidade do mercado, age em todos os campos de sua vivência, vinte e quatro horas por dia, na tentativa de aumentar seu valor percebido perante a coletividade, no esforço de se tornar um item de interesse para o mercado, o que abrange pessoas, empresas, universidades etc. E ele o faz não para conseguir mais dinheiro ou para lucrar, ou não apenas para isso, mas também para atingir finalidades que não estão na seara monetária.

Quando um homem cuida de sua forma física, por exemplo, pode estar somente desejando se tornar mais atraente para as mulheres, não se tratando de algo que lhe trará retorno financeiro, mas uma coisa que vai enriquecer seu perfil social, seja de maneira real ou simbólica. Na verdade, muitas das vezes, o que se busca é o incremento de seu valor imaterial, impalpável e abstrato, que nem sempre pode ser visto ou tocado pelos outros, mas que sem dúvidas pode e deve ser sentido e percebido pela sociedade, e essa é sua intenção.

Esse homem contemporâneo toma suas decisões sempre no intuito de fazer subir seu *rating* perante a coletividade, porque seu jogo nem sempre diz respeito ao que ele agrega a si próprio em seu sentido mais íntimo, mas como o ambiente social o enxerga e o enxergará ao longo do tempo, como se estivesse montando um permanente currículo da vida. Assim, suas ações, às vezes pouco espontâneas e despretensiosas, tornam-se uma espécie de emaranhado de atos articulados para lograr esse fim, para melhorar sua avaliação e a forma como os outros o percebem, para atrair atenções, para se tornar mais valioso e competitivo para o mercado.

---

(79) Versão original: "Actualmente, el homo oeconomicus mantiene algunos aspectos empresariales, pero ha cambiado significativamente su forma hacia la del capital humano financiarizado: su proyecto es autoinvertir de modos que mejoren su valor o atraigan inversionistas mediante una atención constante a su calificación de crédito real o figurativa y hacerlo en todas las esferas de su existencia."

Pelas razões anteriormente elencadas, Brown defende que a "economização" contemporânea é peculiar em pelo menos três formas. Primeira, o *homo economicus* o é em todas as partes. Segunda, na sociedade neoliberal ele toma a forma de "capital humano", que deseja melhorar seu posicionamento competitivo. Terceira, o capital humano e suas esferas de atividades ligam-se mais ao modelo do capital financeiro e dos investimentos do que ao capital produtivo e empresarial. (BROWN, 2015).

Conforme a autora, apesar de o capital produtivo e empresarial ainda ser parte daquilo que forme o capital humano, atualmente, este tem como ocupações primordiais melhorar seu portfólio em todos os campos da vida, seja por meio de "seguidores" e "*likes*" nas redes sociais, seja por meio da educação, do consumo, do entretenimento e "demais elementos que se configuram cada vez mais como decisões e práticas relacionadas a melhorar o valor de si mesmo no futuro", o que se liga mais ao mundo dos investimentos. (BROWN, 2015).

Mas essa lógica deve-se pontuar, não atinge somente as pessoas, o raciocínio vale para empresas, Estados, departamentos acadêmicos, universidades etc. Estão todos absorvidos por essa racionalidade: todos devem melhorar seu posicionamento competitivo, aumentar seu valor e sua posição no ranking. São todos capital para si e para os outros. (BROWN, 2015).

O problema da "economização", pensando no Estado de Bem-Estar Social e no Direito do Trabalho, é que, se somos todos atores do mercado, para nós mesmos e para os outros, e o mercado é regido pelo princípio da concorrência, então, estamos todos numa competição. Em outras palavras, isso significa que agora cada um deve ser responsável por si mesmo; que os laços de solidariedade já não fazem mais sentido, inclusive no ambiente de trabalho, que se tornou local de ampla competitividade entre aqueles que deveriam se unir; e que a desigualdade é algo, senão natural, pelo menos normal, porque numa sociedade em que todos estão competindo é esperado que haja vencedores e perdedores.

A consequência da "economização", portanto, é o desmantelamento de programas de seguridade social; é o desaparecimento da força de trabalho como categoria e de sua forma coletiva, que, ao desaparecerem, levam consigo as bases para a criação de sindicatos e outras formas associativas; a consequência é a falta de empatia, que se mostra presente na União Europeia diante das medidas de austeridade implantadas em alguns países; é a falta de preocupação e interesse com aquilo que é público, o que ajuda a eliminar a própria noção de povo e "reduz de modo dramático a vida pública sem matar a política". (BROWN, 2015).

A consequência, pode-se argumentar, ainda, é a introdução do cálculo econômico sobre as políticas e direitos sociais adotados pelo Estado e a flexibilização do Direito do Trabalho como forma de o Estado-empresa se tornar mais competitivo e atrativo aos interesses mercadológicos.

Os efeitos do neoliberalismo sobre o Direito do Trabalho e sobre o Estado talvez fiquem mais claros no próximo tópico, quando se pretende tratar das mudanças introduzidas no mundo a partir da década de 1970.

No entanto, já ficou claro que o significado de neoliberalismo não é apenas econômico nem importa uma retirada do Estado, mas tão somente a modificação de seu papel, que passou a, entre outras coisas, intervir no ambiente social para conformá-lo aos princípios do mercado.

E toda essa explanação, que até ultrapassou o que se pretendia inicialmente, serve para afirmar mais uma vez que o neoliberalismo não é uma ideologia ou política econômica, mas uma "arte de governar"[(80)] o comportamento dos homens a partir de instrumentos estatais, que remodelam a sociedade de maneira íntima e profunda, transformando toda ela em pequenas unidades de empresa e capital, as quais, por sua vez, continuam a reproduzir esse modelo como num efeito cascata.

É assim que tanto Brown (2015) como Dardot e Laval (2016, p. 17), pegando emprestado o termo utilizado por Foucault, definem o neoliberalismo como uma "racionalidade" governamental do capitalismo na contemporaneidade[(81)], como um conjunto de práticas, discursos, valores, normas etc. que dirigem, estruturam e organizam, por meio da administração do Estado, tanto a ação dos governantes quanto dos governados, governabilidade esta que se estende a cada dimensão da vida, destruindo algumas regras, instituições e normas, ao mesmo tempo que cria novas condutas, relações, subjetividades e sujeitos, mundos e forma de viver.

Por isso, se é verdade, como declara Hayek (2010, p. 27) ao se referir às políticas planificadoras, que a "mais importante transformação que um controle governamental amplo produz é de ordem psicológica, é uma alteração no caráter do povo", pode-se dizer que é verdade também que o neoliberalismo provoca algo semelhante, ou até mais profundo na alma dos homens.

Dito isso, para finalizar esse tópico, deve-se passar agora, ainda que rapidamente, ao esclarecimento de observações levantadas anteriormente, mais precisamente no tópico 4.3. Uma delas é que o neoliberalismo não deve ser visto por uma perspectiva unicamente capital *versus* trabalho.

---

(80) Pega-se esse termo emprestado de Michel Foucault.

(81) No entanto, os autores divergem sobre o que consideram ser o ponto característico da racionalidade neoliberal. Para Brown, a "economização" de "esferas, atividades e assuntos anteriormente não-econômicos, não necessariamente sua mercantilização ou monetização, é a marca da racionalidade neoliberal" (BROWN, 2015). Para Dardot e Laval, "A racionalidade neoliberal tem como característica principal a generalização da concorrência como norma de conduta e da empresa como modelo de subjetivação" (DARDOT; LAVAL, 2016, p. 17).

Isso porque se ignoraria as características específicas do Estado Neoliberal, considerando-o como mero mecanismo usado pela classe capitalista para restaurar seu poder em detrimento dos trabalhadores, pressupondo que a burguesia "é um sujeito histórico que perdura no tempo". Essa perspectiva, que é desenvolvida, por exemplo, por David Harvey, encontra vários percalços. O primeiro deles vem do próprio Harvey, que admite que durante o processo de neoliberalização houve profundas mudanças nas classes sociais, com o surgimento de novas classes e desaparecimento de outras. (DARDOT; LAVAL, 2016, p. 21-24).[(82)]

Esse é um problema que Streeck também menciona em seu livro *Tempo comprado: a crise adiada do capitalismo democrático*. Ao dividir os membros da sociedade capitalista em "dependentes de salário" e "dependentes de lucro", o autor reconhece que, em algum momento, terá de lidar com isso, por saber existir uma variedade de classe média que pode pertencer a qualquer dos polos, embora acredite que as classes médias estejam mais próximas da classe dos "dependentes de salário" do que da classe de "dependentes de lucro". (STREECK, 2018, p. 16).

Talvez, o maior imbróglio desses tipos de divisão, apesar de muitas vezes serem fundamentais para realizar uma explicação mais didática dos assuntos relacionados ao neoliberalismo, encontre-se não apenas em pensar a burguesia como um "sujeito que perdura no tempo", mas em fazer o mesmo em relação à classe trabalhadora.

Na atualidade, não é adequado pensar em todos os trabalhadores de forma mais ou menos uniforme como no período industrial. Hoje, as formas de trabalhar são muito diversas e não coincidem apenas com o trabalho na grande indústria – que inclusive já foi classificada, em outro tópico, como um dos pilares do Direito do Trabalho, pilar esse que se encontra em fase de desmoronamento –, há terceirização, teletrabalho e inúmeras pessoas trabalhando no ramo de serviços na contemporaneidade. Além disso, sabe-se que no Brasil, por exemplo, a maioria dos empregos é gerada por pequenas empresas.

---

(82) Harvey (2014, p. 40) admite que "'classe' não é uma configuração social estável" e que, em alguns casos, a neoliberalização se fez acompanhar de uma "reconfiguração daquilo que constitui uma classe alta". Ademais, afirma que: "Embora possa ter tido como foco a restauração do poder de classe, a neoliberalização não significou necessariamente a restauração do poder econômico às mesmas pessoas". Por fim, diz ainda que, "como ilustram os casos contrastantes dos Estados Unidos e da Grã-Bretanha, 'classe' significa diferentes coisas em diferentes lugares, e em alguns casos (por exemplo, nos Estados Unidos) classe é com frequência considerada algo com nenhum sentido. Além disso, tem havido fortes ondas de diferenciação em termos da formação e reformulação da identidade de classe em diferentes partes do mundo".

Todos esses são fatos que dificultam pensar na "classe trabalhadora" da mesma forma como nela se pensava em suas origens, o que não quer dizer, todavia, que os trabalhadores não continuem a guardar interesses em comum. A questão é saber como congregar tais anseios e, até mesmo, como uni-los aos de toda a sociedade.

Mas além de esbarrar na diversidade de classes atualmente existentes, essa visão capital *versus* trabalho encontra limitações por desconsiderar que a sociedade neoliberal é resultado de um processo histórico, que não foi exatamente programado por seus "pioneiros" nem resultou de um "grande complô", até mesmo pelo fato de a doutrina neoliberal não ser exatamente homogênea e seus atores aderirem a ela por motivos bastante distintos. Ademais, ignora a originalidade do neoliberalismo, que não apenas cria outro "regime de acumulação" como "outra sociedade". (DARDOT; LAVAL, 2016, p. 24).

Conforme visto anteriormente, de maneira inversa daqueles que acreditam que o projeto neoliberal implica renovações para que o capitalismo continue sempre o mesmo, o que está em jogo no neoliberalismo é justamente a invenção de um novo capitalismo, que se manifesta pelas intervenções do Estado no conjunto econômico-institucional, que intervém não tanto nas leis do mercado, mas muito mais nas instituições com a finalidade de conformar o ambiente social às regras do mercado.

Outra observação que se deseja fazer é que o neoliberalismo não tem exatamente a mesma forma de ser, de se instaurar(83)ou se manifestar, apresentando grande diversidade espaço-temporal e múltiplos e abertos significados, adaptando-se a vários discursos e práticas, servindo tanto à direita quanto à esquerda(84), podendo conviver concomitantemente com outros diversos modelos de governar.

E embora se trate de um projeto global, no sentido de poder ser aplicado tanto ao mundo todo quanto a qualquer esfera da vida (ainda que essa esfera não seja de natureza econômica), sua maneira de ser é plural e desuniforme, e seu conteúdo se modifica ao longo tempo, sempre se reinventando, ao mesmo tempo que reinventa a própria sociedade e a subjetividade de cada um.

---

(83) Enquanto no Chile o neoliberalismo foi introduzido por um golpe de Pinochet contra o governo democraticamente eleito de Salvador Allende; na Grã-Bretanha e nos Estados Unidos, a revolução neoliberal se instaurou por meios democráticos, com a posse de Thatcher e Reagan, respectivamente. (HARVEY, 2014, p. 49).

(84) Exemplo de adoção de políticas neoliberais pela esquerda encontra-se no governo de Tony Blair na década de 1990. Essa referência pode ser encontrada em Dardot e Laval (2016, p. 233 e seguintes) e em Harvey (2014, p. 23). A referência à adaptação do neoliberalismo tanto à esquerda quanto à direita também pode ser vista em Foucault (2010, p. 279).

Sobre isso, Brown sintetiza as ideias de forma perfeita, ao afirmar que o:

> [...] "neoliberalismo" é um significante solto e cambiante. É um lugar comum afirmar que o neoliberalismo não tem coordenadas fixas ou estabelecidas, que suas formulações discursivas têm uma variedade temporal e geográfica, assim como as consequências de suas políticas e práticas materiais. Esse lugar comum excede o reconhecimento das múltiplas e diversas origens do neoliberalismo ou o reconhecimento de que é um termo usado principalmente por seus críticos, de modo que sua própria existência é questionável. O neoliberalismo como política econômica, uma forma de governança e uma ordem da razão é um fenômeno global, embora inconsistente, diferenciado, não sistemático, impuro. Ele se intecepta na Suécia com a persistente legitimidade do Estado de Bem-Estar Social; na África do Sul, com uma esperança pós-apartheid de um Estado democratizante e redistributivo; na China com o confucionismo, pós-maoísmo e o capitalismo; nos Estados Unidos, com uma estranha mistura de um antiestatismo de tensão antiga e um novo gerencialismo. [...] Além disso, a própria racionalidade neoliberal mudou ao longo do tempo, especialmente na transição de uma economia produtiva para uma economia cada vez mais financeira, embora não esteja limitada a isso. (BROWN, 2015).

Com essa observação sobre a multiplicidade de formas do esquema neoliberal, finaliza-se este tópico na esperança de que as observações aqui tecidas ajudem na compreensão das mudanças que vêm se operando na sociedade após a década de 1970 em relação ao Estado de Bem-Estar Social e ao Direito do Trabalho, que serão objeto do próximo tópico.

4.6. 1970 – O ano que não terminou

Conforme se buscou deixar claro nos tópicos anteriores, a onda neoliberal teve início muito antes da década de 1970. No entanto, como sabido, as ideias que prevaleceram no período pós-Segunda Guerra Mundial foram as do tipo keynesianas, valendo retomar algumas características desse período para demonstrar como o pacto capital-trabalho, firmado nesse período, começou a ser destruído na prática, com o desmantelamento das proteções sociais, após a década de 1970, momento em que as vozes neoliberais começaram a ser ouvidas.

Sendo assim, cabe dizer que foi ainda no fim da Segunda Guerra que ocorreu a conferência de Bretton Woods, realizada em julho de 1944, que reuniu, a pedido do Presidente americano, Franklin Roosevelt, 730 delegados de várias nações do globo para tratar de assuntos referentes à ordem monetária mundial do pós-guerra. (VAROUFAKIS, 2017, p. 91-93).

Nessa conferência, entre outras coisas, estabeleceu-se que cada país vincularia sua moeda ao dólar com base em determinada taxa de câmbio, que só poderia variar em torno de um por cento, para mais ou para menos, sendo que a taxa de um país só poderia ser renegociada caso "ficasse demonstrado que, dadas as suas reservas de dólares, sua balança comercial e sua balança de fluxos de capital não podiam ser mantidas". Para gerar confiança nesse sistema, o dólar, por sua vez, estaria lastreado no ouro, na base de US$ 35 por onça, de modo de qualquer pessoa poderia trocar seus dólares por ouro. (VAROUFAKIS, 2017, p. 91-93).

Por meio desse sistema monetário estável, que tinha como elemento central o dólar lastreado no ouro, transações entre pessoas de diversas partes do mundo seriam viabilizadas, contribuindo para um forte crescimento do comércio internacional no pós-Segunda Guerra Mundial.

No entanto, apesar de prezar pelo livre comércio mundial, esse pacto firmado em Bretton Woods ainda deixaria margem de atuação aos Estados nacionais, permitindo-lhes tomar decisões e ações para se autoproteger e para lidar com as tensões situadas em seu próprio interior, decorrentes do sistema capitalista.

Reginaldo Carmello Corrêa de Moraes deixa clara essa ideia ao expor que o compromisso firmado em Bretton Woods:

> [...] tornava viável a expansão da livre troca de mercadorias, por meio de um sistema monetário internacional estável. **Mas, ao mesmo tempo, isto é importante, garantia cláusulas de escape e relativa autonomia para que os Estados Nacionais se protegessem, e protegessem as coalizões sociais internas, perante os movimentos de capitais, eventualmente perturbadores, destrutivos da ordem econômica e social doméstica.** Os Estados nacionais reservaram-se, assim, alguns instrumentos para gerenciar ciclos de expansão e crise, para deflagrar programas econômicos e sociais que evitassem polarizações políticas instabilizantes etc. A isso se deu, com certa justiça, o nome de **consenso keynesiano**, porque em grande medida se identificava com a visão de mundo de Keynes: um mundo de iniciativas privadas preservado nas suas alegadas virtudes criadoras, mas regulado pela autoridade política para evitar eventuais resultados globais perversos, inconsistentes, destrutivos. (MORAIS, 2004, p. 315-316, grifos nossos).

Neste "consenso keynesiano", portanto, havia espaço, como o próprio Keynes (1996, p. 346) relata, para que o Estado guiasse ou refreasse o "livre jogo das forças econômicas", ao mesmo tempo que ainda subsistia um grande campo para o exercício da iniciativa privada.

Buscou-se, assim, uma espécie de "caminho do meio", que visava compatibilizar os anseios sociais e de mercado simultaneamente, satisfazendo as duas funções paradoxais do Estado: acumulação e legitimação.

Desse modo, a teoria keynesiana estaria no auge, com adoradores e adeptos em várias partes do globo. Até mesmo nos Estados Unidos se ouviria um presidente dizer: "agora somos todos keynesianos". Foi o que disse Nixon certa vez.

Mas além da "dolarização do mundo", na conferência de Bretton Woods também foram criadas duas instituições ainda presentes na atualidade: o Fundo Monetário Internacional (FMI) e o Banco Internacional de Reconstrução e Desenvolvimento (BIRD), conhecido atualmente como Banco Mundial (BM), organizações que nasceram com a função ajudar a reconstrução do capitalismo, seja concedendo empréstimos aos países em dificuldade fiscal, seja direcionando recursos para os países devastados pela guerra. (VAROUFAKIS, 2017, p. 93).

Falando ainda de instituições, destaca-se nessa época a assinatura, em 1947, do Acordo Geral sobre Tarifas e Comércio (GATT), do qual a Organização Mundial do Comércio (OMC) se originaria anos depois.

Sobre o GAAT, importante mencionar que ele foi responsável por estabelecer e gerenciar, entre 1948 e 1994, regras aplicáveis a grande parte do comércio internacional, espaço de tempo em que se verificariam algumas das mais altas taxas de crescimento do comércio internacional.

Sob sua égide, ocorreram oito rodadas de negociações com o objetivo de reduzir barreiras comerciais, sendo que a última delas resultou, em 1995, na criação da Organização Mundial do Comércio.

Foi também durante os "Trinta Gloriosos" que surgiu a primeira organização supranacional na Europa, a Comunidade Europeia do Carvão e do Aço (CECA), fundada em 1952, que mais tarde daria origem à União Europeia.

Em se tratando do Estado, essa era de ouro significou um amplo crescimento em seu tamanho, tanto no sentido da crescente participação de rendas e compras, tributos ou taxas do Estado, quanto no sentido do aumento das regulações por ele impostas à iniciativa privada, por meio de legislações sociais, ambientais, trabalhistas, cambiais, alfandegárias etc., que lhe permitiram compatibilizar estabilidade e crescimento. (MORAES, 2004, p. 313).

Entre os fatores que contribuíram para esse incremento no tamanho do Estado, dois são destacados por Moraes. O primeiro diz respeito às transformações na própria estrutura do mercado, com o surgimento de grandes corporações, gradativo predomínio do capital financeiro e constituição de empreendimentos que dependem de *inputs*, como "pesquisa, planejamento e tecnoburocracia", que extrapolam as capacidades do empresário individual e são satisfeitas por ações do governo. (MORAES, 2004, p. 314).

O segundo fator, que inclusive é visto com temor pelos liberais, é a crescente participação e influência popular nos assuntos governamentais, por meio do sufrágio ou dos movimentos sindicais, sociais e políticos (MORAES, 2004, p. 314), que explicam em grande parte o aumento das regulamentações estatais sobre a iniciativa privada.

Foi assim que se viu, no pós-Segunda Guerra Mundial, a institucionalização e expansão do Estado de Bem-Estar Social - ainda que estilizado sob diferentes regimes, modelos e graus de cobertura -, assim como a institucionalização dos direitos sociais, em especial do Direito do Trabalho, ao mesmo tempo que se assistiu a um rápido crescimento econômico, com forte presença do comércio internacional.

Mas já na década de 1960, algo principia a mudar. A crise fiscal dos Estados começa a dar sinais, o que se agravaria na década de 1970 (MORAIS, 2011). As multinacionais começam a se incomodar com as regulamentações nacionais, o que mais tarde resultaria em tentativas de contorná-las e, mais à frente, principalmente nas últimas décadas do século XX, implicaria um ataque claro e direto a elas, exigindo liberalização comercial, trabalhista, ambiental, alfandegária etc. (MORAES, 2004, p. 320).

Em 1971, o presidente dos Estados Unidos, Richard Nixon, anunciaria o fim do sistema Bretton Woods(85), informando ao mundo que o país não mais

---

(85) A título de esclarecimento, cabe dizer que, por volta de 1944, deu-se início ao processo de "dolarização do mundo", numa tentativa dos Estados Unidos de construírem uma ordem global capitalista à própria imagem. Contrariando os desejos de Keynes, que propunha a criação de uma moeda única (bancor), o dólar, lastreado no ouro, foi colocado no centro do sistema monetário por meio do Breton Woods (1944). Outra sugestão de Keynes - recusada, entretanto, pelos EUA - era a criação da União Internacional de Divisas, que funcionaria como Mecanismo Global de Reciclagem de Excedentes, cujo objetivo seria aliviar a tensão causada pelos fluxos de capital e gerar flexibilidade para lidar com as crises, prevenindo a formação sistemática de superávits em alguns países e déficits duradouros em outros. O mecanismo poderia funcionar por meio de transferências simples, transmitindo excedentes das regiões superavitárias para as deficitárias (pagando seguros-desemprego de uma área deficitária com os impostos recolhidos de uma área superavitária, por exemplo), ou por meio de transferências de investimentos produtivos para essas regiões (direcionando negócios para os locais de déficit, incentivando, ilustrativamente, a instalação de fábricas nesses lugares). Mas a ideia não logrou êxito, porque os EUA não tinham interesse em restringir e dividir seus superávits com o resto do mundo. O que os EUA não sabiam era que em algum momento eles se tornariam um país deficitário, e que isso geraria obstáculos a outros países. Isso se deu em boa parte por causa da Guerra do Vietnã, que "custou ao governo norte-americano algo em torno de US$ 113 bilhões - e outros US$ 220 bilhões à economia do país", causando inúmeras tensões sociais, que tentaram ser resolvidas por programas de governo, os quais, como numa bola de neve, ao lado dos custos da guerra, fizeram o país se endividar ainda mais. Em 1971, "as dívidas norte-americanas ultrapassavam US$ 70 bilhões, enquanto o governo dos Estados Unidos possuía apenas US$ 12 bilhões em ouro para ampará-las". Nesse mesmo ano, os governos francês e britânico

converteria o dólar em ouro, causando pavor nos países que tinham ativos em dólar, receosos de vê-los cair em desvalorização. (VAROUFAKIS, 2017, p. 129).

Pouco tempo depois, em 1973, ainda se instalaria a crise do petróleo, elevando seu preço e o de outras *commodities* para as alturas, como o chumbo (170%), a bauxita (165%), o estanho (220%) e a prata (1.065%), provocando o aumento nos custos da produção em todo o mundo. (VAROUFAKIS, 2017, p. 131).

O desenvolvimento começaria a ruir, verificando-se inflações incontroláveis, endividamento do Estado e do mercado, desemprego estrutural, aumento das desigualdades etc. (STREECK, 2018, p. 13).

Dessa vez, porém, o Estado, em sua vertente de Estado de Bem-Estar Social, que saíra mais forte e expandido do que nunca da Segunda Guerra, considerado a fonte de salvação das angústias do povo, seria visto com desconfiança e descrédito, incapaz de cumprir suas promessas de bem-estar e, muito menos, de se apresentar como uma solução para a crise.

Pelo contrário, o endividamento estatal e a queda no crescimento econômico seriam usados para justificar a demolição do Estado Providência, com a transferência de suas funções para o mercado, e para promover a revisão do compromisso fordista, que embasou o capitalismo democrático pós 1945.

Teorias da "economia institucional", por exemplo, apontariam que o aumento das dívidas do Estado era resultado de um excesso de democracia, associando a crise das finanças públicas com o fracasso da democracia, ou, "mais concretamente, ao alargamento dos direitos democráticos". A solução da crise fiscal, por essa perspectiva, passava pela "proteção das finanças públicas contra exigências geradas num processo democrático" (STREECK, 2018, p. 48 e 96), ou seja, a solução passava pela defesa contra as demandas populares.

É exatamente nesse mesmo sentido que a Comissão Trilateral – um fórum não governamental, formado por pessoas do mundo dos negócios, governo, academia, imprensa etc. da América do Norte, Europa e Japão, criado em 1973 – publicaria um informe nominado *The Crisis of Democracy*, em 1975.

Esse relatório, entre outras coisas, constataria que, enquanto as demandas do governo democrático crescem, a capacidade do governo se estagna, sendo este um dilema que se manifesta na Europa, América do Norte e Japão na década de 1970. (CROZIER; HUNTINGTON; WATANUKI, 1975).

---

solicitaram a troca dólares por ouro, levando o presidente Nixon a anunciar o fim do Bretton Woods, informando ao mundo que dólar já não seria convertido em ouro, provocando o receio em vários países de que seus ativos em dólar perdessem valor, fazendo com que sua única saída fosse igualmente a desvalorização de suas moedas. (VAROUFAKIS, 2017, p. 91-100 e 126-131).

Além disso, o informe apuraria que os sistemas políticos europeus estavam sobrecarregados de participantes e demandas, tendo cada vez mais dificuldades em dominar a própria complexidade, que era resultado natural de seu crescimento econômico e desenvolvimento político; que o sistema burocrático que os países europeus tinha de sustentar para tomar decisões e implementar ações dificultava a realização de suas tarefas(86); e que a participação política e social de um grande número de grupos e interesses tornou difícil manter a distância tradicional e recomendável que se deve guardar dos governados, ou seja, a distância necessária para governar. (CROZIER; HUNTINGTON; WATANUKI, 1975).

Enfim, o relatório da Comissão visava demonstrar que o "excesso de democracia", leia-se o aumento das reivindicações populares e o desejo de participação política dos governados, era o motivo da "ingovernabilidade" vivida naquele momento, sendo necessário afastar o governo de tamanhas pressões. (DARDOT; LAVAL, 2016, p. 194).

E, para fazê-lo, seria necessário um Estado forte, capaz de resistir, ou até mesmo reprimir as pressões sociais e políticas que podem interferir na "neutralidade" que as ações de um Estado devem ter.

Como se nota, isso é exatamente o que os neoliberais pregam há tempos. Trata-se de algo visível desde os pensamentos de Louis Rougier e Walter Lippmann, que diziam, desde meados da década de 1930, que o Estado precisava resistir às interferências populares que deturpam a economia de mercado; que se tornava difícil conciliar um sistema imparcial com o princípio da soberania popular, porque o povo, por meio da opinião pública e do sufrágio, impõe influências demais sobre as políticas a serem adotadas; e que caberia ao povo tão somente escolher os representantes que dirigirão o governo, e não lhes dizer o que deve ser feito a todo tempo. (DARDOT; LAVAL, 2016, p. 87 e 98).

Quanto aos direitos sociais promovidos pelo Estado Providência, há uma dimensão de ataque a eles que surge nesse período que é bem conhecida no Direito do Trabalho na atualidade. Cuida-se da argumentação de que algumas políticas e direitos sociais adotadas por esse modelo estatal têm efeitos negativos

(86) A contradição entre democracia (fórmula política) e burocracia (arranjo funcional) que se instala nessa vertente estatal é o que José Luis Bolzan de Morais chama de crise ideológica do Estado de Bem-Estar Social. Segundo o autor, essa crise ideológica decorre do embate entre a "*democratização do acesso* aos espaços públicos da política, oportunizando que, pela inclusão e participação ampliada, tenha-se um aumento significativo de demandas e, para além, tenha-se, também, a complexificação das pretensões sociais, até mesmo pelo perfil dos novos atores que se colocam na cena pública, e a *burocratização das fórmulas* para responder tais pretensões a partir da constituição de um corpo técnico-burocrático a quem incumbe a tarefa de elaborar a estratégia de atendimento de demandas [...]". O ponto é que o aumento e a complexificação das demandas exigem cada vez mais fórmulas burocráticas de tomada de decisão, de modo que as demandas, muitas das vezes, se veem frustradas pela resposta técnica recebida. (MORAIS, 2011, p. 30-31).

sobre a economia, inibindo seu crescimento, devendo, por isso, ser eliminadas ou flexibilizadas.

Trata-se de um discurso cada vez mais comum a partir de 1970, que inclusive apareceria expresso num informe publicado pela Organização para a Cooperação e Desenvolvimento Econômico (OCDE), em 1981, com o nome sugestivo de *The Welfare State in Crisis*, o qual, segundo Fiori (1997, p. 12), retomaria aquele debate que havia começado nos anos 60/70, trazendo de volta a questão da ingovernabilidade dos Estados pressionados pelo excesso de demandas democráticas e por um "Estado de Bem-Estar Social cada vez mais extenso, pesado e oneroso", acusado de principal responsável pela crise que avançou pelo mundo em 1973-1975.

É assim que, a partir da década de 1970, a fé do povo seria deslocada para a "mão invisível do mercado", de modo que funções do Estado teriam de ser "transferidas", "terceirizadas" e/ou "contratadas" para/pelo mercado. As palavras de ordem seriam "privatização", "desregulamentação" e "subsidiarização" (BAUMAN; BORDONI, 2016, p. 18-19), visando a construção de um novo tipo de Estado.

No caso do Direito do Trabalho propriamente dito, pode-se dizer que a palavra de ordem, desde então, passou a ser: flexibilização, com a mutação dos objetivos essenciais desse ramo do direito, utilizando-se a crise como justificativa para tanto.

A década de 1970, portanto, é marcada pela descrença cada vez maior no Estado de Bem-Estar Social, que, inclusive, consoante ensina Castel (2012, p. 201), foi assim apelidado pelos críticos liberais, por enxergarem suas intervenções como um "excesso de generosidade", ainda quando, no fim do século XX, eram quase inexistentes.

E o crescimento dessa descrença, com a percepção popular de que o ente estatal não dá conta de cumprir suas prestações públicas de bem-estar, devendo, por isso, "devolver" certas funções ao mercado, pode ser atribuída à forte contribuição da mídia e do aumento da notoriedade acadêmica do neoliberalismo, o que veio a ocorrer, segundo Harvey (2014, p. 31), quando Hayek em 1974 e Friedman em 1976 ganharam o prêmio Nobel de economia.

De acordo com Harvey, o reinado de Milton Friedman na Universidade de Chicago e a expansão das ideias neoliberais no meio universitário nas décadas seguintes, tendo se tornado lugar comum na década de 1990 nas principais escolas de negócio do mundo, como as de Stanford e Harvard, foram fundamentais para que a neoliberalização fosse vista como a solução para todos os problemas econômicos, bem como para que se disseminasse para outros cantos do mundo, já que as universidades americanas "foram e são campos de treinamento para muitos estrangeiros que levam aquilo que aprenderam para os seus países de origem [...], assim como para instituições internacionais como o FMI, o Banco Mundial e a ONU". (HARVEY, 2014, p. 64).

Veja-se o caso do Chile, "laboratório"[87] das experiências neoliberais, cuja implantação se deu ainda em 1973, por um golpe militar de Pinochet contra o governo do presidente democraticamente eleito, Salvador Allende, contando com o apoio dos "Chicago Boys", "discípulos" de Friedman.[88] (HARVEY, 2014, p. 48).

Entre eles, destaca-se um "Chicago Boy" em especial, que era o próprio Ministro do Trabalho e Previdência de Pinochet: José Piñera - formado em economia pela Universidade Católica do Chile em 1970, época em que esta era fortemente influenciada pela escola de negócios da Universidade de Chicago, e doutor poucos anos depois pela Universidade de Harvard -, responsável pela "modernização" do direito laboral chileno.

Ainda na década de 1970, Piñera já começaria uma reforma das leis trabalhistas no país. Em seu livro *La Revolución Laboral en Chile*, espécie de manual de como implantar uma reforma neoliberal do trabalho, ele exporia as características marcantes dessa "revolução".

Algo que surpreende já nas primeiras páginas do livro e traz a certeza de se tratar de uma reforma neoliberal, é a menção de Piñera (1990, p. 12) de que o Chile não precisava apenas de uma economia livre, mas de grandes transformações em seu sistema político e estrutura social, o que remete àquela ideia de reinvenção do capitalismo estudada no tópico anterior.

Conforme expunha o ministro, a concepção liberal não podia se esgotar nas questões econômicas, devendo ser vista como "um marco conceitual para induzir mudanças estruturais". O autor menciona até mesmo um dos instrumentos que poderia ser utilizado para isso: a televisão, vista por ele como um meio para se chegar às bases da sociedade sem "ruídos" e "distorções". (PIÑERA, 1990, p. 12 e 24).

Nessa direção, ao longo da obra do ministro do trabalho chileno, encontram-se as marcas do que foi a reforma, na prática e na retórica, suscitando em nós brasileiros um ar de similitude e atualidade bastante peculiar, até mesmo

(87) Usa-se a expressão "laboratório", porque o Chile foi o local onde se deu a primeira experiência de neoliberalização.

(88) De acordo com Harvey, no Chile, o neoliberalismo foi introduzido por um golpe de Pinochet contra o governo democraticamente eleito de Salvador Allende, tudo com o apoio de corporações dos Estados Unidos, da CIA e do secretário de Estado Henry Kissinger, além da ajuda de um grupo de economistas, conhecidos como "Chicago boys", adeptos das ideias neoliberais de Milton Friedman, então professor da Universidade de Chicago, convidados a contribuir com a restauração da economia chilena. (HARVEY, 2014, p. 48).

pelas expressões similares e às vezes idênticas com que se depara para justificá-la e explicá-la.

No livro, esbarra-se, por exemplo, com ideias de que a reforma iria "modernizar" as leis e instituições trabalhistas do Chile, que iria romper com os "velhos esquemas" e garantir maior liberdade e prosperidade, e que iria promover uma árdua "limpeza" e "liberalização" do mercado de trabalho, no qual a proteção do trabalhador acaba sempre por se tornar sua "pior condenação". (PIÑERA, 1990, p. 15-25).

Essa modernização chilena passava por determinada compreensão de institutos e sujeitos do Direito do Trabalho, como sindicatos, negociações coletivas, greves, salário e até mesmo do conflito inerente às relações de emprego.

Piñera entendia, por exemplo, que os sindicatos fortes, capazes de fazer pressão nos empregadores, eram fontes de privilégios para determinadas classes em detrimento de outras e que os sindicatos não eram capazes de representar o interesse de todos os trabalhadores. Além disso, defendia que o sindicalismo deveria ser despolitizado e que não era um meio efetivo de propiciar a redistribuição de renda, o mesmo se aplicando às negociações coletivas e às greves. (PIÑERA, 1990, p. 15-16 e 43).

Quanto aos salários, propunha que estes deveriam corresponder exatamente e tão somente à produtividade do trabalhador; e que deveriam ser abandonados dispositivos que valorizavam mais a antiguidade no serviço do que a eficiência. (PIÑERA, 1990, p. 30-31).

Ademais, o ministro via a greve como uma forma "artificial" de aumentar os salários, sustentando que a negociação coletiva e a greve só deveriam servir para equilibrar o salário com a produtividade; propondo, ainda, que as negociações coletivas seguissem um calendário elaborado pelo Ministério do Trabalho, com datas determinadas para sua realização. (PIÑERA, 1990, p. 30-35).

Por fim, menciona-se que Piñera acreditava ser necessário retirar a "pesada proibição" de empresas públicas e privadas de subcontratar; e que era preciso derrogar leis que proibiam de forma absoluta a terceirização em trabalhos inerentes à produção principal e permanente de uma empresa; que os poderes públicos não deveriam ter responsabilidade alguma por mediar ou arbitrar os desentendimentos entre as partes; que a nova legislação deveria obstaculizar pretensões que seguem o estilo marxista, baseado na luta de classes, devendo ser a empresa um lugar de "amistosidade produtiva". (PIÑERA, 1990, p. 31-42).

Esse modelo de pensamento manifestado por Piñera propõe um Direito do Trabalho que desconsidera suas próprias particularidades, o que é muito comum sob as influências neoliberais.

Um dos fatores que chama bastante a atenção, sem dúvidas, é o viés de reduzir o espaço de atuação sindical, tanto político quanto laboral, delimitando tanto os assuntos que se pode tratar como quando se pode deles tratar, excluindo-o da contribuição na redistribuição de renda, como se esse fosse um assunto de que o Direito do Trabalho devesse ficar de fora.

Essa perspectiva sindical ignora completamente o que é o Direito do Trabalho, ou tenta desconstruí-lo a partir dos argumentos. E nesse ponto é interessante destacar que, conforme Cleber Lúcio de Almeida e Wânia Guimarães Rabêllo de Almeida (2017, p. 25), a realização da justiça social, cidadania e democracia são finalidades que compõem o conceito desse ramo jurídico.

Sendo assim, em primeiro lugar, destaca-se que o Direito do Trabalho tem como finalidade realizar a justiça social em suas três dimensões: econômica (ou de distribuição), de reconhecimento e política, pois:

> a) Ao atuar contra a "exploração, privação e marginalização" das pessoas que precisam alienar sua força de trabalho para garantir a própria subsistência e a de sua família de modo digno, o Direito do Trabalho se mostra como um direito de distribuição, que visa reduzir as desigualdades sociais.
>
> b) Ao assegurar "direitos que traduzem condições materiais de independência", como o direito a um salário digno, e ao possibilitar a atuação coletiva dos trabalhadores por meio dos sindicatos, mostra-se como um "direito de participação", que atende à dimensão de reconhecimento, porque evita a marginalização social, permitindo a integração do indivíduo na sociedade.
>
> c) Ao estabelecer instrumentos que permitem aos trabalhadores "atuar politicamente em igualdade de condições com o capital e os empregadores", também se revela como um direito político. (ALMEIDA; ALMEIDA, 2017, p. 25-26).

Por essa exposição, verifica-se que o Direito do Trabalho é um direito político, de participação e de (re)distribuição, o que demonstra, desde logo, a tentativa neoliberal chilena de desconstrução de suas bases.

Em segundo lugar, aponta-se que o Direito do Trabalho tem como finalidade atuar em favor da cidadania social, civil e política, significando cidadania o "direito de participação na vida da sociedade e na tomada de decisões coletivas". (ALMEIDA; ALMEIDA, 2017, p. 27).

Como estudado em outro tópico deste estudo, a cidadania abrange direitos civis, políticos e sociais, os quais, em conjunto, permitem a participação integral do indivíduo na comunidade. Os direitos civis são aqueles necessários ao exercício da liberdade individual. Os direitos políticos são os relacionados à participação do exercício de poder, seja como autoridade política, seja como eleitor. Os direitos sociais, por fim, dizem respeito à possibilidade de viver a vida de acordo com os padrões do que a sociedade considera como digno, fazendo jus a um mínimo de bem-estar. (MARSHALL, 1967, p. 64).

Sendo o Direito do Trabalho parte dos mecanismos para assegurar esse padrão de bem-estar, criando condições materiais para tal, torna-se favorecedor do exercício da cidadania e da participação integral na vida em sociedade.

Em terceiro e último lugar, aponta-se que o Direito do Trabalho também tem como finalidade atuar em favor da democracia. (ALMEIDA; ALMEIDA, 2017, p. 28).

Tendo isso em vista, esclarece-se que a democracia tem um aspecto formal e substancial. Segundo Ferrajoli (2014, p. 18), em seu aspecto formal, a democracia significa o poder de o povo tomar as decisões políticas, diretamente ou por intermédio de representantes.

Conforme o autor, entretanto, o conceito formal não é suficiente, de modo que precisa ser integrado por limites "substanciais" ou de "conteúdo", que deem substância ao exercício da democracia. Em outras palavras, isso quer dizer que a "legitimação popular" já não basta para legitimar qualquer tipo de decisão adotada por seus representantes ou pela maioria, devendo também observar os limites de conteúdo sobre os quais se pode/deve ou não decidir. (FERRAJOLI, 2014, p. 19).

Os limites substanciais, portanto, dizem respeito "àquilo que não é lícito decidir ou não decidir", sendo que, segundo Ferrajoli, a esfera "daquilo que não é decidível" (que não pode ser objeto de deliberação) é projetada pelos direitos de liberdade, sendo que a esfera daquilo que não pode não ser decidido (ou seja, que deve ser objeto de deliberação) é projetada pelos direitos sociais. (FERRAJOLI, 2014, p. 19).

Por isso, existe um nexo entre a democracia política e os direitos constitucionalmente estabelecidos, os quais atuam como "limites ou vínculos de conteúdo à vontade absoluta da maioria" e formam a dimensão constitucional ou substancial da democracia, estabelecendo o que é proibido ou obrigatório decidir. (FERRAJOLI, 2014, p. 19).

A democracia, por conseguinte, além de sua dimensão formal, que estabelece os procedimentos e formas para as tomadas de decisões da maioria, tem uma dimensão substancial, composta de direitos sociais e de liberdade, que delimitam o conteúdo dessas decisões, servindo-lhes, ao lado da observância procedimental, de fator de legitimação, o que impede, por exemplo, que a democracia formal seja utilizada como justificativa para tornar legítima qualquer ação pretendida ou como artifício para destruir a própria democracia formal e substancial.

Assim, além de os direitos sociais e de liberdade constituírem pressupostos para o exercício dos direitos políticos, criando condições materiais para que isso seja possível, eles constituem ainda a dimensão substancial da democracia, trabalhando como uma espécie de trava à própria demolição. Para Ferrajoli:

> Cuida-se de um duplo nexo. De um lado, o exercício consciente e informado dos direitos políticos pressupõe a garantia dos clássicos direitos de liberdade - de palavra, imprensa, de associação e reunião -, mas também dos direitos sociais, como o direito à saúde e à educação. De outro lado, na ausência de quaisquer das limitações substanciais relativas aos conteúdos das decisões legítimas, uma democracia *não pode* - ou, ao menos, *pode não* - *sobreviver* sendo sempre possível, em princípio, que com métodos democráticos se suprimam, por intermédio da maioria, os próprios métodos democráticos: não somente os direitos de liberdade e os direitos sociais, mas também os próprios direitos políticos, o pluralismo político, a separação dos poderes, a representatividade, em suma, o inteiro sistema de regras em que consiste a democracia política. Não é uma "hipótese de escola": fascismo e nazismo, no século passado, se apropriaram do poder por formas legais e depois o consignaram "democraticamente" e tragicamente a um líder. (FERRAJOLI, 2014, p. 20).

Constituindo-se de direitos sociais e mesmo de direitos de liberdade, como a liberdade sindical, o Direito do Trabalho tanto integra a dimensão substancial da democracia quanto atua favorecendo o exercício da democracia política formal, o que demonstra que os ataques a esse ramo jurídico configuram-se como parte de um ataque à democracia em diferentes vieses.

Feitas essas exposições, nota-se que, pela simples interpretação do que Piñera considerava ser ou não as funções do sindicato, tentavam-se retirar do âmbito do Direito do Trabalho várias finalidades que lhe são tão salutares, apagando sua importância como um direito que favorece a cidadania e a participação integral do indivíduo na sociedade, um direito que permite aos trabalhadores ter um lugar de pertencimento, retirando-os da marginalização social, entre tantas outras coisas que esse direito chama para si e que vão muito além da mera normatização das relações de emprego.

Para finalizar as exposições sobre o Chile, termina-se por apontar outro fator curioso que se apresenta no livro: a menção de que as leis da reforma foram aprovadas em tempo recorde, o que sugere que o novo Direito do Trabalho foi aprovado numa espécie de regime de urgência, sem tempo para que as mudanças fossem antes discutidas.

Pegando um gancho no caso chileno, ressalta-se que o avanço do descrédito do Estado de Bem-Estar Social e a ascensão das ideias neoliberais resvalaram fortemente no campo do trabalho pelo mundo inteiro. Na verdade, conforme Dardot e Laval (2016, p. 221), "os sindicatos e a legislação trabalhista foram os primeiros alvos dos governos que adotaram o neoliberalismo".

Vários foram os argumentos que surgiram desde então para justificar flexibilizações e para marginalizar o Direito do Trabalho e os sindicatos, alguns inclusive já mencionados anteriormente.

Basta lembrar que, na década de 1970, o "excesso" de envolvimento dos governados foi considerado como a causa do endividamento do Estado, por gerar demandas caras demais para este suportar. Ações sindicais podem ser vistas como sendo parte dessa excessiva busca de participação nas decisões políticas, que deveria ser resistida, afastada ou reprimida.(89)

Pode-se mencionar ainda que, desde essa época, algumas políticas e direitos sociais têm sido considerados como inibidores do crescimento econômico e como entraves à iniciativa privada – devido ao excesso de regulamentações –, além de, é claro, serem considerados "corruptores" de valores importantes para a sociedade ao produzir pessoas preguiçosas, que preferem viver às custas do Estado do que trabalhar, por exemplo, o que serve para embasar que o desemprego é culpa da própria pessoa. Como aponta Streeck:

> O fim do pós-guerra foram também os anos que as críticas da economia em relação a "excesso de emprego", rigidez dos mercados de trabalho, altos custos com baixos lucros (*profit squeeze*), regulação excessiva etc. emergiram e uma intensa e frequente atividade lobística, tanto explícita quanto sigilosa, tornou imperiosas algumas demandas específicas na política para que fizesse algo na economia em nome da retomada do crescimento. (STREECK, 2018, p. 18)

Nesse cenário, não só intervenções estatais do tipo keynesianas, mas sindicatos e, de modo geral, regulações na área do trabalho seriam apontados como culpados de todas as desgraças do mundo, devendo ser sentenciados à pena de morte ou ao menos reprimidos, na primeira oportunidade.

Foi assim que políticas inspiradas nas lições de Keynes foram parar no "banco dos réus", acusadas por figuras como Friedrich Hayek de serem as causadoras de inflação e desemprego; que parcela da culpa foi também atribuída aos sindicatos, apontados como responsáveis pelo desemprego na medida em que oferecem resistência à baixa dos salários nominais; que o Direito do Trabalho, propriamente dito, foi exposto como uma ameaça

(89) É algo que afeta o Direito do Trabalho enquanto direito de participação, direito político e democrático.

à estabilidade do sistema capitalista, já que este se torna instável, em parte, pelas "imperfeições" introduzidas no mercado de trabalho, como pelo salário mínimo e pelo seguro desemprego. É desse modo que surge então uma corrente que começa a insistir na "necessidade de expurgar o mercado de trabalho destas 'imperfeições'". (NUNES, 2008, p. 63).

Obviamente, não seria o próprio mercado que se autolibertaria de tais deficiências. Contaria para isso com a ajuda do Estado, o que pode ser visto claramente nos anos 1980, na Grã-Bretanha e nos Estados Unidos, durante os governos de Margareth Thatcher e Ronald Reagan, os quais começaram um processo de ruptura com o modelo social democrático do pós-Segunda Guerra.

No caso de Thatcher, quando se tornou primeira-ministra da Grã-Bretanha em 1979, voltamos no tempo, porque esta logo aceitou o abandono do keynesianismo e reconheceu que seria necessário dar um ponto final nas políticas fiscais e sociais que se consolidaram a partir de 1945 (HARVEY, 2014, p. 32). No caso:

> Isso envolvia enfrentar o poder sindical, atacando todas as formas de solidariedade social que prejudicassem a flexibilidade competitiva (como as expressas pela governança municipal e mesmo o poder de muitos profissionais e de suas associações), desmantelar ou reverter os compromissos do Estado de bem-estar social, privatizando empresas públicas (incluindo as dedicadas à moradia popular), reduzir impostos, promover a iniciativa dos empreendedores e criar um clima favorável para induzir um forte fluxo de investimento externo (particularmente do Japão). Ficou famosa sua declaração: "a sociedade não existe, apenas homens e mulheres individuais" - e, acrescentou depois, suas famílias. Todas as formas de solidariedade tinham de ser dissolvidas em favor do individualismo, da propriedade privada, da responsabilidade individual e dos valores familiares. O ataque ideológico nessas linhas advindo da retórica de Thatcher era implacável; como ela mesma disse, "economia é o método, mas o objetivo é transformar o espírito". E transformar ela de fato transformou, ainda que de modo algum completa e abrangentemente, para não falar sem custos políticos. (HARVEY, 2014, p. 32).

Sobre como Thatcher executou essas medidas e quais foram as resistências que enfrentou (ou não), há vários exemplos no livro de Harvey, *O neoliberalismo: história e implicações*. No entanto, quatro são interessantes de se fazer referência.

O primeiro deles diz respeito ao mundo do trabalho e revela o uso de estratégias disfarçadas de políticas anti-inflação para atacar o poder trabalhista, tática admitida, inclusive, por um dos conselheiros da ministra.

Trata-se da "confissão" de Alan Budd, o qual declararia, anos depois, que as políticas adotadas em 1980 para resolver os problemas da inflação, com o estrangulamento da economia e dos gastos públicos, eram na verdade formas ocultas para desarmar o poder dos trabalhadores. As medidas adotadas nessa época se traduziram no aumento do desemprego e enfraquecimento dos sindicatos sendo que, em cinco anos, a central sindical britânica (Trade Union Congress) perdeu aproximadamente 17% de seus associados. (HARVEY, 2014, p. 68).

O segundo exemplo se refere à abertura do Reino Unido à competição e aos investimentos externos, causando a ruína de determinados setores da economia, quando algumas empresas sumiram do mapa e outras enfraqueceram completamente, arrastando consigo os sindicatos.

Segundo Harvey, várias indústrias tradicionais, como as de aço e estaleiros, não suportaram a competição gerada pela abertura dos mercados nos anos 1980, sendo completamente arrasadas e levando com elas o poder sindical. Além disso, o oferecimento do país como base para os fabricantes de automóveis japoneses, que buscavam acesso ao mercado europeu – os quais instalavam suas fábricas em locais de baixa sindicalização, onde pudessem fazer valer o "estilo japonês" –, praticamente exterminou a indústria automobilística do país, que contava com "fortes sindicatos e tradições militantes". Fato é que, quando Thatcher deixou o governo, a greve havia caído para um décimo de seu nível anterior, e tanto o poder sindical quanto a força de trabalho estavam controlados. (HARVEY, 2014, p. 69).

Mas a disciplina imposta aos sindicatos e ao poder do trabalho organizado nem sempre se deu por vias indiretas e ocultas, embora em todos os casos pareça ter sido amplamente desejada. A situação que melhor ilustra isso se refere à forma combativa com que Thatcher agiu diante da greve dos mineiros, em 1984, para fazer valer sua decisão de fechar e privatizar as minas de carvão.

Quando o governo anunciou sua decisão, a greve, que durou vários meses, já era esperada, de maneira que Thatcher a ela se antecipou, fazendo uma grande reserva de carvão para evitar que faltasse energia, o que lhe permitiu ganhar tempo, resistir às pressões e vencer a batalha, prosseguindo em seus planos de fechamento e privatização das minas. (FUCS; BERNARDES, 2012).

O resultado é visível até hoje e deixa claro o caráter disciplinador das medidas adotadas. O trecho a seguir, retirado de reportagem da Folha de São Paulo do ano de 2009, é esclarecedor:

> Antes do confronto, eles somavam 200 mil, espalhados por 130 minas de carvão. Vinte cinco anos depois, não passam de 1.800, em apenas seis minas restantes. Nenhuma trajetória expõe tão bem a visão econômica dos anos Thatcher quanto a dos mineiros britânicos, reduzidos a pó depois de uma greve de 16 meses, em 1984 e 1985, que terminou em nada. **Ao quebrar o então mais poderoso sindicato do país, Thatcher fez valer seu programa de fechar as minas, mas**

conseguiu mais do que isso. Daquele ponto em diante, todos os sindicatos do país sabiam que não era possível contestar o governo, que o neoliberalismo e o enfraquecimento dos direitos trabalhistas estavam ali para ficar. Nas ruas de casinhas iguais, os tempos difíceis provocados pela recessão dos anos 80 parecem mais distantes, ao menos na superfície. Mas basta surgir o nome de Thatcher para ódios antigos surgirem das profundezas onde estavam enterrados. "A maioria dos sindicatos viu como ela nos destruiu, então perceberam que não havia nada a fazer, porque senão seriam destruídos também", afirma Chris Kitchen, 42, secretário-geral do que restou da NUM (Sindicato Nacional dos Mineiros, na sigla em inglês), na sede da entidade, em Barnsley. (LEITE, 2009, grifo nosso).

A vitória do governo contra a greve dos mineiros é bastante simbólica, porque muito além de representar uma vitória pontual contra uma greve, representou uma espécie de recado a todos os sindicatos e trabalhadores, no sentido de que as políticas neoliberais e a declinação do Direito do Trabalho eram um ponto sem volta, e que, caso tentassem algo, o destino seria o mesmo dos mineiros. Cuidou-se, pois, de um aviso disciplinador.

Retornando ao livro de Harvey, o terceiro exemplo que se destaca diz respeito ao processo de privatização de todos os setores sob o âmbito estatal, sendo dois pontos desse procedimento bastante curiosos, ainda que não se relacionem diretamente com o Direito do Trabalho.

O ponto número um está ligado à forma de avaliação das empresas públicas a serem privatizadas, o que, em muitos casos, se traduziu numa forma de acobertar, por meio da avaliação, incentivos ou subsídios ao capital privado, excluindo-se do processo avaliativo aspectos que aumentariam seu valor.[90] (HARVEY, 2014, p. 70).

Dessa perspectiva, favorecia-se uma espécie de especulação a partir da privatização, porque, por trás da avaliação a menor, existiam ganhos ainda não contabilizados, embora muitas vezes já conhecidos dos compradores.

O ponto número dois da privatização liga-se à tentativa de se produzir uma mudança cultural na sociedade, lançando ideias de responsabilidade pessoal e corporativa, estimulando as noções de eficiência, iniciativa e inovação (HARVEY, 2014, p. 70), que deveria se espraiar para todos os campos da vida,

---

(90) Segundo Harvey (2014, p. 70): "Em vários casos, esconderam-se subsídios na própria forma de avaliação – empresas de água esgotos, estradas de ferro e mesmo empresas geridas pelo Estado no setor automobilístico e na indústria de aço detinham propriedades fundiárias em locais nobres de alto valor, o que foi excluído das avaliações de forma definitiva".

inclusive para o mundo do trabalho. Toda oportunidade era válida para relembrar esses ideais.

Por fim, o quarto exemplo que se deseja referenciar se relaciona às dificuldades encontradas por Thatcher ao tentar desmoronar o Estado de Bem-Estar Social, tarefa na qual encontrou muitos obstáculos, tendo em vista a existência de valores culturais enraizados na sociedade.

Mesmo abusando de sua retórica, apelando para a ideia de que cada um deve ser responsável por si mesmo, esbarrou em limitações estabelecidas pela opinião pública e por divergência entre membros de seu próprio governo, que não aceitavam a privatização de certos setores da economia nem o ataque a determinadas áreas, como era o caso da educação. Fazer ruir o Estado de Bem-Estar, foi uma tarefa que a primeira-ministra não conseguiu realizar com sucesso. Conforme Harvey:

> Desmantelar o Estado de bem-estar social era, no entanto, uma tarefa bem diferente. Atacar áreas como a educação, a assistência à saúde, a assistência social, as universidades, a burocracia do Estado e o judiciário foi uma tarefa que se mostrou bem difícil. Nesse caso, ela teve de combater atitudes arraigadas e muitas vezes tradicionais de classe média alta de seus principais apoiadores. Thatcher buscou desesperadamente estender a todas as áreas o ideal da responsabilidade pessoal (por exemplo, através da privatização da assistência de saúde) e reduzir ao mínimo as obrigações do governo. Mas não conseguiu avançar tão bem. **Para a opinião pública britânica, havia limites à neoliberalização de tudo**. Para dar um exemplo, só em 2003 um governo trabalhista, enfrentando oposição generalizada, conseguiu introduzir na educação superior do país uma estrutura de pagamento de taxas. Em todas essas áreas houve dificuldade para forjar uma aliança de consentimento para os fins da mudança radical. No tocante a isso, seu Gabinete e seus partidários estavam notoriamente divididos (entre os "secos" e os "molhados"), e houve vários anos de desgastantes confrontos em seu próprio partido e na mídia para conseguir implantar modestas reformas neoliberais. **O melhor que ela pode fazer foi implantar à força uma cultura de empreendedorismo** e impor estritas regras de controle, responsabilidade financeira e produtividade a instituições, como as universidades, em que essas medidas não eram muito adequadas. (HARVEY, 2014, p. 71, grifos nossos).

Sem dúvidas, a forte estrutura de bem-estar presente na Grã-Bretanha e a ampla absorção de seus valores na cultura do povo dificultaram as tentativas de Thatcher reverter alguns compromissos do pós-guerra e mostraram que exigiriam mais tempo e mais esforço do que sua retórica poderia alcançar naquele momento. A conclusão que se retira do caso britânico é que nem sempre transformar o espírito do homem é tarefa fácil.

Passando ao caso dos Estados Unidos, a vitória do novo presidente Ronald Reagan, em 1980, também significou rompimento com o período fordista e expurgo de "impurezas" do mercado. O lema de seu governo era: cortes de gastos públicos, desregulamentação de quase todos os setores da economia, cortes de impostos das camadas mais altas da sociedade e ataques ao poder sindical.

Seu desejo de exterminar as forças sindicais era claro, coisa que, aliás, deu exemplo de como colocar em prática, já em 1981, ao destruir o Pacto, o sindicato dos controladores de voo, que era um "ícone da classe média" no país. Mas a demolição da seara trabalhista ocorria das mais diversas formas possíveis em seu governo, seja mediante a redução de impostos, favorecendo a transferência de empresas para regiões menos sindicalizadas, seja por meio da retórica das vantagens da flexibilização dos processos e dos contratos de trabalho, a fim de minar a ação coletiva. (HARVEY, 2014, p. 61-63).

Em se tratando da desregulamentação, no governo de Reagan ela ocorreu da maneira mais extensa possível, abarcando desde empresas aéreas e de telecomunicações até o sistema financeiro, abrindo possibilidades infinitas para que o capital pudesse fluir mais facilmente de um lugar a outro e para que buscasse no exterior maior retorno sobre o investimento. Mas além da desregulamentação, houve redução expressiva nos impostos corporativos, existindo também, com a desindustrialização interna, uma tendência cada vez maior de levar a produção para o exterior (HARVEY, 2014, p. 34).

É assim que, a partir da década de 1980, vê-se um aumento cada vez mais significativo da mobilidade do capital industrial e financeiro, não só nos Estados Unidos, mas em todo o mundo, mobilidade global que já havia começado no pós-Segunda Guerra, com a redução das barreiras ao comércio internacional e de outras mudanças já introduzidas naquele período, mas que agora seria acentuada por políticas de liberalização dos mercados financeiros, desregulamentação e privatização etc., adotadas por Estados de diferentes partes do globo, tudo com o apoio, incentivo e exigência de forças externas ao Estado.

Para entender o que se está dizendo, deve-se lembrar de como o neoliberalismo é implantado em alguns países, principalmente aqueles que vivem uma crise fiscal e dependem de empréstimos para reorganizar a casa. Sobre isso, o caso mexicano é um marco nesse sentido, porque representa o início de uma nova estratégia de introduzir ajustes neoliberais em escala global a partir da década de 1980.

A história é mais ou menos assim: quando o México foi levado à moratória em 1982-84, os Estados Unidos estavam prestes a retirar o apoio ao FMI, entretanto, uma solução veio à luz para realinhar seus interesses: a dívida mexicana seria "rolada" para frente, mas em troca seria exigida a adoção de reformas neoliberais pelo país. A ideia foi "tão boa" que, desde então, esse se tornou um procedimento padrão e, em troca do reescalonamento da dívida, o FMI - a contar desse momento cada vez mais livre das influências keynesianas - impõe aos países devedores profundas reformas estruturais, que envolvem cortes com gastos sociais, flexibilização de direitos trabalhistas e privatizações, tornando-se, ao lado do Banco Mundial, um centro de propagação e implantação do neoliberalismo. (HARVEY, 2014, p. 38).

Em síntese, pode-se dizer que, em 1980, a missão dessas entidades (FMI e BM) se viu completamente alterada, e isso se deve à adesão dos governos mais poderosos do mundo à nova racionalidade neoliberal, que adota a concorrência como regra suprema dos governos, seja no campo interno ou externo. (DARDOT; LAVAL, 2016, p. 198).

Como consequência, esses organismos se transformaram em instrumentos de propagação dessa racionalidade para as economias mais frágeis, as quais, para conseguir "aprovação" dessas organizações e, assim, melhorar sua imagem perante credores e investidores internacionais, submetem-se às suas "recomendações", que são a elas vendidas, como numa estratégia de marketing, como a salvação de suas economias em crise, embora se saiba na atualidade que as reformas neoliberais implicaram instabilidade econômica e social para muitos países. (DARDOT; LAVAL, 2016, p. 198).

Apesar disso, acredita-se que a maior gravidade dessa forma de implantação de reformismos neoliberais é o perigo que representa para a soberania e democracia, porque submete as escolhas do Estado à aprovação e vontade de agentes externos, que, muitas das vezes, são estranhas à vontade de seu próprio povo.

Mas o ponto é que aos países endividados nada resta a não ser adotar as recomendações que os tornam mais atraentes aos credores e investidores. Tanto é assim que, na década de 1990, um conjunto de "dez mandamentos", conhecido como Consenso de Washington, seria compilado e se tornaria a política oficial do FMI, que aconselharia sua observância aos países para melhorar seu desenvolvimento econômico e, se for o caso, para obter empréstimos.

> Entre as dez recomendações da nova ordem mundial, encontramos: disciplina orçamentária e fiscal (respeito ao equilíbrio orçamentário e diminuição dos descontos obrigatórios e taxas de impostos), liberalização comercial, com supressão de barreiras alfandegárias e fixação de taxas de câmbios competitivas, abertura à movimentação de capitais estrangeiros, privatização da economia, desregulamentação e criação de mercados concorrenciais e proteção aos direitos de propriedade, em particular à propriedade intelectual dos oligopólios internacionais. (DARTDOT; LAVAL, 2016, p. 197-198).

Basicamente, tratava-se de um jeito de impor ao resto do mundo, à força ou por livre espontânea vontade, a adoção de políticas neoliberais semelhantes àquelas adotadas pelos Estados Unidos e Grã-Bretanha.

Tanto é verdade que, no fim da década de 1990, os países periféricos, que haviam enfrentado uma crise em sua balança de pagamentos no período anterior, apareceriam nessa época como "um universo relativamente homogêneo do ponto de vista de suas políticas econômicas e de sua forma de inserção desregulamentada e subordinada às finanças privadas internacionais.". (FIORI, 2007, p. 51-52).

Por isso, a essa altura, o modelo keynesiano estaria fora de moda e seria lícito ouvir dizer, tanto da direita quanto da esquerda, ou como aponta Harvey (2014, p. 23) de Clinton a Tony Blair a afirmação: "agora somos todos neoliberais".

Isso porque, segundo a lógica neoliberal, os Estados podem dar contornos locais às suas leis e políticas, no entanto, devem se ater à substância do consenso, substância essa estabelecida, em grande parte, fora de seus limites territoriais. (BACKER, 2005, p. 258).

O que esse sistema pede aos Estados, afirma Larry Catá Backer, é que eles, como atores independentes que devem refletir a vontade política existente em seu território, assumam "um novo padrão, de dependência, que reflita a vontade política de uma comunidade de atores não residentes em seu território e que controlam a estrutura normativa" sobre a qual eles têm "pouco ou nenhum controle". O resultado é o esvaziamento do Estado, o qual, ainda que pareça o mesmo por fora, vê seu poder compartilhado com outros atores. (BACKER, 2005, p. 258).

Mais uma vez se trata de uma questão de soberania e democracia, que se veem enfraquecidas nesse processo de captura do poder estatal para além de suas fronteiras, a qual parte de uma tentativa de fazer do neoliberalismo uma reivindicação global inevitável.

Foi assim que, desde a década de 1970 até os dias de hoje, assistiu-se, em menor ou maior grau, a uma onda de financeirização, liberalização, desregulamentação, flexibilização, privatização etc., por várias partes do mundo, acompanhadas e fazendo parte de um processo de globalização cada vez mais assumido desde a década de 1980[91], que as transformou em medidas quase inquestionáveis e inevitáveis para a solução de problemas e para a geração de progresso, apesar de se objetivar, na verdade, espalhar a predominância dos interesses de mercado pelo planeta.

---

(91) Segundo Moraes (2004, p. 311), na década de 1980, abre-se a era da globalização "reconhecida e assumida".

Segundo Fiori, a globalização tende a ser apresentada como resultado necessário da "terceira revolução tecnológica - microeletrônica e informacional - e das novas formas de competição econômica em escala global", mas, embora a globalização possa ter sido facilitada por esses aspectos tecnológicos e econômicos, não pode ser com eles confundidos. (FIORI, 2007, p. 75).

Cometer essa confusão, de acordo com Fiori, é uma maneira de despolitizar a questão, tratando a globalização como fruto de "forças impessoais do mercado ou do progresso tecnológico", ou mesmo como algo que se procede de forma automática e sem escolhas, desconsiderando que seu sentido e significado foram construídos por algumas poucas potências, mais especificamente pelo eixo anglo-saxão, que desejava expandir e impor o seu poder de comando ao resto do mundo. (FIORI, 2007, p. 53).

A globalização vista de forma despolitizada - em vez de ser reconhecida como resultado das políticas adotadas pelos próprios Estados sob imposição de outros mais fortes -, é só mais uma forma de justificar a adoção do neoliberalismo, como se não existissem alternativas, o que, embora não seja verdade, serve de argumento à adoção de políticas neoliberais da década de 1970 até os dias de hoje, num processo que ainda não teve fim, impactando e transformando os Estados e, por conseguinte, o Direito do Trabalho.

4.7. Reformas neoliberais e seus impactos sobre o Direito do Trabalho e Estado

As reformas neoliberais, proporcionadas pelos Estados, e associadas a aspectos alheios a eles, como o avanço tecnológico, vêm impactando o Direito do Trabalho e, ironicamente, os próprios Estados, não só no que diz respeito à forma de Estado de Bem-Estar, mas à sua forma primária de Estado-nação, Estado Moderno, fundado nas ideias de soberania, território e povo.

No que toca ao Direito do Trabalho, na década de 1980, por exemplo, o aumento da taxa de desemprego justificou profundas reformas no mercado de trabalho, conduzindo a uma ampla revisão no contrato social do pós-guerra, "sob o signo de uma 'flexibilização' - alegadamente, havia muito necessária - das instituições reguladoras do mercado". (STREECK, 2018, p. 99).

Mas além do aumento da taxa de desemprego, outros fatores serviram de justificação à flexibilização, sendo três deles bastante significativos. O primeiro, como apontado anteriormente, é que políticas e direitos sociais passaram a ser vistos como parte da causa do endividamento do Estado e como fator de entrave ao crescimento econômico, temas que foram inclusive objeto de publicação de estudos da época. Sendo assim, sob a lógica neoliberal, era preciso cortar despesas sociais e flexibilizar o mercado para fazer a economia crescer.

O segundo é que, na década de 1990, com o aumento da internacionalização da economia e a proliferação da doutrina neoliberal de que era necessário melhorar os "incentivos ao desempenho" para reanimar o crescimento econômico, os Estados nacionais se viram submetidos a uma crescente concorrência internacional, que os levou a realizar reformas fiscais e trabalhistas sob o argumento de aumentar o crescimento da economia e atrair e fidelizar empresas (STREECK, 2018, p. 110 e 112), tendo em vista que elas poderiam deslocar suas produções e investimentos para países mais atrativos.

O terceiro, como aponta João Leal Amado (2015, p. 183), é que os sindicatos e o próprio Direito do Trabalho passaram a ser acusados, desde a década de 1970, de serem os causadores do desemprego, o que, aliás, somado aos outros fatores, foi fundamental para tentar transformar o Direito do Trabalho num instrumento de promoção do emprego e do investimento a partir do último quartel do século XX, levando-o a sofrer o que o autor chama de "colonização economicista", ao ser dominado cada vez mais por considerações de eficiência, como produtividade e competitividade, desligando-se de sua axiologia própria ligada à solidariedade, dignidade, igualdade etc.

A ideia que se consolidou nesses anos, mas que continua valendo na atualidade, é que, se os "rígidos" mercados de trabalho não fossem flexibilizados - e isso abrangia, segundo Guy Standing (2017, p. 22)(92), flexibilidade de salários, vínculo empregatício, habilidades profissionais(93) etc. -, empregos não seriam gerados, a economia não iria crescer, o país perderia em competitividade e as empresas transfeririam seus investimentos e produções para locais onde os custos trabalhistas fossem mais baixos.

Esta última concepção, é interessante dizer, consiste em uma noção que não se aplica apenas às leis trabalhistas, mas às fiscais, ambientais e outras tantas. Como afirma Supiot, os modelos legislativos nacionais, assim como qualquer outra mercadoria, estão competindo entre si no "mercado global de normas" (SUPIOT, 2013), estando empresas à procura, não só de "paraísos fiscais", mas também de "paraísos sociais, ambientais, alfandegários etc.".

---

(92) Conforme Guy Standing, em 1980, "A flexibilidade tinha muitas dimensões: flexibilidade salarial significava acelerar ajustes a mudanças na demanda, especialmente para baixo; flexibilidade de vínculo empregatício significava habilidade fácil e sem custos das empresas alterarem os níveis de emprego, especialmente para baixo, implicando uma redução na segurança e na proteção do emprego; flexibilidade do emprego significava ser capaz de mover continuamente funcionários da empresa e modificar as estruturas de trabalho com oposição ou custo mínimo; flexibilidade de habilidade significava ser capaz de ajustar facilmente as competências dos trabalhadores". (STANDING, 2017, p. 22).

(93) Não sem razão, a partir da década de 1980, começa a se expandir pelo mundo a forma de organização do trabalho conhecida como toyotismo, a qual tinha como uma de suas características principais a construção de operador polivalente, ou seja, um mesmo operário sabendo operar e operando mais de uma máquina ao mesmo tempo. (OHNO, 1997, p. 31-32).

E isso, obviamente, tem reflexos democráticos, porque a política social e legislativa estatal, em vez estar unicamente focada nos interesses de seus cidadãos, passa a estar afetada e condicionada por questões de mercado, já que, conforme lembra Supiot, não é mais a livre concorrência que está baseada no direito, mas o direito que está baseado na livre concorrência (SUPIOT, 2013), tendo se tornado um produto do Estado-empresa, que o utiliza para se tornar mais competitivo.

Para finalizar a questão da flexibilização, deseja-se tão somente destacar que esta também é alcançada ou reforçada por meio de um discurso retórico que visa ressaltar sua positividade, de garantir maior liberdade e autonomia às partes que integram a relação de emprego, principalmente o empregado, ocultando, por outro lado, seus aspectos negativos e desagradáveis.

Conforme Streeck, há sempre por parte de seus defensores, políticos ou empregadores o esforço de disfarçar, por meio de artifícios argumentativos, "a diferença entre a mobilidade escolhida pela própria pessoa e a mobilidade forçada, entre o trabalho independente e precariedade, entre demitir-se e ser demitido [...]". (STREECK, 2018, p. 79).

Esse esforço deu certo em 1970 e, aparentemente, ainda tem algum sucesso na atualidade. A estratégia consiste em captar o que há de compatível entre os desejos da sociedade com a flexibilidade e adaptar o discurso para vender a ideia, sempre ocultando seu "defeito" de proporcionar ao trabalhador mais insegurança do que liberdade.

Tanto é assim que na Europa já se prega a chamada "flexisegurança", um misto de flexibilidade e segurança no mercado de trabalho, que visa atender tanto às necessidades de flexibilidade dos empregadores quanto às necessidades de segurança dos trabalhadores.

O objetivo, segundo consta em comunicado da Comissão das Comunidades Europeias, é "modernizar" e "adaptar" o mercado de trabalho aos desafios e oportunidades proporcionados pela globalização, fazendo da flexisegurança uma estratégia para ajudar a criar "mais e melhores" empregos. (COMISSÃO DAS COMUNIDADES EUROPEIAS, 2007).

De acordo com o documento, as políticas de flexisegurança podem variar de acordo com cada país, mas em geral devem ter como base quatro pilares:

> – Disposições contratuais flexíveis e fiáveis (tanto na perspectiva do empregador como do trabalhador, dos insiders como dos outsiders), mercê da modernização das legislações laborais, dos acordos colectivos e da organização do trabalho;

- Estratégias globais de aprendizagem ao longo da vida para garantir a constante adaptabilidade e empregabilidade dos trabalhadores, em especial os mais vulneráveis;

- Políticas activas de emprego que, com eficácia, ajudem as pessoas a lidar com a rapidez da mudança, reduzam os ciclos de desemprego e facilitem as transições para novos empregos;

- Sistemas de segurança social modernos, que assegurem apoios adequados ao rendimento, fomentem o emprego e facilitem a mobilidade no mercado de trabalho. Aqui se inclui uma ampla cobertura em termos de protecção social (subsídios de desemprego, pensões e cuidados de saúde), que ajude as pessoas a conjugar responsabilidades profissionais, privadas e familiares, como a assistência a filhos. (COMISSÃO DAS COMUNIDADES EUROPEIAS, 2007).

Do ponto de vista do trabalho, a flexisegurança tem pelo menos dois problemas. O primeiro é que ela foca na promoção da empregabilidade em vez de focar na tutela do emprego. (AMADO, 2015, p. 185).

Nesse sentido, sob o argumento de promover mais empregos e possibilitar maior reinserção de trabalhadores no mercado, defende-se, por exemplo, uma proteção mais branda e flexível em relação à despedida de empregados, aumentando as hipóteses que legitimam sua ocorrência e diminuindo seus custos de operação.[94]

(94) Sobre a flexibilidade dos contratos, muito interessante os argumentos que são usados para defendê-la. Ao tratar da proteção contra despedidas, a Comissão das Comunidades Europeias expõe: "Enquanto alguns trabalhadores se encontram em situações de muita flexibilidade e pouca segurança, outros estão vinculados a disposições contratuais que desincentivam ou atrasam as transições. Este é particularmente o caso quando existe uma legislação rigorosa de protecção do emprego contra os despedimentos por motivos económicos. Segundo estudos realizados, uma legislação rigorosa de protecção do emprego reduz o número de despedimentos, mas também a taxa de reinserção no mercado de trabalho após um período de desemprego. Na decisão de contratar novos efectivos, as empresas terão em consideração a probabilidade de virem a ter de suportar elevados custos de despedimentos. Este é um dado que reveste especial relevância para as pequenas empresas. Outras análises sugerem ainda que, embora sejam limitadas as repercussões no desemprego total de uma legislação rigorosa de protecção do emprego, esta pode ter efeitos negativos nos grupos com maiores dificuldades para entrar no mercado de trabalho, tais como os jovens, as mulheres, os trabalhadores mais velhos e os desempregados de longa duração. As mulheres, por exemplo, tendem mais frequentemente a alternar períodos de emprego e inactividade, em especial quando tentam conciliar vida profissional e familiar, e, por conseguinte, são mais afectadas pelas dificuldades de contratação decorrentes de uma legislação rigorosa de protecção do emprego. Uma legislação deste tipo incentiva, por vezes, o recurso a vários tipos de contratos temporários que proporcionam uma protecção diminuta — frequentemente oferecidos a mulheres e jovens — e limitam a progressão para contratos de duração indeterminada. Daqui resulta uma segmentação do mercado de trabalho que a flexigurança procura resolver". (BRUXELAS, 2007).

O Contrato do Primeiro Emprego, lei que o governo francês lutou para conseguir impor em 2006, não sem protestos, exemplifica a ideia. Sob a alegação de reduzir o desemprego juvenil, esta lei permitia que jovens menores de 26 anos fossem despedidos sem motivação por seus empregadores durante os dois primeiros anos de contrato. (SUPIOT, 2013).

Segundo Alain Supiot (2013), a lei, que se baseava em comparações internacionais genéricas, restou aprovada como "questão de urgência" - sem negociação com sindicatos e sem consulta a juristas - e, pior, além de não resolver o problema real enfrentado pelos jovens, que não é conseguir um emprego, mas conseguir um emprego estável, dificultou a obtenção de trabalho por maiores de 26 anos, estigmatizando-os e acrescentando à extensa lista de inseguridades laborais mais um elemento de insegurança.

Conforme o jurista, em artigo publicado em 2006, há trinta anos as reformas trabalhistas na maior parte dos países europeus vêm partindo dessa falsa suposição de que a legislação do trabalho obstaculiza o pleno emprego e a competitividade das empresas, atacando, sob tal justificativa, garantias que as pessoas mais necessitadas se apegam para viver. O resultado, de acordo com o ânimo do "mercado social" da época, tem sido a redução dessas garantias ou sua transferência ao Estado. (SUPIOT, 2006).

Hoje, mais de dez anos da publicação desse texto, pode-se dizer que a responsabilidade por certas garantias tem sido transferida aos próprios indivíduos, individualizando e privatizando os riscos. A saúde e a previdência privada são exemplos disso.

O segundo problema da flexisegurança é que, consoante um dos princípios que a norteia(95), ela deve se pautar no equilíbrio entre custos e benefícios, devendo, portanto, equilibrar as doses de flexibilidade e segurança em termos financeiros (AMADO, 2015, p. 185), o que submete aspectos da proteção do trabalhador a uma lógica econômica ou a um cálculo econômico, promovendo sua "economização".

Feitas essas considerações sobre a flexibilização, passa-se à privatização, que teve e tem como argumento reduzir gastos com funções que se tornaram caras demais para o Estado cuidar, entre elas, aquelas funções resultantes do

---

(95) A Comissão das Comunidades Europeias propõe a observância de oito princípios ao adotar políticas de flexisegurança, um deles é o seguinte: "8. As políticas de flexigurança implicam custos orçamentais e a sua aplicação deve contribuir para políticas orçamentais sólidas e financeiramente sustentáveis. Devem visar uma distribuição equitativa de custos e benefícios, em especial entre as empresas, os indivíduos e os orçamentos públicos, com uma tónica específica na situação das PME. Ao mesmo tempo, as políticas de flexigurança eficazes podem contribuir para este objectivo global". (BRUXELAS, 2007).

"excesso de democracia" que começaram a pesar em seu orçamento desde meados da década de sessenta.

Dessa maneira, seguindo as reformas neoliberais, tarefas que haviam sido atribuídas ao Estado ao longo do século XX foram entregues total ou parcialmente à economia de mercado, "desde sistemas de pensões, passando pelos cuidados com a saúde e pela formação, até a responsabilidade pelo nível de emprego". (STREECK, 2018, p. 118-119).

Sobre a privatização há três comentários a se fazer. O primeiro é que ela é desejada, porque setores consolidados sob o Estado de Bem-Estar Social transformaram-se, sob sua égide, em necessidades básicas das pessoas, como o acesso à educação, saúde, segurança social, água tratada, energia elétrica, saneamento etc., as quais se tornaram mercados que valem muito dinheiro, despertando o interesse insaciável do capital, inclusive o financeiro (NUNES, 2008, p. 66), o que demonstra que, por trás de um discurso supostamente interessado no equilíbrio das finanças públicas, há um desejo interesseiro "oculto".

O segundo comentário diz respeito a uma invenção americana, presente na Europa e também no Brasil. Cuida-se da concepção de que, para salvaguardar o interesse público, diante de privatizações, devem ser criadas agências reguladoras independentes, responsáveis por regular os mercados e promover a defesa da concorrência. Segundo António José Avelãs Nunes, essa é mais uma das artimanhas neoliberais, que sob a máscara da "economia de mercado regulada", visa afastar o Estado da economia. (NUNES, 2008, p. 67).

Sem dúvidas, trata-se de mais uma maneira de desvincular o campo político do campo econômico, o que contribui para o esvaziamento das funções do Estado e também da democracia, e isso ocorre ao menos por dois motivos.

O primeiro motivo refere-se ao fato de que, quando se passa a regulação de certas áreas da economia para órgãos técnicos, isso despolitiza o debate sobre suas ações, que passam a ter uma espécie de caráter científico, o qual as torna indiscutíveis.

Conforme Supiot, "as normas científicas e religiosas são as únicas que escapam ao debate político em uma sociedade democrática, razão pelo qual é preciso crer e fazer crer que a economia pertence ao âmbito da ciência, a fim de despolitizá-la". (SUPIOT, 2010, p. 173).

O segundo motivo diz respeito justamente ao fato de as autoridades reguladoras não serem órgãos técnicos politicamente neutros, ou seja, órgãos que exercem funções meramente técnicas.

Isso porque "detêm poder político, exercem funções políticas e tomam decisões políticas, com importantes repercussões sociais e políticas, que deveriam ser confiadas a entidades legitimadas democraticamente e politicamente responsáveis". No entanto, apesar de chamarem para si parcelas consideráveis de soberania, tomando decisões que afetam a vida de milhares de pessoas, essas agências não são democraticamente escolhidas nem prestam contas à sociedade da forma como se gostaria. (NUNES, 2008, p. 68).

Por fim, o terceiro e último comentário sobre as privatizações, principalmente da saúde e da previdência, relaciona-se à financeirização geral da sociedade. O exemplo vem dos Estados Unidos, onde a seguridade dos trabalhadores está mais vinculada aos contratos de trabalho do que ao Estado e onde as empresas têm transferido os planos de pensão de alguns trabalhadores para fundos de aplicação no mercado financeiro, transformando-os em investidores. (POCHMANN; MORAES, 2017, p. 46). Para ter uma ideia, Pochmann e Moraes mencionam:

> Em 1982, cerca de 20% das famílias tinham dinheiro investido no mercado de ações. Em 2000, mais da metade estava dentro dele, a maior parte através de fundos mútuos e contas de previdência privada. Viraram 'investidores' passo a passo, quase sem perceber .... (POCHMANN; MORAES, 2017, p. 46).

Ainda na esteira da financeirização, em curso desde 1980 por meio da adoção de políticas neoliberais e que trouxe tantos benefícios e possibilidades ao capital(96), deve-se dizer que seria ela mesma que propiciaria a formação de bolhas e de novas crises, cada vez mais sentidas no mundo inteiro, que culminariam na crise de 2008, colocando todos em estado de aporia e em busca de um salvador.

Num cenário de ruína do sistema bancário internacional, os Estados voltariam à cena econômica. Eles viriam para salvar o sistema bancário privado, juntar os cacos que haviam sobrado da crise financeira e para tentar resgatar a ordem, uma das poucas tarefas que não puderam ser privatizadas. (STREECK, 2018, p. 87).

Nesse contexto, muitos acreditaram que aquele seria o fim do neoliberalismo, com o "retorno do Estado" e da regulamentação dos mercados. Mas, embora haja sinais econômicos e políticos de graduais questionamentos à ordem neoliberal(97), o fato é que o neoliberalismo ainda não teve fim, sendo que,

---

(96) As próprias empresas estão se tornando financeirizadas. Vide o caso da General Electric, tradicional conglomerado industrial, que tem se envolvido cada vez mais com operações financeiras. (POCHMANN; MORAES, 2017, p. 43) Seja para se proteger de oscilações no valor de moedas que podem afetar seus negócios, seja simplesmente para especular e aumentar seus lucros, empresas vão tornando secundários os campos da produção e inovação para se dedicar ao mercado financeiro, o que significa, por outro lado, estar sujeitas e sujeitar seus trabalhadores aos riscos que ele promove.

(97) De acordo com Pochmann e Moraes, o gradual questionamento da ordem neoliberal aparece por meio indicadores econômicos de esvaziamento da globalização neoliberal, assim como se revela por insubordina-

muito longe de enfraquecer as políticas neoliberais, a crise as reforçou na forma de planos de austeridade[98] adotados por Estados que promovem a "lógica da concorrência dos mercados financeiros". (DARDOT; LAVAL, 2016, p. 14).

Se alguém aposta no "retorno do Estado", é porque fez um mal diagnóstico da crise dos anos 1970, e não entendeu muito bem o que é neoliberalismo, nem qual o papel do Estado nesse sistema, muito menos percebeu o que a globalização-neoliberal ocasionou ao próprio Estado, ao lado de outros fatores conjunturais.

A adoção de políticas neoliberais, seja de forma espontânea ou não, parece mais um ritual de automutilação do Estado, que se torna um agente ativo de sua própria deterioração, tanto em sua face de Estado de Bem-Estar Social quanto em sua face de Estado Moderno.

Quanto mais consistentemente aplica fórmulas neoliberais de liberalização, flexibilização, desregulamentação, redução tributária etc., menos o Estado que as promove detém poder em suas mãos e, consequentemente, menos pode deixar de aplicá-las caso deseje ou se veja forçado a fazê-lo. (BAUMAN, 1999).

Fato é que as tantas ações que podem compor as reformas neoliberais e que são fortemente recomendadas pelo FMI para tornar os Estados mais atraentes aos investidores e mais confiáveis aos credores, suplantam suas escolhas e políticas, que devem se conformar a vontades externas.

E essas vontades externas, que não devem nada aos eleitores do Estado que adota as reformas – porque vêm de forças supranacionais não escolhidas democraticamente, como o FMI, Banco Mundial, União Europeia, Transnacionais etc. –, não se importam nem um pouco se as reformas vão prejudicar os cidadãos que habitam seu território.

Os credores, por exemplo, só estão preocupados se o Estado devedor será solvente, pois a verdade é que a dívida em si mesma nunca foi um problema, até porque quanto mais endividado, mais dependente das forças do mercado o Estado estará, o que significa que continuará atendendo a seus propósitos. (STREECK, 2018, p. 121-123 e 129).

ções políticas de relevância. No campo dos indicadores econômicos, pode-se mencionar que desde 2008 a globalização dá sinais de recuo; estudos como o do Instituto Global Mackinsey sinalizam para retrações na internacionalização das finanças; o comércio externo, que representou quase 50% do PIB entre 1980 e 2008, baixou para próximo de 2/5 em 2016. No campo político mencionam o ressurgimento e apoio a crescentes políticas nacional-protecionistas; insubordinações políticas como o Brexit (saída do Reino Unido da União Europeia) e como "a negação das reformas liberalizantes de Matteo Renzi na Itália"; a eleição de Donald Trump etc. (POCHMANN; MORAES, 2017, p. 22-23).

(98) Segundo António Casimiro Ferreira (2011), austeridade significa "o processo de implementação de políticas e de medidas econômicas que conduzem à disciplina, ao rigor e à contenção econômica, social e cultural".

Nesse sentido, o objetivo dos credores – que se fez presente em décadas passadas, mas é bastante atual, já que a crise pós-2008 fez elevar o endividamento das democracias ricas para um nível que causa desconfiança sobre a capacidade de solvência do Estado – é garantir que, havendo algum problema, os direitos do "povo do mercado" tenham prioridade sobre os direitos do "povo do Estado". E a melhor maneira de conseguir tal prioridade é impor ao Estado, entre outras coisas, a adoção de mecanismos – de preferência, incorporados na Constituição – de "impedimento ao endividamento", restringindo, assim a "soberania dos eleitores e dos futuros governos no que diz respeito às finanças públicas.". Isso, porque enquanto os eleitores puderem votar e substituir o governo, o "povo do mercado" não pode ter certeza de que seus anseios estarão a salvo. Então é bom que se coloque isso na Constituição! Lembrando que "impedir o endividamento" significa, em outras palavras, que o Estado deve cortar gastos públicos, o que inclui gastos com programas sociais, promovendo medidas que vão contra a própria população. (STREECK, 2018, p. 123, 132-133).

É que o endividamento do Estado é sempre visto pelo lado das despesas, esquecendo-se de que as receitas também fazem parte desse contexto, o que se coaduna com a visão neoliberal de que é o excesso de demandas sociais que causa déficits financeiros.

No entanto, se o crescimento do endividamento público fosse resultado de um excesso de democracia, não haveria explicação para o crescimento da desigualdade de rendimento e de patrimônio nos países do capitalismo democrático após anos de neoliberalismo. Se houve "inflação de reivindicações" causadoras de déficit nas finanças públicas, ela se deu no lado das classes abastadas, as quais registraram aumento de rendimento e patrimônio, principalmente por conta da redução de tributos a seu favor, enquanto prestações sociais nas camadas inferiores restaram estagnadas ou diminuídas. (STREECK, 2018, p. 99 e 119).

Apesar disso, se o que se deseja é atrair a confiança dos mercados, deve-se esquecer da possibilidade de aumentar a tributação. Pelo contrário, deve-se reduzir os impostos, o que obviamente reduz a capacidade financeira estatal e serve para justificar mais e mais cortes sociais, mais transferência de funções do Estado ao mercado e mais privatização. No final, quem paga a conta é a população.

A estratégia em torno do Estado endividado é, portanto, uma excelente forma de se conseguir várias coisas simultaneamente e reciprocamente: ferir a democracia, tornando o Estado mais dependente dos mercados, ao mesmo tempo que se reduzem tributos e desmantelam políticas e direitos sociais, o que, por diferentes causas, fere ainda mais à democracia.[99]

---

(99) Quando se deixa de ouvir as demandas internas para ouvir as externas, e as políticas e direitos sociais são atacados, provoca-se insatisfação popular e a sensação de descrédito nos meios democráticos e na política, o que abre espaço para crenças de que algum Messias irá nos salvar. Além disso, ao se atacar os direitos

No caso da Europa, o endividamento traz ainda um aspecto adicional, porque, apesar de os Estados competirem entre si na arena econômica, mantêm relações de "solidariedade", socorrendo uns aos outros nos casos de apuro financeiro. Mas a verdade é que muito mais do que um ato solidário, a cooperação entre Estados para salvar um país que corre risco de insolvência é uma forma de proteger investidores de prejuízos, assim como é uma forma de proteger a si mesmos de terem de resgatar seus bancos nacionais das perdas advindas dos empréstimos não pagos pelo devedor, o que traz algumas situações peculiares para os países europeus. (STREECK, 2018, p. 137).

> Como não se trata de salvar nações, mas as carteiras de credores delas, estabilizando, assim o mercado global de títulos da dívida soberana, não importa se o rendimento *per capta* de um país doador é ou não inferior ao do país beneficiário. Por isso mesmo, não há qualquer contradição no fato de o apoio prestado nem sequer chegar ao país em questão, mas ir diretamente para seus credores estrangeiros. No entanto, os países "regatados", apesar ou precisamente por causa disso, têm de exigir de seus cidadãos cortes profundos no nível de vida, garantindo a confiança dos mercados financeiros no longo prazo, mas também para acalmar os cidadãos dos Estados doadores que têm igualmente de aceitar cortes nos orçamentos públicos e nas prestações sociais para financiar a solidariedade da comunidade dos Estados com os "mercados". Consegue-se, assim, que ambos os lados, tanto "doadores" como "beneficiários", encarem o tributo a pagar aos mercados financeiros como chantagem recíproca de países ou populações com um grau de "riqueza" diferente ou dignos de uma riqueza diferente. (STREECK, 2018, p. 137).

Nesse caso, a solidariedade, muito antes de ser um ato de camaradagem entre países, apresenta-se como solidariedade com os credores, servindo para justificar cortes de gastos tanto nos países doadores quanto nos países "resgatados", que, a bem da verdade, nem sequer veem a cor do dinheiro – o qual retorna imediatamente para as mãos dos credores –, tendo ainda de promover reformas estruturais que afetam seu povo.[100]

Nessa situação, os Estados endividados se veem pressionados por mais de uma força externa. Além das pressões do mercado, cuja confiança eles têm que

---

sociais, ataca-se também, como já se percebeu, a cidadania, entendida como participação integral na vida da sociedade, e a democracia substancial, que tanto permite que a democracia política seja exercida quanto impede que meios democráticos sejam usados para destruir a própria democracia (política e substancial, a qual abarca os direitos sociais e de liberdade).

(100) Na prática, os planos de austeridades impostos aos países endividados podem ser sintetizados por duas expressões propostas por Ferreira (2011): "matar o doente pela cura" e "eu é que estou a pagar o que os outros fizeram".

ganhar, submetem-se à pressão dos Estados que os "socorreram", tendo de promover medidas desagradáveis à sua população para não causar a revolta do povo pertencente aos países doadores.

Nesse cenário, como assevera Backer, quando um Estado quebra, deve ser tratado como qualquer empresa falida, submetendo-se às regras de recuperação "impostas pela comunidade de Estados e seus instrumentos econômicos" (BACKER, 2005, p. 263), ainda que no fim das contas seus cidadãos sejam os mais prejudicados e sintam que o voto deles possui pouco valor.

O caso dos credores é só um exemplo de como muitos Estados hoje se encontram submetidos ao que Bauman chama de "duplo compromisso", expostos a duas pressões contraditórias, frequentemente impossíveis de conciliar: eleitores, presos a seu território, e forças globalizadas, "livres para flutuar com pouca ou nenhuma restrição no 'espaço de fluxos' extraterritorial sem política e capazes de tirar proveito das vantagens dessa liberdade" para frustrar e anular "[...] qualquer decisão tomada por qualquer governo de Estado territorial" que vá de encontro aos seus interesses. (BAUMAN; BORDONI, 2016, p. 30).

Esse conflito entre duas "comunidades de reivindicações" pelo controle do Estado (povo do Estado e povo do mercado), segundo Streeck, é um fenômeno novo. Mas o fato é que o povo do mercado está integrado em nível transnacional, e sua ligação com o Estado se dá na forma de investidor e não de cidadão. (STRECK, 2018, p. 125-129).

Assim, diferentemente dos eleitores, o povo do mercado "vota com os pés", não estando fixado a territórios, e sua "opinião pública", como expõe Streeck (2018, p. 125), se expressa na forma de números.

Mas como forças externas ao Estado ganharam tanta força? Em boa parte, isso se deu pela adoção de fórmulas do neoliberalismo, o que no caso de alguns países ocorreu espontaneamente, enquanto para outros ocorreu de forma forçada, uma vez que tiveram de trocar empréstimos por reformas neoliberais.

O ponto, conforme explica Bauman, é que o processo de desregulamentação promovido pelos Estados que aderiram, voluntariamente ou não, às reformas neoliberais provocou a separação entre poder e política, ou seja, separou a "capacidade de levar as coisas a cabo" da "habilidade de decidir que coisas são necessárias e devem ser feitas", que antes estavam concentrados nas mãos do Estado e lhe permitiam a resolução de crises. (BAUMAN; BORDONI, 2016, p. 21 e 32).

Com os reformismos adotados, parcelas de poder do Estado, antes contido no interior de suas fronteiras, foram capturadas por forças supraestatais que operam num "não local" "politicamente incontrolável", enquanto a política permanece circunscrita ao território. E quanto mais o Estado transfere suas funções ao mercado, mais se enfraquece e se vê forçado a fazê-lo, ao mesmo tempo que a tarefa de lidar com os efeitos sociais decorrentes da busca desenfreada de lucros dos mercados "desregulados" é transferida pouco a pouco aos próprios indivíduos (BAUMAN; BORDONI, 2016, p. 21 e 32), ao estilo da política social privatizada. É um círculo vicioso.

A única tarefa econômica que é permitida ao Estado e se deseja que ele cumpra é manter o "orçamento equilibrado", resistindo e reprimindo as pressões populares que clamem por intervenções no mercado ou por demandas sociais irreais (BAUMAN, 1999), porque, como se sabe, o "excesso de democracia" é causa do desequilíbrio financeiro estatal, pelo menos aos olhos do neoliberalismo.

Vinculado a isso, no campo social, o Estado recorre ao poder penal (seu monopólio da violência legítima) para sustentar o projeto capitalista neoliberal, promovendo a gestão dos indesejáveis (CASARA, 2018, p. 93), que são cada vez mais numerosos na sociedade, devido ao aumento das desigualdades sociais proporcionadas pelo neoliberalismo, fazendo com que o Estado deixe de lado sua função de proteger os direitos civis, políticos e sociais para assumir cada vez mais funções punitivo-repressivas. (FARIA, 1997, p. 50).

Por isso, enquanto se assiste a um crescimento da flexibilização dos direitos sociais e econômicos, no direito penal ocorre uma "situação diametralmente oposta" (FARIA, 1997, p. 50), verificando-se o aparecimento de um poder penal praticamente ilimitado.

No neoliberalismo, a marca do poder penal, segundo Casara, já não é seu autoritarismo nem seu uso seletivo, mas a ausência de limites a seu exercício. (CASARA, 2018, p. 93-95).

Fato é que, com o processo de reformas neoliberais, o Estado pode ainda aparentar, externamente, ser o mesmo, com sua "bandeira, cozinha regional, língua, religião e outras características locais", mas, por dentro, é esvaziado de poder (BACKER, 2005, p. 2005), restando-lhe apenas a repressão.

Com isso, assiste-se a contradição de um Estado forte e fraco ao mesmo tempo. Fraco, porque parcelas de seu poder foram capturadas por forças supraestatais, não escolhidas democraticamente, e que lhe impõem decisões e ações contrárias aos interesses de seu povo. Forte, porque cresce seu poder penal e sua repressão.

Assim, retornando ao ponto anterior, vê-se que na sociedade global, o Estado começa a dividir espaço com outros centros de poder, tanto no âmbito externo (organizações internacionais, blocos regionais, União Europeia, organizações não governamentais, empresas transnacionais[101] etc.) quanto no âmbito interno (agências reguladoras), os quais colocam em xeque o espaço que antes lhe era reservado, impondo-lhe pressões conformativas, que afetam sua soberania, e compromissos que vão além daqueles que a democracia exige.

Nesse cenário, até mesmo aquilo que seria seu monopólio, como a produção de normas jurídicas aplicáveis aos cidadãos de seu território, passa a ser delimitado, reduzido ou monitorado "por 'autoridades' políticas supranacionais - credores sem rosto e entidades multilaterais reguladoras ou chanceladoras, como o BM, o FMI e a OMC". (MORAES, 2004, p. 322).

Logo, a função do Estado de produzir e conformar o direito dentro do âmbito nacional se vê prejudicada, o que, como se pode imaginar, abala o Direito do Trabalho. Como dito em outro momento, há algum tempo, as coisas se inverteram, e não são mais os mercados que são delineados pelo Direito, mas o Direito que é delineado pelo mercado, absorvido por suas razões economicistas.

Porém, o quadro engendrado pela globalização-neoliberal tem outros efeitos sobre o Estado, que se agregam aos já mencionados. Num mundo globalizado, onde a "fábrica global instala-se além de toda e qualquer fronteira, articulando capital, tecnologia, força de trabalho, divisão do trabalho e outras forças produtivas"; no qual já foi decretado o "fim da geografia", pelo menos para o capital financeiro, que se move de um lugar a outro sem domicílio fixo, reduzindo os controles nacionais; onde se assiste por essas mesmas razões ao redimensionamento do tempo e espaço, com a "desterritorialização e reterritorialização das coisas, gentes e ideais" (IANNI, 2001, p. 19 e 65); não é estranho que os Estados e as cidades tenham se tornado "grandes latas de lixo" de problemas globais, tendo de lidar com desafios extraterritoriais a partir de instrumentos políticos projetados para uso territorial, fadados a dar soluções locais para problemas globais, vivendo o que Bauman chama de "crise de soberania territorial". (BAUMAN; BORDONI, 2016, p. 33).

Basta pensar em quão limitadas ficam as políticas de emprego dos governos diante da possibilidade de grandes conglomerados adotarem demissões em massa ou simplesmente deslocarem sua produção para outros países, ou como governos têm de absorver refugiados ou migrantes[102] em massa, fugidos de seus países para se livrar da guerra ou da miséria.

---

(101) Atualmente, somente nove países dispõem de orçamentos superiores ao faturamento dos grandes monopólios privados do mundo. (POCHMANN; MORAES, 2017, p. 15).

(102) Na trilha da abertura de fronteiras e "reterritorialização", deve-se mencionar que tal processo também mexeu com o conceito de nação, colocando em questão, conforme aponta Bordoni, "a ideia de comunidade nacional, baseada na mesma língua, nos mesmos costumes, na mesma religião, na mesma cultura". Isso, porque, enquanto as minorias religiosas, culturais, linguísticas, políticas etc. permaneceram circunscritas geograficamente em "guetos", isoladas do mundo, o conceito de nação pôde resistir, mas quando esses "gue-

Um Estado limitado, territorial e com uma soberania decadente depara-se com problemas imprevisíveis e que muitas vezes não foram criados em seu âmbito interno, não havendo quase nada que se possa fazer para resolvê-los. O máximo que pode tentar é ministrar um remédio paliativo, mas a causa da doença ainda está muito longe do alcance de suas políticas.

Pode parecer loucura, mas essa extraterritorialidade do capital, aliada à proliferação de Estados soberanos impotentes, é exatamente o que a nova "desordem" mundial precisa para se reproduzir (BAUMAN, 199, p. 1999), porque facilita a inserção de políticas neoliberais em seu seio.

Como percebeu Bordoni, o divórcio entre política e poder é uma separação de conveniência, porque torna a política dependente do poder supranacional, simultaneamente à demonstração de que este também depende da política para impor suas regras mais facilmente, demandando do Estado aplicação de princípios neoliberais. E este o faz numa tentativa desesperada de autopreservação, a fim de evitar se tornar mero serviço público, sem poder e sem política. (BAUMAN; BORDONI, 2016, p. 40).

E assim caminha o Estado rumo ao precipício, adotando medidas de corte neoliberal que atendem o mercado, que minam sua própria identidade, sendo partícipe de sua própria degradação. Povo, território e soberania são conceitos cada vez mais descolados do que já foram um dia, de modo que o Estado está se tornando uma espécie de "Estado sem Estado".[103]

A questão é que, em um "Estado sem Estado", não existe espaço para o Estado de Bem-Estar Social, que obviamente se vê profundamente asfixiado pelo próprio definhamento do Estado-Nação, o qual, entre outras coisas, toma doses de veneno neoliberal frequentemente, inclusive aquelas contidas num frasco com a etiqueta "flexibilizar".

Essas doses, no entanto, não visam matar o Estado, porque o espírito neoliberal precisa de um corpo para agir, precisa de um "Estado-mercado" repressivo, colonizado pelo cálculo econômico, para representar seus interesses. Da mesma forma, talvez, não visem matar o Direito do Trabalho ou a democracia, mas torná-los distantes de sua essência.

É possível que no futuro, quando o Direito do Trabalho tenha se despido completamente de seu código genético e se transformado integralmente em um direito "*market friendly*", revoguemos, como sugere Amado (2015, p. 199),

---

tos" passaram a ter seus direitos de cidadãos reconhecidos e passaram a integrar a sociedade, a "unidade" da nação, inversamente, começou a se desintegrar. (BAUMAN; BORDONI, 2016, p. 40) O ponto é que cada vez mais existem comunidades dentro das comunidades, e as fronteiras que as delimitam são distintas das fronteiras oficias do Estado, às vezes atravessando-as ou perpassando-as.

(103) Pegou-se emprestada a expressão usada por Bordoni (2016, p. 47).

nossos códigos do trabalho e os substituamos por um "Código do Mercado Laboral", um conjunto normativo regulador da aquisição, uso e disposição da "mercadoria" trabalho.

4.8. Perspectivas do Direito do Trabalho no Brasil

O surgimento e desenvolvimento do Direito do Trabalho só foram possíveis devido à presença e combinação de fatores políticos, sociais e econômicos que despontaram na Revolução Francesa e se consolidaram na Revolução Industrial. No caso brasileiro, não foi diferente. Foi necessária a existência de certas condições para que ele germinasse e florescesse.

Segundo apontam Almeida e Almeida, para que o Direito do Trabalho se manifeste, é preciso que estejam presentes: trabalho livre; mercado de trabalho; sistema capitalista industrial; pressão da classe trabalhadora por melhores condições de vida e trabalho; intervenção do Estado na economia; e "regime jurídico que possibilite o surgimento do trabalho livre e do mercado de trabalho". (ALMEIDA; ALMEIDA, 2017, p. 36).

Nesse sentido, embora antes de 1888 pudesse haver no Brasil algum tipo de experiência de relação de emprego, de produção industrial ou mesmo traços de regras jurídicas que tivessem alguma semelhança com o que viria a ser o Direito do Trabalho, é somente nesse ano que nasce aquilo que pode ser considerado o marco inicial da história do Direito do Trabalho no Brasil: a Lei Áurea, diploma legislativo que aboliu a escravidão, abrindo espaço para a constituição de um dos pressupostos do ramo juslaboral, o trabalho livre. (DELGADO, 2016, p. 110).

Apesar disso, deve-se lembrar de que, durante o Império e nos primeiros anos da República (até 1930), mesmo com o fim da escravidão, o trabalho não se tornou necessariamente livre (ALMEIDA; ALMEIDA, 2017, p. 37), de modo que muitas pessoas continuaram a trabalhar em condições análogas à de escravo nesse período.

No campo, por exemplo, onde a substituição da escravidão deu lugar, num primeiro momento, ao "contrato de locação de serviços", no qual o proprietário das terras custeava a vinda de imigrantes e suas famílias para o Brasil para que trabalhassem para ele até que pagassem esses custos, verificou-se uma verdadeira escravidão por dívidas. (SOUTO MAIOR, 2017, p. 75).

Mas para o Direito do Trabalho se desenvolver, faltava não apenas o pressuposto do trabalho livre. Como consequência de este não se fazer presente, também não havia um verdadeiro mercado de trabalho nessa época. Igualmente não se podia ainda falar em um sistema capitalista industrial, pois, até 1930, o Brasil era um país essencialmente agrário (SOUTO MAIOR,

2017, p. 124), de maneira que a industrialização ainda era incipiente nesse momento, assim como incipientes também eram as manifestações dos trabalhadores. Para completar, devido à opção pelo liberalismo nas Constituições de 1824 e 1891, também não se via intervenção estatal no domínio econômico. (ALMEIDA; ALMEIDA, 2017, p. 36).

> A adoção do liberalismo fez com que na Primeira República a ação do Estado no sentido da proteção dos trabalhadores fosse tímida, sendo poucas as leis de proteção editadas até 1930, valendo mencionar, a título de exemplo, as que tratam: do trabalho do menor (Decreto n. 1.313/1981); da sindicalização (Decreto n. 1.637/ 1917); do acidente do trabalho (Decreto n. 4.682/1923); das férias remuneradas de 15 dias a cada ano letivo de trabalho para os empregados e operários dos estabelecimentos comerciais, industriais, bancários e caridade ou beneficentes (Decreto n. 4.982/1925). (ALMEIDA; ALMEIDA, 2017, p. 42).

A verdade é que, durante o Império e nos primeiros anos da República, além de não existir trabalho verdadeiramente livre também não havia os demais pressupostos necessários para o surgimento do Direito do Trabalho. Muitos se encontravam em fase de formação, não podendo se negar, entretanto, conforme aponta Souto Maior (2017, p. 136), que o advento das poucas leis alusivas às relações de trabalho desse período já indicava uma abertura à questão social.

Além disso, deve-se reconhecer que nessa época ocorreram muitas greves nas cidades de São Paulo e Rio de Janeiro,[(104)] e muita repressão[(105)] aos movimentos operários – que nesse tempo tinham inspiração anarquista, socialista e comunista –, fatos que demonstram a importância dos movimentos dos trabalhadores na construção da legislação trabalhista já durante a Primeira República, o que vai de encontro àqueles que afirmam ser a legislação do trabalho fruto de um Estado paternalista. (SOUTO MAIOR, 2017, p. 136).

Apesar disso, o Direito do Trabalho só iria se institucionalizar ou oficializar entre os anos de 1930 e 1943 – mantendo as características dessa fase nas décadas seguintes, até o advento da Constituição de 1988 –, o que se dá, em

---

(104) Segundo Souto Maior, no período de 1890 a 1906, "são catalogadas 106 greves, envolvendo 41 categorias de trabalhadores" no Rio de Janeiro. Em São Paulo, de 1917 a 1920, foram 108 greves, sendo a mais importante delas a que ocorreu em 1917, que começou nas fábricas de tecido, mas chegou a parar a cidade por alguns dias. (SOUTO MAIOR, 2017, p. 127 e 130).

(105) Como exemplos da presença de repressão aos movimentos operários, pode-se mencionar o Código Penal de 1890, que previa pena de prisão de três meses para quem causasse paralisação do trabalho, a fim de impor a patrões ou operários aumento/diminuição de salários ou serviço; ou a criação em 1922 da 4ª Delegacia Auxiliar "com uma seção específica para tratar da Ordem Social e Segurança Pública, para onde iam presos os que se envolvessem com 'agitação operária' e de onde saíam expulsos do país os estrangeiros". (SOUTO MAIOR, 2017, p. 135).

grande parte, pela presença de um significativo intervencionismo do Estado, que culminaria em 1943 na edição da Consolidação das Leis do Trabalho (CLT), que não só compilou como também ampliou as legislações existentes. (DELGADO, 2016, p. 114).[106]

Segundo Delgado (2016, p. 117), diferentemente do que ocorreu na História Geral, em terras brasileiras não houve uma fase de consolidação/sistematização desse ramo jurídico, havendo um salto da fase de formação direto para a fase de institucionalização, sem que houvesse uma maturação político-jurídica entre elas. Delgado destaca, neste sentido, que:

> Construindo-se essa institucionalização/oficialização ao longo de um demorado período político centralizador e autoritário (de 1930 a 1945), o ramo justrabalhista veio a institucionalizar-se, consequentemente, sob uma matriz corporativa e intensamente autoritária. A evolução política brasileira não permitiu desse modo, que o Direito do Trabalho passasse por uma fase de *sistematização e consolidação*, em que se digladiassem (e se maturassem) propostas de gerenciamento e solução de conflitos no próprio âmbito da sociedade civil, democratizando a matriz essencial do novo ramo jurídico. Afirmando-se uma intensa e longa ação autoritária oficial (pós-1930) sobre um segmento sócio jurídico ainda sem uma experiência largamente consolidadas (como o sistema anterior a 30), disso resultou um modelo fechado, centralizado e compacto, caracterizado ainda por incomparável capacidade de resistência e duração ao longo do tempo. (DELGADO, 2017, p. 117).

Por causa dessa característica histórica do ramo justrabalhista do Brasil, o Direito do Trabalho ainda é atualmente associado por algumas pessoas à matriz corporativista ou visto como um direito dado pelo Estado, sem que houvesse lutas ou qualquer esforço.

Há quem diga, como Arion Sayão Romita (2013), por exemplo, que a CLT é marcada pela ideologia corporativista, inspirada no corporativismo italiano, ou como Otavio Pinto e Silva (1999), que acredita haver semelhanças entre as medidas adotadas após 1930 no Brasil com os parâmetros estabelecidos pela

---

(106) Nessa fase de institucionalização do Direito do Trabalho, criou-se o Ministério do Trabalho, Indústria e Comércio (Decreto n. 19.443/1930); normatizou-se a ação sindical, devendo o sindicato ser submetido ao reconhecimento do Estado, sendo considerado órgão colaborador deste; criaram-se as Comissões Mistas de Conciliação e Julgamento para solução de conflitos trabalhistas, sistema que somente poderia ser utilizado por empregados pertencentes aos sindicatos oficiais; criou-se um sistema previdenciário, também de cunho corporativista, ligado às áreas profissionais e sindicatos oficiais; produziram-se várias leis de cunho juslaboral. (DELGADO, 2016, p. 115-116).

Carta del Lavoro, concebida na Itália, em 1927, durante o fascismo. (ALMEIDA; ALMEIDA, 2017, p. 70).

Quanto às crenças de que o Direito do Trabalho não foi resultado de lutas nem de uma acumulação histórica de normas anteriores e posteriores a 1943, deve-se recordar de que a CLT foi assinada durante o contexto do chamado trabalhismo, uma ideologia que atribuía a Getúlio Vargas a responsabilidade pela criação da legislação trabalhista. (SOUTO MAIOR, 2017, p. 255-257).

O mito da outorga das leis sociais decorre da construção da imagem de Vargas como alguém clarividente, que se antecipava às necessidades e elaborava as leis (GOMES, 2005, p. 222-223), embora se verifique que a legislação pós-1930 tinha por objeto várias reivindicações dos trabalhadores nas greves ocorridas durante o Império e primeiros anos da República. (ALMEIDA; ALMEIDA, 2017, p. 49).

Como dito anteriormente, a fase de institucionalização estendeu-se até 1988, quando ocorreu a redemocratização do Direito do Trabalho, efetivada por meio da promulgação da Constituição cidadã.

No entanto, destaca-se que, antes disso, durante a ditadura militar que se instalou no país a partir de 1964, houve grandes perdas para os trabalhadores. Nesse sentido, em apenas dois meses de golpe, foi editada a Lei n. 4.330/1964, tornando praticamente impossível a realização de greves, além de proibi-las expressamente para o serviço público. (SOUTO MAIOR, 2017, p. 283).

Segundo Souto Maior, durante essa época houve muitas leis e alterações na CLT que implicaram perdas de direitos para os trabalhadores, destacando-se aqui, a título de exemplo: a Lei n. 5.107/1966, que criou o Fundo de Garantia por Tempo de Serviço (FGTS), colocando em xeque a estabilidade no emprego; e a Lei n. 6.019/1974, referente ao trabalho temporário, que, conforme o autor, atendeu aos anseios do mercado por flexibilização das relações de trabalho, "vez que baseado na lógica de fragmentação da classe trabalhadora". (SOUTO MAIOR, 2017, p. 325-327).

Mas, em 1988, começaria a transição democrática do Direito do Trabalho. Com a promulgação da Constituição, houve vários avanços nos valores sociais, tendo em vista que a Carta maior estabeleceu muitos dispositivos que se ligam, direta ou indiretamente, ao Direito do Trabalho:

> a) No art. 1º, previu serem fundamentos da República, entre outros, a cidadania, a dignidade da pessoa humana e os valores sociais do trabalho, valendo lembrar que o Direito do Trabalho visa criar condições materiais para o exercício da cidadania e para a realização da dignidade da pessoa humana.

b) No art. 3º, estabeleceu como objetivos da República "construir uma sociedade livre, justa e solidária", "garantir o desenvolvimento nacional", "erradicar a pobreza e a marginalização e reduzir as desigualdades sociais e regionais", e "promover o bem de todos, sem preconceitos de origem, raça, sexo, cor, idade e quaisquer outras formas de discriminação", objetivos que se coadunam com as finalidades do Direito do Trabalho.

c) No art. 4º, inciso II, dispôs ser a prevalência dos direitos humanos um dos princípios regentes do Brasil nas relações internacionais.

d) Entre os artigos 7º a 11º, atribuiu status de direito fundamental a diversos direitos ligados à área do trabalho.

e) No art. 170, dispôs que a ordem econômica está fundada na valorização do trabalho, tendo como objetivo assegurar uma existência digna a todos, devendo-se observar para tanto, entre outros, o princípio do pleno emprego.

f) No art. 186, estabeleceu como alguns dos requisitos para que a propriedade rural cumpra sua função social a observância da legislação do trabalho e o dever de efetuar uma exploração da propriedade que favoreça o bem-estar tanto dos proprietários quanto dos trabalhadores.

g) No art. 193, previu que "a ordem social tem como base o primado do trabalho, e como objetivo o bem-estar e a justiça sociais".

Ainda no que diz respeito à Constituição, cabe dizer que, ao conferir status de direito fundamental a diversos direitos trabalhistas, concedeu a eles alguns tratamentos especiais, como a aplicabilidade imediata prevista no parágrafo primeiro do art. 5º da CR/88.

Segundo Almeida e Almeida (2017, p. 91), isso significa duas coisas: que aqueles direitos previstos entre os artigos 7º e 11 são exigíveis imediatamente, dispensando intermediação do legislador ordinário; ou que, havendo na CR/88 exigência da intermediação do legislador para tornar possível exercício do direito e não sendo esta realizada, estará configurada a *inconstitucionalidade por omissão,* restando autorizado o acesso ao Poder Judiciário para efetivação do direito.

Outras consequências que os autores deduzem da concessão do status de direito fundamental aos direitos trabalhistas previstos na Constituição é sua aplicação universal a todos os trabalhadores subordinados; a vinculação tanto do poder público quanto dos particulares a esses direitos (eficácia horizontal dos direitos fundamentais); e a possibilidade de tais direitos serem protegidos pela técnica do controle de constitucionalidade e das cláusulas pétreas (art. 60, § 4º, IV), as quais vedam propostas de emendas tendentes a abolir direitos e garantias individuais - o que, numa interpretação conforme a CR/88 abrange também os direitos sociais - e são consideradas um meio de vedação ao retrocesso social, ao retorno à contratualização (prevalência do negociado sobre a legislado) e privatização (prevalência da autonomia individual na resolução de conflitos trabalhistas) do Direito do Trabalho, bem como meio de proteção contra o retorno à fase privatista desse ramo do direito, quando era composto apenas por normas infraconstitucionais. (ALMEIDA; ALMEIDA, 2017, p. 92-94).

Dito isso, nota-se que a promulgação da Constituição de 1988 marca uma nova fase para o Direito do Trabalho brasileiro, a partir da consagração de direitos trabalhistas em seu âmbito, que passam a ser categorizados como direitos fundamentais.

Entretanto, deve-se ter em mente que a onda neoliberal espalhada pelo mundo mais ou menos nessa mesma época vai bater às portas do Brasil, ganhando vários adeptos, que, nesse período de democratização, pedem a flexibilização do mercado de trabalho.

Além disso, conforme ressalta Souto Maior, é preciso perceber que a história da Constituição cidadã é de alguma maneira deslocada do percurso da história do Brasil "no que se refere à formação cultural perante os direitos trabalhistas e a posição social historicamente conferida à classe trabalhadora", de modo que, por mais que o Texto Maior representasse uma quebra com o retrocesso de direitos desde 1964, na prática, pelo menos na década de 1990, em quase nada essa realidade de retração de direitos se alterou:

> [...] primeiro, porque pouca relevância historicamente se deu aos preceitos constitucionais ligados ao Direito do Trabalho, no sentido de atribuir caráter normativo às previsões constitucionais na área dos Direitos Sociais; e, segundo, porque a Constituição foi logo abandonada pelos trabalhadores e acabou sendo dominada por uma leitura neoliberal [...]. (SOUTO MAIOR, 2017, p. 358).

Desde a década de 1990, o neoliberalismo, com movimentos de expansão e redução, vem avançando no Brasil. No que diz respeito a seus reflexos sobre o Direito do Trabalho ou sobre os trabalhadores, muito longe de querer esgotar o assunto, podem ser citadas algumas mudanças legislativas e propostas de retração de direitos que ilustram o assunto.

No governo de Itamar Franco (1992-1995), por exemplo, houve a Lei n. 8.860/1994, que limitou a porcentagem do salário *in natura*, e a Lei n. 8.949/1994, que declarou a inexistência de vínculo empregatício entre as cooperativas e seus associados, e entre eles e a tomadora de serviços das cooperativas. (SOUTO MAIOR, 2017, p. 389).

Sob o governo de Fernando Henrique Cardoso (1995-2002), destacam-se: a posse de José Ajuricaba da Costa e Silva como presidente do Tribunal Superior do Trabalho (TST), jurista que seguia a linha da necessidade de flexibilização da legislação trabalhista como meio de lidar com as crises econômicas e com o desemprego; a proposta de emenda constitucional, PEC n. 96/1992, prevendo o fim da Justiça do Trabalho e sua integração à Justiça Federal; a edição e reedição de Medidas Provisórias de cunho flexibilizador, como a MP n. 794/1994, reeditada 76 vezes até ser convertida na Lei n. 10.101/2000, que se destinava, entre outras coisas, a definir a natureza não salarial da participação nos lucros e resultados; a Lei n. 9.957/2000, que criou a Comissão de Conciliação Prévia no âmbito da empresa, condicionando o acesso ao Judiciário ao fornecimento de certidão que demonstrasse a frustração da tentativa de conciliação; a Lei n. 10.243/2001, que acresceu o § 3º ao art. 58 da CLT, desconsiderando como hora extra as variações não excedentes a cinco minutos, respeitado o limite de dez minutos diários, que estabeleceu que as horas *in itinere* só seriam computadas como parte da jornada de trabalho quando se tratasse de local de difícil acesso ou não servido por transporte público, e desde que o empregador fornecesse a condução, e que ampliou as hipóteses de parcelas não consideradas como salário utilidade etc. (SOUTO MAIOR, 2017, p. 394-401).

Em 2002, o processo de retração dá um descanso, mas logo em 2003 recomeça a caminhada neoliberal sob um governo de esquerda. Segundo Souto Maior, o próprio Presidente Lula chegou a defender a flexibilização da legislação trabalhista de forma aberta em seu mandato. Durante seu governo, destaca-se a aprovação da Lei de Falências, Lei n. 11.101/2005, que rebaixou a prioridade de pagamento dos créditos trabalhistas no processo de falência em favor de outros créditos e que visou eliminar a sucessão trabalhista em determinadas situações. (SOUTO MAIOR, 2017, p. 409).

Mas o ataque aos direitos do trabalho e aos trabalhadores não se deu e não se dá apenas no campo legislativo, ocorrendo também na seara do discurso, inclusive no discurso de pessoas das quais se esperava sua defesa.

Nesse sentido, ressalta-se a publicação de matéria no jornal *O Estado de São Paulo*, em 12 de fevereiro de 2007, com o título, em tom de crítica, "O Brasil é campeão de ações trabalhistas" e entrevista dada pelo Ministro do TST Ives Gandra da Silva Martins Filho à Globo News, na qual afirmava ser a Justiça do Trabalho a culpada pelo alto índice de desemprego. (SOUTO MAIOR, 2017, p. 413).

Em 2008, sob o pretexto da crise financeira mundial, aparecem mais reivindicações de medidas flexibilizadoras. No entanto, do ponto de vista legislativo, não houve grandes mudanças nessa época. Em 2011, surgem projetos de lei, como o PL n. 4.330, que tinha como fim ampliar a terceirização. No ano de 2012, a Confederação Nacional da Indústria apresenta um *paper* chamado *101 Propostas para Modernização Trabalhista*, que alegava que os custos trabalhistas eram altos e causavam obstáculos à competitividade das empresas. De acordo com Souto Maior, esse documento refletia o avanço que havia sido dado na doutrina e jurisprudência desde 2002, uma vez que atacava as posições consideradas "irracionais" que vinham sendo adotadas pelo TST. Apesar de tudo disso, de 2011 a 2013, houve ampliação de direitos trabalhistas com a criação de leis como: a Lei n. 12.551/2011, que alterou a CLT a fim de reconhecer o vínculo de emprego nos casos de trabalhos executados a distância ou no domicílio do empregado(107); a Lei n. 12.740/2012, que alterou o art. 193 da CLT para incluir novos casos caracterizadores de atividades ou operações perigosas; e a Lei n. 12.812/2013, que tratou da estabilidade provisória da gestante.(108) (SOUTO MAIOR, 2017, p. 415).

Já sob o governo Dilma, destacam-se as Medidas Provisórias ns. 664 e 665, revalidadas pelas Leis ns. 13.134 e 13.135, ambas de 2015, que estabeleceram maior rigidez para a obtenção de benefícios como o seguro-desemprego, abono salarial, pensão por morte, auxílio-doença etc.; a Lei n. 13.103/2015, que, entre várias disposições, permitiu a extensão da jornada diária dos motoristas profissionais em até quatro horas, mediante convenção ou acordo coletivo(109); a publicação do Novo Código de Processo Civil, Lei n. 13.105, que, segundo Souto Maior, estabeleceu alterações legislativas para reduzir o "poder dos juízes para dizer o direito". (SOUTO MAIOR, 2017, p. 467 e 471). Conforme o autor:

> O que está nas entrelinhas do novo CPC não é nada mais, nada menos, do que a tentativa de extinguir a Justiça do Trabalho, como forma de quebrar a eficácia dos direitos trabalhistas. Esse propósito, aliás, já vem sendo posto em execução desde que o CNJ, na linha do programa do Banco Mundial, buscou impor ao Judiciário, incluindo a Justiça do Trabalho, a racionalidade econômica embutida na fixação e no cumprimento de metas, notabilizando-se a busca incansável

---

(107) Art. 6º, CLT: "Não se distingue entre o trabalho realizado no estabelecimento do empregador, o executado no domicílio do empregado e o realizado a distância, desde que estejam caracterizados os pressupostos da relação de emprego. (Redação dada pela Lei n. 12.551, de 2011) Parágrafo único: Os meios telemáticos e informatizados de comando, controle e supervisão se equiparam, para fins de subordinação jurídica, aos meios pessoais e diretos de comando, controle e supervisão do trabalho alheio. (Incluído pela Lei n. 12.551, de 2011)". (BRASIL, 1943).

(108) Art. 391-A, CLT: "A confirmação do estado de gravidez advindo no curso do contrato de trabalho, ainda que durante o prazo do aviso prévio trabalhado ou indenizado, garante à empregada gestante a estabilidade provisória prevista na alínea *b* do inciso II do art. 10 do Ato das Disposições Constitucionais Transitórias. (Incluído pela Lei n. 12.812, de 2013)". (BRASIL, 1943).

(109) Art. 235-C, CLT: "A jornada diária de trabalho do motorista profissional será de 8 (oito) horas, admitindo-se a sua prorrogação por até 2 (duas) horas extraordinárias ou, mediante previsão em convenção ou acordo coletivo, por até 4 (quatro) horas extraordinárias. (Redação dada pela Lei n. 13.103, de 2015)". (BRASIL, 1943).

> e inconsequente da conciliação, pensada na lógica dos proveitos econômicos para estrutura judiciária. (SOUTO MAIOR, 2017, p. 472).

Um ponto interessante nessa fala de Souto Maior é a revelação da "economização" do Poder Judiciário brasileiro, que passa a ser submetido às mesmas lógicas do mercado (eficiência, produtividade, cálculos de custo e benefício etc.), ainda que isso possa significar perda de qualidade nas decisões tomadas.

Dando um passo adiante, passa-se aos ataques mais recentes ao Direito do Trabalho, que culminaram na Reforma Trabalhista de 2017, já sob o governo de Michel Temer.

Sobre a Reforma, é interessante a menção de dois aspectos: os argumentos utilizados para justificá-la e algumas alterações efetivamente realizadas na legislação. Quanto aos argumentos, não são muito diferentes do que se costuma ouvir em qualquer reforma neoliberal pelo mundo, porém as alegações ganham contornos ligados ao contexto brasileiro.

Assim, além dos argumentos típicos de culpar os direitos dos trabalhadores de ser entraves à competitividade das empresas, ao crescimento econômico, à criação de emprego, por exemplo, no Brasil, o Direito do Trabalho também sofreu ataques relacionados às ideologias que permearam sua história, como o corporativismo e o mito da outorga de direitos.

No voto do relator da Comissão Especial destinada a proferir parecer ao Projeto de Lei n. 6.787, de 2016, do Poder Executivo (projeto da reforma), podem ser encontrados os mais diversos argumentos.

Um deles é o de que a legislação trabalhista foi outorgada pelo Estado em 1943, inspirada no fascismo italiano e que continua sendo a mesma desde então, estando, portanto, desatualizada e desacompanhada do "espírito do nosso tempo", necessitando, por isso mesmo, ser modernizada, trazida para o tempo presente, abandonando as "amarras do passado". Nesse sentido, o relator dispõe:

> **O Brasil de 1943 não é o Brasil de 2017**. Há 74 anos éramos um país rural, com mais de 60% da população no campo. Iniciando um processo de industrialização, vivíamos na ditadura do Estado Novo, apesar disso, **o governo outorgou uma legislação trabalhista** que preparava o país para o futuro.
>
> [...]
>
> Novas profissões surgiram e outras desapareceram, e **as leis trabalhistas permanecem as mesmas. Inspiradas no fascismo de Mussolini, as regras da CLT foram pensadas para um Estado hipertrofiado, intromissivo, que tinha como diretriz a tutela exacerbada das pessoas e a invasão dos seus íntimos**. (BRASIL, 2017, p. 17, grifos nossos).

Esse apontamento, como se pode notar, nega completamente o processo histórico por que passa a legislação trabalhista no Brasil, a qual não teve como única influência o corporativismo italiano[(110)] e que tem sofrido alterações há anos, com a flexibilização de vários direitos. Além disso, nega a história de lutas e movimentos operários, reforçando o mito da outorga de direitos por um "Presidente clarividente".

Um segundo argumento que se pode extrair do voto do relator diz respeito à necessidade de atribuir maior liberdade às partes envolvidas na relação de emprego, o que passa por "conferir maior poder de atuação às representações sindicais de trabalhadores e de empregadores para decidirem, de comum acordo, qual a melhor solução para as partes em momentos determinados e específicos". (BRASIL, 2017, p. 18).

Trata-se de um argumento voltado à "contratualização" do Direito do Trabalho, segundo a qual o negociado prevalece sobre o legislado. O mais interessante sobre essa defesa é que ela vem acompanhada da proposta, que inclusive se efetivou com a aprovação da reforma, de extinguir a obrigatoriedade do imposto sindical, o que, por sinal, enfraquece o poder de barganha dos sindicatos (art. 579, CLT).[(111)]

Apesar disso, o relator alegava que "a sugestão de retirar a natureza de imposto da contribuição sindical, tornando-a optativa", seria "de fundamental importância no processo de fortalecimento da estrutura sindical brasileira". (BRASIL, 2017, p. 28).

Isso, porque a natureza facultativa da contribuição forçaria os sindicatos a apresentarem resultados efetivos aos trabalhadores, desestimulando a formação de sindicatos de fachada, "criados unicamente com o objetivo de arrecadar".

O terceiro argumento diz respeito à visão de que, devido ao baixo crescimento econômico do país, uma Reforma Trabalhista se faria urgente, atrelando o Direito do Trabalho à crise econômica.

---

(110) Sobre a influência do fascismo italiano no Direito do Trabalho brasileiro, Almeida e Almeida expõem que, embora o corporativismo italiano tenha sido fonte de influência para o Direito do Trabalho no Brasil, não se pode dizer que aquele foi a sua única "inspiração". Provas disso são as inúmeras diferenças entre as soluções dadas pela legislação brasileira na década de trinta e aquelas dadas pela *Carta del Lavoro.* A título de exemplo, destaca-se que a Constituição de 1934 dava status constitucional aos princípios da dignidade humana, justiça social e proteção do trabalhador, não havendo associação do trabalho a esses princípios na *Carta del Lavoro.* (ALMEIDA E ALMEIDA; 2017, p. 73).

(111) Art. 579. "O desconto da contribuição sindical está condicionado à autorização prévia e expressa dos que participarem de uma determinada categoria econômica ou profissional, ou de uma profissão liberal, em favor do sindicato representativo da mesma categoria ou profissão ou, inexistindo este, na conformidade do disposto no art. 591 desta Consolidação. (Redação dada pela Lei n. 13.467, de 2017)". (BRASIL, 1943).

Essa perspectiva, entretanto, se mostra enganosa e é contestada pela própria história, segundo Souto Maior (2002), pois grande parte da legislação trabalhista nacional foi introduzida entre as décadas de 1940 e 1960, não tendo se constituído em impedimento ao crescimento econômico do Brasil no início da década de 1970. Além disso, conforme ainda menciona o autor, essa visão desconsidera a própria origem do Direito do Trabalho, que surgiu numa época de crise.

Como estudado anteriormente, o Direito do Trabalho se institucionaliza e se expande no pós-guerra, após os efeitos da Grande Depressão, sendo que, durante esse processo de expansão da legislação social, houve forte crescimento econômico, num período conhecido como "Trinta Gloriosos".

O quarto argumento refere-se à "culpabilização" do Direito do Trabalho pelos problemas sofridos pelo trabalhador: a exclusão, o desemprego, a marginalização etc., mostrando-se a reforma como um dos meios para gerar mais empregos e resolver esses problemas. Do voto extraem-se as seguintes afirmações:

> [...] **A legislação trabalhista brasileira vigente hoje é um instrumento de exclusão, prefere deixar as pessoas à margem da modernidade e da proteção legal do que permitir contratações atendendo as vontades e as realidades das pessoas.**
>
> [...] Essa modernização trabalhista deve então assumir o compromisso não apenas de manter os direitos dos trabalhadores que possuam um emprego formal, mas também de proporcionar o ingresso daqueles que hoje não possuem direito algum. **Esse desequilíbrio deve ser combatido, pois, escudada no mantra da proteção do emprego, o que vemos, na maioria das vezes, é a legislação trabalhista como geradora de injustiças, estimulando o desemprego e a informalidade.** Temos, assim, plena convicção de que **essa reforma contribuirá para gerar mais empregos formais e para movimentar a economia,** sem comprometer os direitos tão duramente alcançados pela classe trabalhadora. (BRASIL, 2017, p. 19-20, grifos nossos).

Essa postura, de atribuir à legislação trabalhista a culpa pelo desemprego e pela baixa na economia, de apontá-la como mais causadora de problemas do que solucionadora ("efeito *boomerang*")[(112)], além de, ao estilo chileno, sugerir que as proteções aos trabalhadores se tornam sua pior condenação, propõe, simultaneamente, que o Direito do Trabalho abandone suas particularidades mais essenciais para se tornar uma espécie de política de emprego e crescimento econômico.

---

(112) Expressão usada por João Leal Amado. (2015, p. 183).

No tópico anterior, mencionou-se que esse parece ser um problema geral para o Direito do Trabalho, não somente no Brasil, mas também nos países da Europa. Ao tratar de algumas reformas ocorridas em Portugal, com leis aprovadas em 2003, 2009 e 2012, Amado (2015, p. 199) aponta essa mesma adversidade, afirmando que ela existe apesar de nunca ter restado demonstrada uma relação causal entre o nível de desemprego e a proteção do emprego. Fato é que esse ramo do Direito está vendo deslocado seu centro de gravidade, o qual está "cada vez menos centrado no trabalho e na pessoa de quem o presta e cada vez mais na empresa e nos custos que esta tem que suportar".

No Brasil, inclusive, essa questão dos custos impostos às empresas pela legislação do trabalho esteve muito presente quando da discussão da reforma. Foi comum ouvir que a legislação reduzia a competitividade empresarial em relação a outros países, apesar de haver quem dissesse o contrário.

Como exemplo, cita-se a entrevista dada pelo economista Márcio Pochmann em 2017 à Carta Capital, quando comentou que, em 2016, os custos com mão de obra na China já haviam superado os custos do trabalho no Brasil e que um trabalhador brasileiro custava aproximadamente 17% do que custa um trabalhador nos EUA.[113] Cuida-se de argumento, portanto, que encontra divergências.

Mas ainda nessa linha de culpabilização do Direito do Trabalho, o voto faz uma espécie de distinção entre *insiders* e *outsiders*, como se o "excesso de proteção" de alguns trabalhadores causasse a falta de cobertura de outros, justificando, com isso, a menor proteção de alguns "privilegiados" para ajudar aqueles que procuram trabalho.

> Não resta dúvida de que, hoje, a legislação tem um viés de proteção das pessoas que estão empregadas, mas a rigidez da CLT acaba por deixar à margem da cobertura legal uma parcela imensa de trabalhadores, em especial, os desempregados e os trabalhadores submetidos ao trabalho informal. Assim, convivemos com dois tipos de trabalhadores: os que têm tudo – emprego, salário, direitos trabalhistas e previdenciários – e os que nada têm – os informais e os desempregados. (BRASIL, 2017, p. 20).

---

(113) Em entrevista à Carta Capital, em 2017, Márcio Pochmann afirmava: "O custo do trabalho no Brasil até 2014 era 20% maior do que na China. Repetia-se o mantra de que era impossível competir com os chineses por causa disso. A partir de 2016, a mão-de-obra na China passou a custar 16% mais do que aqui. Igualmente até 2014, um trabalhador brasileiro custava um terço do equivalente nos Estados Unidos, atualmente vale 17%. Não há, portanto, como validar o argumento do custo alto da nossa mão-de-obra. O problema da economia é falta de demanda no mercado interno. O Brasil está sem rumo, os empresários não sabem o que fazer. Na última década, com as mesmas regras trabalhistas em vigor, geramos milhões de empregos.". (MÁRCIO POCHMANN, 2017).

Umberto Romagnoli (2005, p. 531) utiliza uma ótima metáfora para demonstrar a inconsistência desse tipo de posicionamento, que defende que para proteger aqueles que buscam trabalho é preciso proteger menos quem tem emprego. Segundo afirma, cuida-se de um posicionamento que parte do mesmo raciocínio maldoso de alguém que defende que para fazer nascer cabelo em calvos, é preciso raspar a cabeça de quem tem cabelo.

O sexto argumento é de que a reforma não retiraria direitos dos trabalhadores, pois não estaria suprimindo nenhum direito previsto constitucionalmente.[114]

Ocorre, porém, como menciona Souto Maior (2002), que, apesar de muitos direitos se encontrarem previstos na Constituição, seus termos específicos são estabelecidos em lei infraconstitucional, como ocorre com o direito a férias, por exemplo, que é garantido constitucionalmente, mas tem sua duração prevista na CLT. Isso significa que, mesmo quando se respeita a Constituição, ainda é possível reduzir direitos que têm suas delimitações estabelecidas em lei.

A sétima alegação é de que as normas trabalhistas são rígidas demais, provocando: insegurança jurídica e desestímulo à contratação; inadequação às novas realidades do mundo, tecnologias e novas formas de trabalhar, como o teletrabalho e o trabalho intermitente; aumento das demandas trabalhistas.

O mais interessante sobre esse argumento é que, para corroborá-lo, o relator cita pessoas da área do Direito do Trabalho. Ele expõe:

> Cabe, aqui, citar as palavras do **Ministro do Tribunal Superior do Trabalho, João Oreste Dalazen, quando, em 2012**, no exercício da presidência do Tribunal, referiu-se à importância da CLT no momento de sua edição, oportunidade em que o País começava a deixar para trás a sua condição de sociedade agrícola, ainda sob a influência de uma cultura escravocrata, para dar início ao seu processo para se tornar uma sociedade industrial. Embora reconhecendo essa importância, o Ministro suscitou que a CLT, hoje, deixa a desejar, ***"primeiro, porque é uma regulação rígida, que engessa toda relação entre patrão e empregado. Segundo, porque é excessivamente detalhista e confusa, o que gera insegurança jurídica. E, terceiro, porque está cheia de lacunas***". (BRASIL, 2017, p. 21, grifo nosso).

---

(114) "Muito se especulou de que este Projeto de Lei e esta Comissão teriam como objetivo principal retirar direitos dos trabalhadores. Eu afirmo com convicção de que este não é e nunca foi o nosso objetivo e, mesmo que fosse, não poderíamos, em hipótese alguma, contrariar o que está colocado no artigo 7º da Constituição Federal. O Substitutivo apresentado não está focado na supressão de direitos, mas sim em proporcionar uma legislação mais moderna, que busque soluções inteligentes para novas modalidades de contratação, que aumente a segurança jurídica de todas as partes da relação de emprego, enfim, que adapte a CLT às modernizações verificadas no mundo nesses mais de 70 anos que separam o nascimento da CLT deste momento." (BRASIL, 2017, p. 20).

Mais à frente, ao dizer que, por todas essas razões, o Brasil é o "campeão de ajuizamento de ações trabalhistas em todo o mundo", o relator menciona que, "nas palavras do professor José Pastore, a legislação trabalhista 'constitui um verdadeiro convite ao litígio'". (BRASIL, 2017, p. 22).

Para solucionar esses obstáculos, em seu voto, o relator propõe o estímulo às negociações coletivas e o uso de métodos extrajudiciais de resolução de conflitos, os quais privilegiam a autonomia das partes e freiam o excesso da busca pelo Judiciário. Ademais, para contenção das ações judiciais, propõe a previsão de meios processuais que criem "riscos" para quem ajuizar a ação, o que se concretizou com a aprovação da reforma por meio de artigos como o art. 793-A e seguintes da CLT, que tratam da responsabilidade por danos processuais. (BRASIL, 2017, p. 22-25).

Sobre a rigidez das normas trabalhistas, vê-se novamente a desconsideração de todo o processo histórico de alteração e flexibilização que a legislação do trabalho vem sofrendo desde sua consolidação na década de 1940. Antes da reforma, Souto Maior (2017, p. 384) já defendia que a legislação trabalhista era bastante flexível, sendo um dos exemplos disso, principalmente quando se compara com países da Europa, a possibilidade de dispensa imotivada.

Quanto à proposta de valorização das negociações coletivas e adoção de métodos extrajudiciais de resolução de conflitos para conter o excessivo número de ações na Justiça brasileira, encontram-se alguns problemas. O primeiro, é que tal proposta, como dito outrora, se dá no mesmo contexto em que se propõem medidas de enfraquecimento do sindicato. O segundo, é que relativiza o descumprimento das leis do trabalho pelos empregadores, culpando a própria lei pelos litígios judiciais.

Um último ponto que se deseja destacar no voto é a defesa de que a modernização das leis trabalhistas seria fundamental para conter o ativismo judicial, que estava "extrapolando" sua função de interpretar a lei, decidindo até mesmo contra ela e gerando insegurança jurídica.[115] (BRASIL, 2017, p. 23).

Trata-se de algo que se concretizou na reforma e dificultou a formulação de súmulas pelo TST (art. 706, alínea *f*, CLT)[116], representando, conforme já

---

(115) Sobre esse assunto, o relator conclui: "Portanto a modernização das leis trabalhistas também será importante para conter o avanço dessa excessiva busca pelo Judiciário para solução dos conflitos entre as partes, pautando não só o desestímulo ao ativismo judicial, mas criando mecanismos que estimulem a solução desses conflitos antes que seja necessário submetê-los ao Poder Judiciário. E aqui não estamos falando em se impedir o acesso ao Judiciário, direito garantido plenamente pela Constituição Federal, mas em se privilegiar as soluções extrajudiciais na composição dos conflitos". (BRASIL, 2017, p. 24).

(116) Art. 702. "Ao Tribunal Pleno compete: [...] f) estabelecer ou alterar súmulas e outros enunciados de jurisprudência uniforme, pelo voto de pelo menos dois terços de seus membros, caso a mesma matéria já tenha sido decidida de forma idêntica por unanimidade em, no mínimo, dois terços das turmas em pelo me-

se havia feito menção anteriormente, uma tentativa de reduzir o poder de o Judiciário dizer o direito.

Feitas essas exposições e sabendo que a reforma efetivamente se concretizou por meio da Lei n. 13.467/2017, nos moldes do que foi exposto, deseja-se tão somente fazer algumas observações adicionais.

A primeira é que a reforma de 2017, especificamente, ocorreu de forma abrangente, pois se refletiu sobre aspectos materiais e processuais, sobre aspectos que afetam os sindicatos e até mesmo sobre a possibilidade de formulação de súmulas pelo TST.

A segunda observação refere-se ao fato de a reforma ter afetado também princípios do Direito do Trabalho. A título de exemplo, cita-se o princípio da primazia da realidade sobre a forma, atingido pelo art. 442-B da CLT(117), que basicamente tenta induzir à interpretação de que, mesmo havendo os pressupostos necessários para configuração de uma relação de emprego, isso não descaracterizará o contrato do autônomo.

A terceira observação é a busca pela construção de um Direito do Trabalho mínimo ou de um resgate à contratualização, o que se nota pelo art. 611-A da CLT, que dispõe sobre a prevalência do negociado sobre o legislado, e pelo parágrafo único do art. 444 da CLT, que possibilita ao empregado "portador de diploma de nível superior e que perceba salário mensal igual ou superior a duas vezes o limite máximo dos benefícios do Regime Geral de Previdência Social", nas mesmas hipóteses previstas no art. 611-A(118), estipular livremente

---

nos dez sessões diferentes em cada uma delas, podendo, ainda, por maioria de dois terços de seus membros, restringir os efeitos daquela declaração ou decidir que ela só tenha eficácia a partir de sua publicação no Diário Oficial". (BRASIL, 1943).

(117) Art. 442-B. "A contratação do autônomo, cumpridas por este todas as formalidades legais, com ou sem exclusividade, de forma contínua ou não, afasta a qualidade de empregado prevista no art. 3º desta Consolidação. (Incluído pela Lei n. 13.467, de 2017)". (BRASIL, 1943).

(118) Art. 611-A. "A convenção coletiva e o acordo coletivo de trabalho têm prevalência sobre a lei quando, entre outros, dispuserem sobre: I – pacto quanto à jornada de trabalho, observados os limites constitucionais; II – banco de horas anual; III – intervalo intrajornada, respeitado o limite mínimo de trinta minutos para jornadas superiores a seis horas; IV – adesão ao Programa Seguro-Emprego (PSE), de que trata a Lei n. 13.189, de 19 de novembro de 2015; V – plano de cargos, salários e funções compatíveis com a condição pessoal do empregado, bem como identificação dos cargos que se enquadram como funções de confiança; VI – regulamento empresarial; VII – representante dos trabalhadores no local de trabalho; VIII – teletrabalho, regime de sobreaviso, e trabalho intermitente; IX – remuneração por produtividade, incluídas as gorjetas percebidas pelo empregado, e remuneração por desempenho individual; X – modalidade de registro de jornada de trabalho; XI – troca do dia de feriado; XII – enquadramento do grau de insalubridade; XIII – prorrogação de jornada em ambientes insalubres, sem licença prévia das autoridades competentes do Ministério do Trabalho; XIV – prêmios de incentivo em bens ou serviços, eventualmente concedidos em programas de incentivo; XV – participação nos lucros ou resultados da empresa." (BRASIL, 1943).

com o empregador os termos do contrato, "com a mesma eficácia legal e preponderância sobre os instrumentos coletivos".

O problema do art. 611-A da CLT, como já explicado, é que possibilita a prevalência do negociado sobre o legislado num contexto de enfraquecimento dos sindicatos, ao tornar a contribuição sindical facultativa, abrindo espaço para a redução de direitos, já que o próprio artigo menciona em seu parágrafo segundo que a ausência de contrapartidas na negociação não causa sua nulidade, o que significa que os trabalhadores poderão abrir mão de direitos sem obter qualquer compensação por isso.

A questão em torno do parágrafo único do art. 444 gira em torno da criação de uma espécie de "trabalhador hiperssuficiente" com base em critérios objetivos definidos em lei, permitindo que possam ser objeto de livre estipulação contratual, ainda que lesiva, assuntos, como jornada de trabalho, inclusive sua prorrogação em locais insalubres, que geram reflexos na saúde e segurança do trabalhador.

O referido artigo ignora que, embora realmente haja alguns poucos trabalhadores que tenham poder de barganha com seus empregadores, na maioria dos casos, a relação de emprego envolve disparidades entre os lados contratantes, ainda que o empregado receba determinada quantia de salário ou tenha nível de formação superior.

Tal dispositivo tenta ocultar da relação de emprego algumas de suas características marcantes: a relação de conflito e desigualdade entre as partes, as quais inclusive norteiam os particularismos do Direito do Trabalho e o fazem ser um ramo distinto do Direito Civil, que não capta essas particularidades.

Por fim, a quarta e última observação, para encerrar este tópico, é que, como se pode perceber, a reforma, pensada de forma ampla (não apenas essa ocorrida em 2017), é processo que se desenvolve ao longo da história, com avanços e recuos. É algo que vem sendo construindo desde a década de 1990, com movimentos de expansão e redução de acordo com a vontade política dos donos do poder.

Ante todo o exposto, conclui-se que o Direito do Trabalho no Brasil encontra no Estado um agente fundamental para seu desenvolvimento e crise. A partir da década de 1930, com postura interventiva, o Estado edita normas protetivas, revelando um papel essencial para sua construção. Em 2017, entretanto, mostra-se como o principal agente de destruição desse ramo jurídico, editando normas que desconstroem a rede de proteção anteriormente estabelecida.

Em 2019, as perspectivas relativas ao papel do Estado sobre a conformação do Direito do Trabalho são desanimadoras. O ano é inaugurado com o fim do Ministério do Trabalho e as proposições do novo governo apontam para a continuidade de reformas trabalhistas.

A proposta do governo quanto à função do Estado em relação a esse ramo jurídico está sintetizada nas palavras do Secretário Especial da Previdência e Trabalho, Rogério Marinho – que foi relator na Comissão Especial sobre a Reforma Trabalhista de 2017, quando era Deputado Federal –, o qual afirmou em 23 de janeiro de 2019, segundo reportagem da Época Negócio do mesmo dia, que: "O governo atual vai acentuar as conquistas estabelecidas com a reforma trabalhista. [...] Acreditamos que há necessidade de retirarmos ainda mais a tutela do Estado na relação entre empregadores e empregados".

Conforme se nota, não há como criar boas expectativas sobre o Direito do Trabalho diante de um governo que enxerga a reforma como "conquista" e que pretende retirar a tutela do Estado sobre as relações de emprego. De pilar, o Estado, absorvido pelo neoliberalismo, tem se revelado como vilão da ordem jurídica juslaboral.

CONSIDERAÇÕES FINAIS

Capítulo 5

Conforme restou demonstrado ao longo deste estudo, de fato existe uma conexão entre Estado Moderno e Direito do Trabalho, sendo possível verificar como as transformações e as características de cada vertente estatal contribuíram para o surgimento e desenvolvimento desse ramo jurídico.

Recorde-se, por exemplo, que ainda na Idade Média, sob a égide do Estado Absolutista, já era possível deparar-se com decretos reais, que intervinham nos horários de trabalho e no valor dos salários dos aprendizes das guildas, que remetem às intervenções do Estado nas relações de trabalho dos dias de hoje, mesmo que, naquela época, ainda não se pudesse falar da existência de um Direito do Trabalho.

Recapitule-se, também, que, com a superação do absolutismo e ascensão da burguesia ao poder, sob o Estado Liberal - marcado por eventos como a Revolução Francesa e a Revolução Industrial -, verificou-se, especialmente no século XIX, o aparecimento de várias condições favoráveis ao nascimento desse ramo do direito, sendo amostras disso o despertar da consciência de classe e o despontar da ação coletiva dos trabalhadores, que serviram, inclusive, para questionar as teses liberais que inspiraram essa vertente de Estado.

Como se destacou ao longo desta pesquisa, sob a capa protetora de princípios do liberalismo, como a mínima intervenção do Estado na vida socioeconômica, liberdade individual, liberdade contratual e igualdade do homem perante a lei civil, durante grande parcela da vigência do Estado Liberal, o qual se dizia neutro, justificaram-se a manutenção de privilégios à classe burguesa, a proibição do direito de associação, a aplicação do Direito Civil às relações de trabalho, e a impossibilidade de o Estado agir em favor das pessoas exploradas e desamparadas.

Os movimentos obreiros, ao posicionarem os trabalhadores como um ser coletivo e lutarem, em primeiro lugar, pelo direito de associação e, sem segundo lugar, por normas mais justas e humanas que regulassem as relações de trabalho, revelaram-se como parte fundamental do contramovimento que fez oposição ao liberalismo e que ajudou a promover a transformação do perfil do Estado Liberal, o qual foi demandado pela coletividade a promover a proteção social e ditar um Novo Direito.

Tanto é verdade que, ao evidenciar as insuficiências do Direito Civil para regular as relações de trabalho e demandar uma mudança qualitativa e quantitativa na postura estatal, o contramovimento contribuiu para que o Estado Liberal editasse as primeiras normas assistenciais e trabalhistas e, depois, o próprio

Direito do Trabalho, mesmo que influenciado por ideais liberais, ainda em vigor nessa época.

É que, apesar de o liberalismo enfrentar questionamentos durante o século XIX, seus princípios e fórmulas obtiveram êxito até meados do século XX, quando, só então, as contradições socioeconômicas instaladas no âmbito do Estado Liberal e outros acontecimentos históricos, como a Grande Depressão e as grandes guerras, colocaram-no em crise e possibilitaram a passagem para um modelo de Estado mais interventivo e promocional: o Estado de Bem-Estar Social (Estado Providência ou *Welfare State*), sob o qual o Direito do Trabalho se expandiria tanto em tamanho quanto em conteúdo.

Sobre o contexto histórico que permeou as primeiras décadas do século XX - com a presença de crises cíclicas do capitalismo, do incremento do socialismo, da formação do primeiro Estado Socialista, do avanço dos movimentos operários, do medo da revolução etc. -, interessante destacar que, não apenas o liberalismo foi colocado em xeque, mas também a sobrevivência do próprio capitalismo foi questionada, sendo o Estado de Bem-Estar Social, as políticas do tipo keynesianas e aquelas ligadas à questão social apenas algumas das soluções encontradas para mantê-lo vivo, de pé e caminhando, embora para o capital isso significasse aceitar a introdução de práticas contrárias aos dogmas liberais na ordem capitalista.

O ponto é que, para que o capitalismo continuasse sua jornada, tanto a classe burguesa quanto a operária teriam de abrir mão de alguns de seus anseios para ver outros sendo atendidos. Se a burguesia cedeu em certos aspectos, não se pode negar, entretanto, que o proletariado teve de renunciar a algumas possibilidades em troca de uma vida melhor e mais digna.

No caso do movimento social-democrata de vertente revolucionária, por exemplo, que desejava impugnar a legitimidade do poder da classe dominante sobre a sociedade por meio da tomada do poder do Estado, há quem diga, conforme apontado neste estudo, que a classe trabalhadora teria desistido de sua "aventura revolucionária" de mudar o mundo em troca de viver uma vida mais segura propiciada pelo Estado.

De maneira mais completa, portanto, a ideia é que pós-1945 capital e trabalho teriam aceitado um compromisso, no qual ambas as partes deixariam de lado certos interesses em troca do atendimento de outros. O Estado de Bem Estar Social e o próprio Direito do Trabalho seriam resultado desse compromisso (compromisso fordista), que tinha como finalidade primordial permitir que o capitalismo seguisse em progressão.

Foi assim, resumidamente, que, no período pós-Segunda Guerra Mundial, ao intermediar o conflito entre capital e trabalho no interior de suas fronteiras, propiciando simultaneamente crescimento econômico e generalização da proteção social, o Estado Providência, umas das faces do Estado capitalista, tornou-se uma das principais fontes normativas do Direito do Trabalho, revelando-se como um de seus pilares de sustentação.

Sob seu manto, num contexto de constitucionalização de certos valores e princípios, como o da dignidade da pessoa humana, igualdade e solidariedade, esse ramo do direito se constitucionalizou e se internacionalizou, representando grande vitória para a classe trabalhadora, que pode fazer jus a direitos que lhe deram condições materiais para sair da miséria e da marginalização e sentir-se parte de uma sociedade de semelhantes.

Apesar de se institucionalizar sob a vigência de preceitos socializantes, os quais comporiam sua essência a partir de então, não se deve esquecer, entretanto, de que o Direito do Trabalho é parte integrante da engrenagem capitalista, destinado a atender também aos anseios do capital, sendo, por essa razão, um direito ambivalente.

Independentemente de sua ambivalência, que foi devidamente exposta neste estudo, o que interessa neste ponto das considerações finais é reafirmar que as transformações do Estado Moderno contribuíram para o surgimento, desenvolvimento e institucionalização do Direito do Trabalho, restando evidenciado, inclusive, que o Estado, mais precisamente o Estado de Bem-Estar Social, veio a se consagrar como um de seus pilares, juntando-se à grande indústria, aos sindicatos e ao pleno emprego, os quais são todos pilares e estão todos em processo de demolição na atualidade, gerando instabilidades sobre esse ramo jurídico.

No que diz respeito especificamente à figura do Estado, o referido processo de declínio se iniciou a partir da década de 1970, quando o projeto estatal de compatibilizar ambiciosos programas econômicos e sociais deu sinais de falência, produzindo visíveis reflexos sobre o Direito do Trabalho, que passou a experimentar abalos e recuos.

Os "Trinta Gloriosos", que deram legitimidade ao Estado Providência durante os trinta anos posteriores à Segunda Guerra Mundial, haviam chegado ao fim e alguns relatórios e estudos da época indicavam a crise dessa vertente estatal, que deveria passar por reformas e reestruturação.

É que a década de 1970 combinou uma série de "catástrofes": a crise fiscal dos Estados, que teve início em 1960, agravou-se nesse período; as crises do petróleo aumentaram o valor da produção no mundo inteiro; houve aumento do desemprego estrutural e das inflações; o sistema monetário que dava estabilidade às transações comerciais internacionais, Bretton Woods, teve fim etc., situações todas que, em conjunto, construíram uma conjuntura caótica para o *Welfare State*.

Nesse cenário, o Estado de Bem-Estar Social, principal responsável pelas políticas sociais do período pós-1945 e que havia sido considerado a fonte de salvação das angústias humanas no contexto da Grande Depressão e do pós-guerra, passou a ser desacreditado, sendo sua crise atribuída, em grande parte, aos "excessos" de democracia e de generosidade, que lhe teriam gerado uma situação de ingovernabilidade.

Segundo seus críticos, a elevada participação popular, a falta de limites às demandas dos cidadãos e a excessiva influência do povo sobre o Estado o estavam sobrecarregando com funções onerosas demais para suportar, as quais deveriam ser "devolvidas" ao mercado, a fim de que a economia voltasse a fluir e crescer.

O coro pela devolução de funções ao mercado, no entanto, embora guardasse identidade com antigas fórmulas liberais, não significava o retorno puro e simples ao *laissez-faire* nem a retirada do Estado, que legisla basicamente para suprimir sua participação do jogo do mercado.

A pauta neoliberal, que nascera muito antes da década de 1970, mas que começa a ganhar vozes e ouvidos desde então, parte de outros princípios. Diferentemente do liberalismo clássico, que se perguntava "onde" se deve, ou não, intervir para que o mercado flua conforme suas "leis naturais", o neoliberalismo se pergunta "como" se deve intervir para que o mercado, baseado na concorrência, seja possível. Seu problema, por conseguinte, não está em intervir ou não intervir, mas em como fazê-lo, em como separar as boas das más intervenções.

Igualmente - por não partir da ideia de "leis naturais", por não acreditar que a concorrência seja apenas um dado da natureza, que deve ser meramente respeitado, mas algo a ser construído com trabalho e dedicação - muito longe de defender um Estado mínimo e neutro, o neoliberalismo reconhece que é preciso um Estado forte e atuante para fazer valer aquilo que se propõe.

É preciso um Estado forte e atuante para que seu programa de romper com o capitalismo democrático pós-1945 e com tudo que ele representa - como o Estado de Bem-Estar Social, o keynesianismo, a Democracia, o Direito do Trabalho, as políticas sociais etc. - dê certo. É necessário, para que se rompa com tudo aquilo que o capital aceitou durante o compromisso fordista, mas que de fato nunca quis.

É fundamental, para que se destruam regras, instituições, subjetividades e modos de viver, simultaneamente à criação de novas normas, organizações, comportamentos, valores e sujeitos, todos moldados pela lógica da concorrência e da teoria econômica.

É salutar, para que se introduza no imaginário social aquilo que agrade ao mercado neoliberal, permitindo-lhe não somente fazer com que suas políticas sejam aceitas com menor resistência, mas, principalmente, tornar cada pessoa, física ou jurídica, um reprodutor de suas ideias e práticas em cada dimensão da vida, mesmo quando sejam verdadeiramente contrárias aos interesses mais básicos de quem as defendam.

É crucial, pelas razões antes expostas, para que se consigam efetivar políticas de financeirização, privatização, desregulamentação e flexibilização etc.; para que gastos sociais sejam cortados, demandas sociais contidas e os indesejáveis, cada vez mais numerosos com a adoção das medidas neoliberais, reprimidos. Isso, inclusive, é o que explica a queda de direitos sociais e o aumento do Direito Penal sob o neoliberalismo.

Diante de aspectos como esses, diz-se que o neoliberalismo não constitui uma ideologia ou política econômica, mas sim uma política de sociedade, que visa transformá-la e recriá-la sob os moldes mercadológicos, o que se dá, em grande medida, pelo aparato estatal.

O neoliberalismo, conforme se demonstrou nesta investigação, é uma racionalidade governamental, isto é, um conjunto de práticas, conceitos, valores, normas etc. que se estruturam por meio da ação do Estado e que promovem, por meio dela, a generalização da concorrência como regra de conduta, a multiplicação da forma empresa no corpo social e a "economização" das mais diversas esferas da vida.

Sinteticamente, isso significa que o modelo de mercado, agora baseado na concorrência desenfreada, dissemina-se por toda sociedade, aplicando-se a tudo e a todos, não só às pessoas, físicas ou jurídicas, mas também a outros institutos, como o próprio direito, o qual, em vez de reger o mercado, passa por ele a ser regido ou contaminado.

A "economização" se refere a exatamente isso: a introdução de conceitos da teoria econômica, como a lei da oferta e da procura e o cálculo contábil, em todo tipo de vivência e experiência, disseminando a razão de mercado mesmo para situações que não envolvam monetização.

E é por razões como essas que as pessoas, as organizações e o Estado se tornam, ao mesmo tempo, empresa e capital sob o neoliberalismo, comportando-se a partir de preceitos empresariais e do mercado financeiro em toda e qualquer circunstância, levando-se sempre em consideração o que se pode ganhar com cada atitude, ainda que não seja dinheiro.

Quando se pensa na relação entre Estado e Direito do Trabalho, esse cenário é facilmente percebido. Desde que o espírito neoliberal achou espaço para dominar o corpo do Estado em meados da década de 1970, prolongando-se até os dias de hoje, suas atitudes voltaram-se à flexibilização desse ramo do direito como argumento para o crescimento econômico e para o aumento de sua competitividade.

Pautando-se em alegações que remetem ao mercado financeiro, Estados possuídos por esse espírito passariam a alegar, por exemplo, que normas trabalhistas mais flexíveis atrairiam investidores e empresas para seu território, tornando-os mais competitivos em relação aos demais.

Cuida-se de um discurso que ficaria cada vez mais comum a partir da década de 1980 e 1990, momento em que a competição internacional entre os países iria se acirrar e a globalização passaria embasar esse tipo de pensamento, partindo-se da premissa de que – num mundo globalizado, desterritorializado, onde já se decretou o "fim da geografia", pelo menos para o capital, que pode transpor fronteiras sem dificuldades, e para as empresas transnacionais, que podem mudar suas produções para locais onde lhes for mais conveniente – faz-se necessário flexibilizar o Direito do Trabalho como forma de tornar-se mais atraente.

Deve-se esclarecer, todavia, que esse tipo de argumento parte da tentativa de despolitizar as ações neoliberais, tentando torná-las inquestionáveis e inevitáveis ante a globalização, como se esta não tivesse sido fruto de escolhas políticas, mas o resultado automático do avanço capitalista e tecnológico, e como se seu significado não tivesse sido construído por potências do eixo anglo-saxão, que desejavam impor seu poder cada vez mais sobre os outros países.

Mas a defesa da flexibilização, deve-se ressaltar, encontrou diversas outras justificativas em que se apoiar, que não só a globalização e a competitividade entre os Estados. Desde que o neoliberalismo ganhou forças, ela vem sendo apontada como meio de libertar o mercado de trabalho da "rigidez" e das "imperfeições" criadas pelo Direito do Trabalho, as quais seriam a causa da inibição do crescimento econômico e também do desemprego.

Flexibilizar seria, então, uma forma de possibilitar o avanço da economia, assim como a solução para gerar mais empregos, embora a ligação entre uma coisa e outra nunca tenha sido provada. Além disso, a flexibilização passou a ser divulgada como benéfica ao trabalhador, conquanto na prática já esteja provado que lhe cause mais inseguranças do que liberdade e autonomia.

Por fazer parte das soluções de compromisso com as quais o neoliberalismo queria (e quer) romper desde a década de 1970, o Direito do Trabalho e todos os institutos a ele ligados, como os sindicatos e as greves, tornaram-se vítimas de ataques teóricos e práticos, transformando-se em objetos da ação do Estado direcionada à sua desconstrução e consequente adaptação às leis de mercado.

A flexibilização trabalhista, portanto, é apenas uma parte do projeto neoliberal, que teve início na década de 1970 e que, aparentemente, não terminou. Um projeto, como dito anteriormente, que tinha (e tem) como objetivo primordial desmantelar a camada protetiva desenvolvida durante o compromisso fordista, a fim de fazer valer o mercado total.

Como esse projeto se expandiu e as práticas e ideias neoliberais se introduziram e se tornaram lugar comum por diversas partes do mundo, verificou-se que se tratou de um processo bastante diverso e desuniforme, até mesmo pelo fato de o neoliberalismo ser um conceito cambiante e impuro, que se adapta a uma série de discursos distintos, não estando restrito à direita ou à esquerda, ajustando-se à realidade de cada país, convivendo e se interceptando com outras artes de governar, inclusive com o próprio Estado Providência.

O que não varia, entretanto, é o fato de o neoliberalismo ter como característica fundamental a participação e transformação do Estado para efetivar seus programas, ainda que a ação estatal tenha de ser, por vezes, "estimulada" por agentes externos ao seu território como por outros Estados, empresas transnacionais, credores sem rosto e órgãos multilaterais e supranacionais.

Amostras disso são o Banco Mundial e o FMI, que a partir da década de 1980 se despediram das influências keynesianas para se tornarem porta-vozes da racionalidade neoliberal, recomendando sua adoção aos Estados endividados como forma de se tornarem atraentes aos credores ou aptos ao recebimento de empréstimos.

Os dez mandamentos neoliberais que se consolidaram na década de 1990, sob o nome de Consenso de Washington e que se converteram nas recomendações oficiais desses organismos, inclusive, são um dos motivos pelos quais as políticas dos países periféricos endividados se tornaram praticamente homogêneas nesse período.

O ponto é que, espontaneamente ou não, a partir de 1970, os Estados passaram a adotar políticas neoliberais, estabelecidas, em grande parte, por agentes estranhos ao seu território, tendo como objetivo atender interesses de atores igualmente não residentes em âmbito nacional, que controlam sua estrutura normativa e quase sempre possuem vontades incompatíveis com as de seus cidadãos.

Por essa razão, ao aderirem às práticas neoliberais, os Estados, com suas próprias ações, estão perdendo parcelas de seu poder para forças globais extraterritoriais e politicamente incontroláveis, promovendo o divórcio entre poder e política e ficando sujeitos a dar soluções locais para problemas globais.

Cada vez mais comprimidos por essas forças externas não escolhidas democraticamente, que se sentem à vontade para definir quais ações adotarem, os Estados se esvaziam de soberania e até mesmo de seu monopólio de produzir normas jurídicas.

Situado entre forças opostas, globais e territoriais, "povo do mercado" e "povo do Estado", credores e eleitores, o Estado encontra-se num constante imbróglio sobre a qual delas deve atender.

Aparentemente, por inúmeras razões, as forças exteriores e de mercado parecem vencer, colocando em xeque a própria democracia, que se vê fatigada pela falta de soberania dos Estados, os quais se submetem às forças extraterritoriais; pela descrença da população no governo, que não atende suas demandas; e pela destruição e desvirtuamento de direitos necessários a seu exercício, como os direitos sociais, cada dia mais colonizados por razões econômicas.

As reformas neoliberais, portanto, além de colocarem em perigo a própria ideia de Estado Moderno, cujos elementos soberania, território e povo fazem cada vez menos sentido, minam também a faceta social e democrática do Estado capitalista, transformando-o pouco a pouco em um verdadeiro Estado Econômico, que, embora esvaziado de soberania, é forte o suficiente para adotar medidas de interesse do mercado, como cortar gastos sociais, e reprimir os que lhes sejam contrários.

No que diz respeito ao Direito do Trabalho, esse Estado Mercado colabora para despi-lo de seus anseios por dignidade, solidariedade e igualdade, substituindo-os por razões economicistas de produtividade, competitividade e eficiência, tornando-o, pouco a pouco, um direito "*market friendly*".

De direito que promove a dignidade humana, a solidariedade e a igualdade, que contribui para a realização da justiça social, cidadania e democracia, esse ramo do direito tem tido o seu código genético adulterado pelo Estado para que possa se converter em política de emprego e de crescimento econômico (embora seja discutível que a flexibilização tenha conseguido atingir esses fins).

Se esse ramo jurídico for pensado apenas como um conjunto de normas destinadas a regular as relações de emprego, talvez nada disso tenha importância. No entanto, se for considerado a partir de sua perspectiva histórica e de todas as particularidades que o permeiam e fizeram nascer um Novo Direito, que não se confunde com o Direito Civil nem com qualquer outro, talvez isso seja grave, porque afeta sua própria essência, podendo levá-lo à morte.

A questão é que o Estado, um dos pilares do Direito do Trabalho, conforme se notou, está em profundo processo de transformação, vivendo sua própria crise de identidade, não sendo muito aconselhável esperar dele uma solução.

Dominado o Estado pelo espírito neoliberal, que, inventando um novo capitalismo, também cria e recria o próprio Estado, as políticas estatais estão contribuindo para seu próprio esvaziamento e para a crise do Direito do Trabalho, uma vez que, no exercício de seu poder de conformar o direito no âmbito de seu território, o ente estatal tem atendido interesses contrários aos de seu povo, inclusive externos ao Estado.

A boa notícia é que, enquanto se fala de crise, ainda se pode salvar o paciente. Ele está entre a vida e a morte, mas a vida ainda é possível. O ponto é: que tipo de vida se deseja e se espera para o Direito do Trabalho?

Se não se pode contar com o Estado, não pelo menos enquanto estiver possuído pelo espírito neoliberal, que o modifica e o corrói por dentro, talvez seja a hora de o Direito do Trabalho se reconstruir sobre outros pilares, apesar de ainda não se ter clareza de quais poderiam ser. Talvez seja a hora de resgatar aquilo que estava em suas origens: sua capacidade de transcender.

A capacidade de transcendência do Direito do Trabalho significa que, em sua dimensão coletiva, a classe trabalhadora tem o poder de representar interesses que vão além de seus próprios, ou seja, tem o poder de representar interesses que ultrapassam aqueles ligados às questões de trabalho.

Trata-se de algo que ocorreu na Revolução Industrial, momento em que a classe trabalhadora se destacou justamente por se conectar aos anseios da sociedade, que naquela época teve suas bases e instituições culturais destruídas e substituídas pelo mercado, experimentando um verdadeiro vácuo cultural.

Naquele contexto, o proletariado nascente, que tinha desejos e desafios parecidos com os da sociedade, uniu-se a ela, o que lhes permitiu a conquista de direitos e vitórias para ambos.

Essa possibilidade de conexão é factível na atualidade. Ainda hoje, a sociedade e os trabalhadores têm desejos e desafios que se identificam. De modo geral, quase todos nós temos medos e sonhos afins, aflições e esperanças similares, e isso ocorre porque todos os trabalhadores integram a sociedade, misturando-se e confundindo-se com ela em grande medida.

Ademais, não obstante a sociedade não seja composta apenas de trabalhadores, deve-se ter em mente que é pelo trabalho que se edifica a sociedade que todos compartilham, devendo a coletividade também se compadecer da realidade dos diferentes trabalhadores.

O desafio, portanto, é unir ou reaproximar os interesses dos trabalhadores aos de toda a sociedade, dando-se continuidade à trajetória, iniciada ainda na primeira metade do século XX, de deslocar o centro de gravidade do Direito do Trabalho da figura do trabalhador e do restrito espaço da empresa em direção à pessoa humana e ao conjunto da sociedade.

REFERÊNCIAS

ALMEIDA, Cleber Lúcio de; ALMEIDA, Wânia Guimarães Rabêllo de. *Direito do Trabalho e Constituição*: a constitucionalização do Direito do Trabalho no Brasil. São Paulo: LTr, 2017.

ALVES, Giovanni. *Trabalho e subjetividade:* o espírito do toyotismo na era do capitalismo manipulatório. São Paulo: Boitempo, 2011.

AMADO, João Leal. Perspectivas do Direito do Trabalho: um ramo em crise identitária? *Revista do Tribunal Regional do Trabalho da 15ª Região*, Campinas, n. 47, p. 181-202, 2015. Disponível em: <https://juslaboris.tst.jus.br/handle/20.500.12178/100764>. Acesso em: 4 jan. 2019.

ARRETCHE, Marta T. S. *Emergência e desenvolvimento do Welfare State*: teorias explicativas. BIB, Rio de Janeiro, n. 39, p. 3-40, 1. sem. 1995. Disponível em: <https://www.anpocs.com/index.php/bib-pt/bib-39/452-emergencia-e-desenvolvimento-do-welfare-state-teorias-explicativas/file>. Acesso em: 18 ago. 2018.

BACKER, Larry Catá. Globalização econômica e crise do estado: um estudo em quatro perspectivas. *Revista Seqüência*, Florianópolis, n. 51, p. 255-276, dez. 2005. Disponível em: <https://dialnet.unirioja.es/descarga/articulo/4818127.pdf>. Acesso em: 4 jan. 2019.

BARBAGELATA, Héctor-Hugo. *El Particularismo del Derecho del Trabajo y los Derechos Humanos Laborales*. 2. ed. rev. e amp., mar. de 2009. Reimpresión inalterada, junio de 2014. Montevideo: Fundación de Cultura Universitária, 2014.

BASTIAT, Frédéric. *Frédéric Bastiat*. Tradução Ronaldo da Silva Legey. 2. ed. São Paulo: Instituto Ludwig von Mises Brasil, 2010. *E-book*.

BAUMAN, Zygmunt. *Globalização*: as consequências humanas. Tradução Marcus Penchel. Rio de Janeiro: Jorge Zahar Editor, 1999.

BAUMAN, Zygmunt; BORDONI, Carlo. *Estado de Crise*. Tradução Renato Aguiar. Rio de Janeiro: Zahar, 2016.

BIHR, Alain. *Da grande noite à alternativa*: o movimento operário europeu em crise. Tradução Wanda Caldeira Brant. São Paulo: Boitempo, 1998.

BOBBIO, Norberto. *Liberalismo e Democracia*. 6. ed. Tradução de Marco Aurélio Nogueira. São Paulo: Brasiliense, 2000.

BONAVIDES, Paulo. *Ciência Política*. 18. ed. São Paulo: Malheiros Editores, 2011.

BONAVIDES, Paulo. *Do Estado Liberal ao Estado Social*. 5. ed. rev. e ampl. Belo Horizonte: Del Rey, 1993.

BONAVIDES, Paulo. *Teoria Geral do Estado*. 8. ed. rev. e atual. São Paulo: Malheiros Editores, 2010.

BRASIL. Comissão Especial destinada a proferir parecer ao projeto de Lei n. 6.787, de 2016, do Poder Executivo, que "altera o Decreto-lei n. 5.452, de 1º de maio de 1943 - Consolidação das Leis do Trabalho e a Lei n. 6.019, de 3 de janeiro de 1074, para dispor sobre eleições de representantes dos trabalhadores no local de trabalho e sobre trabalho temporário, e dá outras providências. Relator Deputado Rogério Marinho, 2017. Disponível em: <http://www.camara.gov.br/proposicoesWeb/prop_mostrarintegra?codteor=1544961>. Acesso em: 4 jan. 2019.

BRASIL. Decreto-Lei n. 5.452, de 1º de maio de 1943. Aprova a Consolidação das Leis do Trabalho. DOU, Brasília, DF, 9 ago. 1943. Disponível em: <http://www.planalto.gov.br/ccivil_03/decreto-lei/Del5452.htm>. Acesso em: 4 jan. 2019.

BROWN, Wendy. *El pueblo sin atributos:* la secreta revolución del neoliberalismo. Tradução de Víctor Altamirano. Barcelona: Malpaso Ediciones, 2015. *E-book.*

CASARA, Rubens R. R. *Estado pós-democrático*: neo-obscurantismo e gestão dos indesejáveis. 4. ed. Rio de Janeiro: Civilização Brasileira, 2018.

CASTEL, Robert. *El ascenso de las incertidumbres*: trabajo, protecciones, estatuto del individuo. Buenos Aires: Fondo de Cultura Económica, 2012.

COIMBRA, David. *Uma história do mundo*: como se formou a primeira cidade, como nasceu o primeiro deus único, como foi inventada a culpa. Porto Alegre: L&PM, 2012.

COMISSÃO DAS COMUNIDADES EUROPEIAS. *Comunicação da Comissão ao Parlamento Europeu, ao Conselho, ao Comité Econômico e Social Europeu e ao Comité das Regiões–Para a definição de princípios comuns de flexigurança:* mais e melhores empregos mediante flexibilidade e segurança. Bruxelas, 2007. Disponível em: <https://eur-lex.europa.eu/legal-content/PT/TXT/?uri=celex:52007DC0359>. Acesso em: 25 dez. 2018.

CRISE. *In*: MICHAELIS: Dicionário Brasileiro da Língua Portuguesa. [online]. São Paulo: Editora Melhoramentos Ltda., 2018. Disponível em: <https://michaelis.uol.com.br/moderno-portugues/busca/portugues-brasileiro/crise/>. Acesso em: 25 set. 2018.

CROZIER, Michel; HUNTINGTON, Samuel; WATANUKI, Joji. *The Crisis of Democracy*: report on the governability of democracies to the Trilateral Comission. New York, NY: New York University Press, 1975. Disponível em: <https://archive.org/stream/TheCrisisOfDemocracy-TrilateralCommission-1975/crisis_of_democracy_djvu.txt>. Acesso em: 22 dez. 2018.

D'ANTONA, Massimo. Diritto del Lavoro di fine secolo: una crise de identitá? *Rivista Giuridica del Lavoro e della Previdenza Sociale,* Roma, Ediesse, v. XLIX, fasc. II, p. 311-331, 1998.

DALLARI, Dalmo de Abreu. *Elementos de teoria geral do Estado*. 32. ed. São Paulo: Saraiva, 2013.

DARDOT, Pierre; LAVAL, Christian. *A nova razão do mundo*: ensaio sobre a sociedade neoliberal. Tradução Mariana Echalar. São Paulo: Boitempo, 2016.

DE LA CUEVA, Mario. *Derecho mexicano del trabajo.* 11. ed. México: Editorial Porrúa, 1969. Tomo I.

DELGADO, Mauricio Godinho. *Curso de Direito do Trabalho.* 15. ed. rev. e ampl. São Paulo: LTr, 2016.

ESPING-ANDERSEN, Gosta. As Três Economias Políticas do Welfare State. *Lua Nova*: revista de cultura e política, São Paulo, n. 24, p. 85-116, set. 1991. Disponível em: <http://www.scielo.br/pdf/ln/n24/a06n24.pdf>. Acesso em: 25 nov. 2018.

FARIA, José Eduardo. Direitos humanos e globalização econômica: notas para uma discusão. *Estudos Avançados*, São Paulo, v. 11, n. 30, maio/ago. 1997.

FERRAJOLI, Luigi. *Poderes selvagens*: a crise da democracia italiana. Tradução Alexander Araújo de Souza. São Paulo: Saraiva, 2014.

FERREIRA, António Casimiro. A sociedade de austeridade: poder, medo e direito do trabalho de exceção. *Revista Crítica de Ciências Sociais*. Coimbra, v. 95, p. 119-136, 2011.

FIORI, José Luís. *Estado do Bem-Estar Social:* padrões e crises. Rio de Janeiro: IMS/UERJ, 1997. Disponível em: <http://www.iea.usp.br/publicacoes/textos/fioribemestarsocial.pdf>. Acesso em: 19 abr. 2018.

FIORI, José Luís. *O poder global e a nova geopolítica das nações*. São Paulo: Boitempo Editorial, 2007.

FOUCAULT, Michel. *O nascimento da biopolítica*. Tradução Pedro Elói Duarte. Lisboa: Edições 70, 2010.

FRANÇA. *Assembleia Nacional Constituinte. Declaração dos Direitos do Homem e do Cidadão*. 1789. Disponível em: <https://br.ambafrance.org/A-Declaracao-dos-Direitos-do-Homem-e-do-Cidadao>. Acesso em: 23 nov. 2018.

FRANÇA. Lei Le Chapelier, 14 jun. 1791. Tradução Luiz Arnaut. Disponível em: <http://www.fafich.ufmg.br/hist_discip_grad/LeiChapelier.pdf>. Acesso em: 23 nov. 2018.

FUCS, José; BERNARDES, Marcelo. A revolução do bom senso. *Revista Época*, 10 fev. 2012. Disponível em: <http://revistaepoca.globo.com/ideias/noticia/2012/02/revolucao-do-bom-senso.html>. Acesso em: 22 dez. 2018.

GOMES, Angela Maria de Castro. *A invenção do trabalhismo*. 3. ed. Rio de Janeiro: Editora FGV, 2005.

GOVERNO acentuará 'conquistas' da reforma trabalhista, diz secretário. *Época Negócios*, 23 jan. 2019. Disponível em: <https://epocanegocios.globo.com/Brasil/noticia/2019/01/governo-acentuara-conquistas-da-reforma-trabalhista-diz-secretario.html>. Acesso em: 30 jan. 2019.

GRUPPI, Luciano. *Tudo começou com Maquiavel*. Tradução Dario Canali. 14. ed. Porto Alegre: L&PM, 1996.

HAYEK, F.A. *O caminho da servidão*. Tradução Anna Maria Capovilla *et al*. 6. ed. São Paulo: Instituto Ludwig von Mises Brasil, 2010.

HÜLSMANN, Jörg Guido. Mises contra os neoliberais – as origens desse termo e seus defensores. *Mises Brasil*, 3 mar. 2011. Disponível em: <https://www.mises.org.br/Article.aspx?id=920>. Acesso em: 11 dez. 2018.

IANNI, Octavio. *Teorias da globalização*. 9. ed. Rio de Janeiro: Civilização Brasileira, 2001.

IGREJA CATÓLICA. Papa (1878-1903: Leão XIII). *Carta encíclica de Sua Santidade o Papa Leão XIII "Rerum Novarum" sobre a condição dos operários*. Disponível em: <http://w2.vatican.va/content/leo-xiii/pt/encyclicals/documents/hf_l-xiii_enc_15051891_rerum-novarum.html>. Acesso em: 9 ago. 2017.

JELLINEK, Georg. *A Declaração dos Direitos do Homem e do Cidadão*: contribuição para a história do direito constitucional moderno. Organização, estudo introdutório e tradução de Emerson Garcia. São Paulo: Atlas, 2015. v. 2.

JELLINEK, Georg. *Teoría General del Estado*. Trad. Y prólogo de Fernando de los Ríos. México: FCE, 2000.

KEYNES, John Maynard. *A Teoria Geral do Emprego, do Juro e da Moeda*. Tradução Mário R. da Cruz. São Paulo: Editora Nova Cultural Ltda, 1996.

LEITE, Pedro Dias. Nossa derrota serviu de exemplo político, dizem ex-mineiros grevistas. *Folha de São Paulo*, São Paulo, 3 maio 2009. Disponível em: <https://www1.folha.uol.com.br/fsp/mundo/ft0305200914.htm>. Acesso em: 22 dez. 2018.

LENHARDT, Gero; OFFE, Claus. *Teoria do Estado e Política Social*: tentativas de explicação político-sociológicas para as funções e os processos inovadores da política social. *In*: OFFE, Claus (Org.). *Problemas estruturais do estado capitalista*. Tradução de Bárbara Freitag. Rio de Janeiro: Tempo Brasileiro, 1984. p. 10-53.

MARSHALL, T. H. *Cidadania, classe social e status*. Tradução Meton Porto Gadelha. Rio de Janeiro: Zahar Editores, 1967.

MARTINS, Sergio Pinto. *Direito do Trabalho*. 28. ed. São Paulo: Atlas, 2012.

MORAES, Reginaldo Carmello Corrêa de. Globalização e políticas públicas: vida paixão e morte do Estado Nacional? *Educação & Sociedade*, Campinas, CEDES, v. 25, n. 87, p. 308-333, maio/ago. 2004. Disponível em: <https://www.redalyc.org/pdf/873/87314215002.pdf>. Acesso em: 4 jan. 2019.

MORAIS, José Luis Bolzan de. *As crises do Estado e da Constituição e a transformação espaço-temporal dos Direitos Humanos*. 2. ed. rev. e ampl. Porto Alegre: Livraria do Advogado Editora, 2011. *Ebook*.

NUNES, António José Avelãs. O Estado capitalista. Mudar para permanecer igual a si próprio. *In*: OLIVEIRA NETO, José Rodrigues de *et al*. (Org.). *Constituição e Estado social*: os obstáculos à concretização da constituição. São Paulo: Editora Revista dos Tribunais; Coimbra: Editora Coimbra, 2008. p. 49-81.

OFFE, Claus; RONGE, Volker. Teses sobre a fundamentação do conceito de Estado capitalista e sobre a pesquisa política de orientação naturalista. *In*: OFFE, Claus (Org.). *Problemas estruturais do estado capitalista*. Tradução de Bárbara Freitag. Rio de Janeiro: Tempo Brasileiro, 1984. p. 122-137.

OHNO, Taiichi. *O Sistema Toyota de Produção*: além da produção em larga escala. Tradução Cristina Schumacher. Porto Alegre: Artes Médicas, 1997.

ORGANIZAÇÃO DOS ESTADOS AMERICANOS. *Declaração Americana dos Direitos e Deveres do Homem*. Aprovada na Nona Conferência Internacional Americana, Bogotá, 1948. Disponível em: <https://www.cidh.oas.org/basicos/portugues/b.declaracao_americana.htm>. Acesso em: 23 nov. 2018.

ORGANIZAÇÃO INTERNACIONAL DO TRABALHO. Constituição da Organização Internacional do Trabalho (OIT) e seu anexo (Declaração de Filadélfia). 1944. Disponível em: <https://www.ilo.org/wcmsp5/groups/public/---americas/---ro-lima/---ilo-brasilia/documents/genericdocument/wcms_336957.pdf>. Acesso em: 09 out. 2018.

ORGANIZACIÓN MUNDIAL DEL COMERCIO. Historia del sistema multilateral del comercio. 2018. Disponível em: <https://www.wto.org/spanish/thewto_s/history_s/history_s.htm>. Acesso em: 21 dez. 2018.

PEREIRA, António Garcia. A grande e urgente tarefa da dogmática juslaboral: a constitucionalização das relações laborais. *In*: MOREIRA, António. *V Congresso Nacional de Direito do Trabalho* – Memórias. Coimbra: Almedina, 2003. p. 275-293.

PIÑERA, José. La revolución laboral en Chile – versión resumida. 1990. Disponível em: <http://www.josepinera.org/zrespaldo/REVOLUCION%20LABORAL%20RESUMIDO.pdf>. Acesso em: 4 dez. 2017.

PISTORI, Gerson Lacerda. *História do Direito do Trabalho*: um breve olhar sobre a Idade Média. São Paulo: LTr, 2007.

POCHMANN, Marcio; MORAES, Reginaldo. *Capitalismo, classe trabalhadora e luta política no início do século XXI*: experiências no Brasil, Estados Unidos, Inglaterra e França. São Paulo: Fundação Perseu Abramo, 2017.

POCHMANN, Márcio. *A mão de obra brasileira não é cara*. Carta Capital, São Paulo, 29 jun. 2017. Seção Economia. Disponível em: <https://www.cartacapital.com.br/economia/marcio-pochmann-201ca-mao-de-obra-brasileira-nao-e-cara201d/>. Acesso em: 1 jan. 2019.

POLANYI, Karl. *A grande transformação*: as origens da nossa época. Tradução Fanny Wrobel. 2. ed. Rio de Janeiro: Elsevier, 2012.

RADBRUCH, Gustav. *Introdução à ciência do direito*. Tradução de Vera Barkow; Revisão Técnica Sérgio Sérvulo da Cunha. 2. ed. São Paulo: Editora WMF Martins Fontes, 2010.

RADBRUCH, Gustav. *Introducción a la filosofia del derecho*. Bogotá: Fondo de Cultura Económica, 1997.

RAMOS, André Luiz Santa Cruz. *O Sherman Act e a origem das leis antitrustes* – quem realmente se beneficia com elas? Mises Brasil, 30 dez. 2014. Disponível em: <https://www.mises.org.br/Article.aspx?id=1999>. Acesso em: 11 dez. 2018.

ROMAGNOLI, Umberto. *Divagazioni sul rapporto tra economia e diritto del lavoro*. Lavoro e Diritto, Bologna, Il Mulino, n. 3, 2005.

ROSANVALLON, Pierre. *A crise do Estado-providência*. 2. ed. Lisboa: Editorial Inquérito, 1984.

SINZHEIMER, Hugo. La esencia del Derecho del Trabajo. *In*: SINZHEIMER, Hugo. *Crisis económicas y Derecho del Trabajo*: cinco estúdios sobre la problemática humana y conceptual del Derecho del Trabajo. Madrid: IELSS, 1984. p. 69-77.

SOARES, Mário Lúcio Quintão. *Teoria do Estado*: novos paradigmas em face da globalização. 4. ed. rev. e ampl. São Paulo: Atlas, 2011.

SOUTO MAIOR, Jorge Luiz. *História do Direito do Trabalho no Brasil*: curso de direito do trabalho. São Paulo: LTr, 2017. v. I, parte II.

SOUTO MAIOR, Jorge Luiz. O futuro do Direito do Trabalho no Brasil, se aprovado o projeto de lei que altera o art. 618 da CLT. Palestra proferida na Faculdade de Direito do Sul de Minas, em 23 de fevereiro de 2002. Disponível em: <https://www.jorgesoutomaior.com/uploads/5/3/9/1/53916439/o_futuro_do_direito_do_trabalho_no_brasil_se_aprovado_o_projeto_de_lei_que_altera_o_artigo_618_da_clt.pdf>. Acesso em: 26 dez. 2018.

STANDING, Guy. *O precariado*: a nova classe perigosa. Tradução Cristina Antunes. Belo Horizonte: Autêntica Editora, 2017.

STATEMENT of aims. Mont Pelerin Society. 8 Mont Pelerin (Vaud), Switzerland, April 8, 1947. Disponível em: <https://www.montpelerin.org/statement-of-aims/>. Acesso em: 10 dez. 2018.

STRECK, Lenio Luiz; MORAIS, José Luis Bolzan de Morais. *Ciência Política e Teoria do Estado*. 8. ed. rev. e atual. Porto Alegre: Livraria do Advogado Editora, 2014.

STREECK, Wolfgang. *Tempo comprado*: a crise adiada do capitalismo democrático. Tradução Marian Toldy, Teresa Toldy. São Paulo: Boitempo, 2018.

SUPIOT, Alain. Lei e Trabalho. Um mercado mundial de regras? Tradução Rinaldo José Varussa. *Tempos Históricos, Marechal Cândido Rondon*, Unioeste, v. 17, p. 157-169, 1º sem. 2013. Disponível em: <http://e-revista.unioeste.br/index.php/temposhistoricos/article/download/9013/6604>. Acesso em: 4 jan. 2019.

SUPIOT, Alain. Perspectiva jurídica de la crisis económica de 2008. *Revista Internacional del Trabajo*, Ginebra, OIT, v. 129, n. 2, p. 165-177, 2010. Disponível em: <https://www.ilo.org/public/spanish/revue/download/pdf/s1supiot.pdf>. Acesso em: 4 jan. 2019.

URIARTE, Oscar Ermida. A aplicação das normas internacionais. Coletânea dos artigos apresentados no XX Encontro Regional, em Buenos Aires, nos dias 11 e 12 de junho de 2009. Cadernos da ANAMATRA IV, Porto Alegre, Caderno 13, 14 set. 2011a. Disponível em: <http://www.amatra4.org.br/publicacoes/cadernos/263-caderno-13>. Acesso em: 20 set. 2017.

URIARTE, Oscar Ermida. Aplicação judicial das normas constitucionais e internacionais sobre Direitos Humanos Trabalhistas. *Rev. TST*, Brasília, v. 77, n. 2, p. 133-145, abr./jun. 2011b. Disponível em: <https://juslaboris.tst.jus.br/bitstream/handle/20.500.12178/25360/011_uriarte.pdf?sequence=4&isAllowed=y>. Acesso em: 25 nov. 2018.

VAN CREVELD, Martin. *Ascensão e declínio do Estado*. Tradução Jussara Simões; revisão da tradução Silvana Vieira; revisão técnica Cícero Araújo. São Paulo: Martins Fontes, 2004.

VAROUFAKIS, Yanis. *O minotauro global:* a verdadeira origem da crise financeira e o futuro da economia global. Tradução Marcela Werneck. São Paulo: Autonomia Literária, 2016.

VIANA, Márcio Túlio. A proteção social do trabalhador no mundo globalizado – o Direito do Trabalho no limiar do século XXI. *Revista da Faculdade de Direito da Universidade Federal de Minas Gerais*, Belo Horizonte, n. 37, p. 153-186, 2000. Disponível em: <https://

www.direito.ufmg.br/revista/index.php/revista/article/viewFile/1145/1078>. Acesso em: 4 jan. 2019.

WORLD BANK GOUP. *Doing Business 2018*: reforming to create jobs. Washington: World Bank Publications, 2017. Disponível em: <http://portugues.doingbusiness.org/content/dam/doingBusiness/media/Annual-Reports/English/DB2018-Full-Report.pdf>. Acesso em: 12 dez. 2018.

WORLD BANK GOUP. *Doing Business 2019*: training for reform. Washington: World Bank Publications, 2018. Disponível em: <http://portugues.doingbusiness.org/content/dam/doingBusiness/media/Annual-Reports/English/DB2019-report_web-version.pdf>. Acesso em: 12 dez. 2018.